--------- 经济

海峡两岸农产品流通体系与合作经济比较研究

张为付 等著

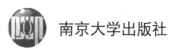

南京大学出版社

图书在版编目(CIP)数据

海峡两岸农产品流通体系与合作经济比较研究 / 张
为付等著. —南京：南京大学出版社,2014.5
ISBN 978 - 7 - 305 - 13193 - 6

Ⅰ.①海… Ⅱ.①张… Ⅲ.①海峡两岸—农产品流通
—对比研究②海峡两岸—农村合作经济—对比研究 Ⅳ.
①F724.72②F325.12

中国版本图书馆 CIP 数据核字(2014)第 086924 号

出版发行　南京大学出版社
社　　址　南京市汉口路 22 号　　　邮　编　210093
网　　址　http://www.NjupCo.com
出版人　左　健
书　　名　海峡两岸农产品流通体系与合作经济比较研究
著　　者　张为付 等
责任编辑　王日俊　黄继东
照　　排　南京紫藤制版印务中心
印　　刷　常州市武进第三印刷有限公司
开　　本　718×960　1/16　印张 17.75　字数 338 千
版　　次　2014 年 5 月第 1 版　2014 年 5 月第 1 次印刷
ISBN　978 - 7 - 305 - 13193 - 6
定　　价　39.80 元

发行热线　025 - 83594756
电子邮箱　Press@NjupCo.com
　　　　　Sales@NjupCo.com(市场部)

本书为中国供销经济学会《海峡两岸农产品流通体系建设与合作经济比较研究》学术研究与交流项目、江苏高校优势学科建设工程项目和江苏现代服务业研究院专项科研基金项目的研究成果。

序

　　近年来,农产品价格的波动成为经济发展中的一个突出现象。2010年以来,大蒜、绿豆、生姜、苹果、白糖等农产品价格纷纷在突破历史最高记录后又急转直下,价格大幅下滑。农产品价格的剧烈波动不仅直接影响了居民的生活质量,也带来了农民生产和收入的不稳定,进而又进一步降低了农民从事农业生产的积极性,影响到农业的可持续发展。无疑,农产品价格的剧烈波动与农产品流通过程有一定的关系。目前我国农产品流通领域凸显了一系列问题,主要表现在农产品不能及时"货畅其流"、流通成本居高不下、流通效率低下等多个方面。引发这些问题的原因很多,但归根结底依然在于小规模分散生产的农业经营方式与大市场、大流通之间的矛盾。与中国大陆一衣带水的台湾,同样是人多地少、分散生产,但台湾通过建立农业合作经济组织、农产品拍卖机制、农产品信息共享机制等方式,有效降低了农产品价格的波动程度,增加了农民收入。因此,借鉴台湾的做法,如何构建大陆的农产品流通体系,是一个值得研究的课题。

　　张为付等人所著的《海峡两岸农产品流通体系建设及合作经济比较研究》在这方面做了可贵的探索。该书在大量实地调研和分析的基础上,对中国大陆和台湾的农产品流通体系及合作经济做了系统的比较分析,并结合中国国情,提出了构建中国大陆农产品流通体系的目标、模式和路径。该书主要的贡献在于:

　　第一,对海峡两岸农产品流通体系做了系统的比较研究,从多个方面分析了其差异性,指出:(1) 销售方面,大陆农产品销售以农贸市场和批发市场为主。而台湾形成了以批发市场为主渠道、以拍卖制为特征的农产品市场体系;(2) 流通模式方面,大陆主要采用"批发市场＋农户"和"公司＋农户"的农产品流通模式。台湾的农会、产销班和合作社在农产品流通中唱主角。农会主要帮助社区农民生产、销售和筹资,产销班是专业性协会,具有分散生产、共同销售、利益均沾的特点,合作社承担了一半以上的蔬菜水果的运销量;(3) 价格形成机制方面,大陆是以农户小规模家庭经营为基础,农产品价格是在市场机制作用下由市场供求关系决定的,不同的市场交易,形成不同性质的农产品价格。台湾在"农产运销改进方案"实施过程中建立了先进的农产品拍卖制度,价格相对统一、透明;(4) 农产品质量安全体系方面,大陆基本建立了农产品质量安全体系,但缺乏从"农场到餐桌"整个食物链综合管理指导思想,缺乏农产品质量安全追溯制度。台湾的的农产品质量保障体系则相对完善,一方面加强田间和流通环节的农药残留检验工作,另一方面制定了完善的农产品履历制度,实现农产品质量安全的全程追溯。

第二,对海峡两岸农业合作经济组织的发展进行了多层次的比较:(1)产权方面,大陆农业合作经济组织以家庭联产承包责任制为基础,农户拥有土地承包经营权。台湾农业经济组织以土地私有产权为基础,政府对农地拥有人资格和农地面积予以一定限制;(2)契约关系方面,大陆农业经济合作事业发展主要在政府推动下进行,政府契约的力量大于法律契约。台湾农业合作经济组织的发展更多依赖法律契约的力量维系,一直在明确的法律基础上发生、发展、变化和调整;(3)组织体系方面,大陆的农业组织则表现出相对多元化的特征,供销、信用、专业合作社等专业性组织各自独立自主发展,形成多层次、多元化的发展格局。从合作内容看,大陆的农业合作经济组织则是典型的专业性组织,农业流通、金融保险等业务都是由专业的农业团体分工负责,从不同的方面对实现农民利益发挥作用。台湾乡村组织具有一元化的特征,农会集中区域内所有农业、农村与农民资源,与农村、农民形成一对一的关系。台湾农会是一个包含农业保险、农业推广、农村金融、农产品和生活用品供销等多种业务的综合性团体,兼具政治性、社会性、经济性、文化性与技术性功能于一身。

第三,借鉴台湾农产品流通和合作经济发展的经验,提出了大陆农产品流通体系构建时需要注意的问题:(1)以合作经济为基础,在坚持土地经营权流转的基础上,形成以农民为主导的合作经济组织。目前大陆合作经济组织的发展对政府的依赖性过强,农民的主导性不够,也就难以真正满足农民的需求;(2)以批发市场为主要载体,建立以信息化和价格发现为引领,具有一定公益性特征的批发市场。在我国目前的发展阶段,批发市场是农产品流通的主要载体,而且其发展直接影响到农产品流通的效率和终端产品的价格形成。因此,具有一定的公益性特征,政府应该积极进行扶持和引导;(3)以农产品物流的专业化、规模化和社会化为手段,提高农产品流通效率。农产品物流成本过高一直是农产品价格居高不下的重要因素,要充分利用市场机制,推动农产品物流的专业化、规模化和社会化,降低农产品物流成本;(4)以农产品质量安全为保障,建立农产品检测、质量可追溯的农产品质量管理体系。目前大陆虽然有无公害农产品、绿色农产品、有机食品三个不同的质量体系,但农产品检测环节实施不到位,农产品安全监管存在交叉或管理空白地段,监管不到位,特别是农产品质量安全可追溯制度需要进一步完善;(5)以增值农业为目标,重构农业产业链,提高农业经营收益。通过农产品深加工、生态农业发展等手段延伸农业产业链,提高农业附加价值,增加农民收益。

因此,本书对有志于农产品流通和合作经济组织研究的学者和学生,对那些考虑中国农业发展战略的政策研究、政策制定人员将有实际帮助。

徐从才于南京财经大学

2013.1

目　录

海峡两岸农产品流通体系与合作经济比较研究

第一章

导　言

党的十八大会议对新形势下"三农"工作作出了重大战略部署,其中最核心、最突出的就是提出"促进工业化、信息化、城镇化、农业现代化同步发展",强调"解决好'三农'问题是全部工作的重中之重",明确"城乡发展一体化是解决'三农'问题的根本途径",要求"构建集约化、专业化、组织化、社会化相结合的新型农业经营体系"。这必将推动农业生产经营方式发生重大变革,对新时期解决"三农"问题的政策思路、工作思路产生重大而深远的影响。

流通业是国民经济的基础性、先导性产业,农村流通是流通体系建设的重要组成部分。无论是建设现代农业、推动城乡统筹发展,还是扩大内需、启动消费,都迫切需要发展农村流通,加快形成高效畅通、安全有序的农村现代流通体系。农产品流通是农村现代流通体系构建中的重要问题,在国民经济快速发展,社会全面进步的条件下,如何培育和构建安全、有效的农产品流通体系,对于切实增加农民的收入,提高农业综合生产能力,推动农村经济结构战略性调整,确保农业和农村经济稳定增长,统筹城乡和农村经济社会的协调发展,巩固和完善社会主义市场经济体制,都具有十分重要的意义。

第一节　本研究的背景

从上世纪 70 年代伊始,国家针对我国农产品流通中统派购制度存在的种种弊端,在学习和吸收国际经验的基础上,采取了一系列的改革和调整措施。从总体上看,纵观我国农产品流通体制改革的历程,可以将其归纳为以下三个阶段:第一阶段——初步改革阶段(1979—1984 年):这一阶段主要是在农村推行家庭联产承包责任制的背景下,改革农产品的经营主体,理顺农产品的价格,调整农产品的购销政策;第二阶段——统购制度改革和流通体制创新阶段(1985—1992 年):这一阶段废除了传统的农产品统购统销制度,逐步建立起农产品市场调节机制,出现了合同定购与市场收购两种交易方式并存的局面;第三阶段——统销体制以及流通领域的全面改革(1992年至今):以党的十四大明确提出建立社会主义市场经济体制为标志,我国的农产品流通体制改革开始全面转入市场经济的轨道①。

一、大陆农产品流通体系建设亟待加强

农产品流通体系就是采用高新技术,采取现代组织方式和管理模式,服务农产品全球流通的重要平台,以解决农产品生产、销售过程中涉及市场和信息、中介组织和龙头企业、科技推广和应用、农产品加工、包装和经营,以及市场检测和检疫等系列问题为己任,是农产品物流、信息流和流通服务的统一体。从组成流通体系的要素看,农产品流通体系主要包括三个层次的要素:一是市场主体要素,参与农产品市场流通活动的个人和组织都是市场主体。这里的农产品流通主体具体包括各类农产品流通市场上的组织机构和个人,如农民合作经济组织、农产品流通龙头企业、代理商、农会、经纪人、批发商、零售商、农民等。二是流通载体要素,载体类要素主要指农产品流通主体活动的场所及其相互之间的关系,在集货方面,有初级市场、中心市场和终点市场;在散货方面,有批发市场和零售市场,按成交方式分,有现货市场和期货市场。三是规范与支撑类要素。规范与支撑类要素主要指确保农产品在渠道中保持产销通畅的信息服务与政策支持,如信息平台建设、相关政策措施支持等。上述三类要素相互联系,互相作用,共同促进,从而构筑了农产品流通体系的基本框架,在构建现代农产品流通体系的过程中这三种要素必须要做到同步优化,整体完善。

当前我国农产品流通过程经过几十年的发展,从总体看已经初步建立了市场经济体制下的农产品流通体系,但是还不能适应社会主义经济发展的需要,多年来,农产品流通存在"两头叫,中间笑"的问题,其实质就是我国农产品流通体系不完善、流通渠道不畅通、流通效率亟待提高。

(一)农产品流通体系的主体规模较小,组织化程度不高

当前农产品流通存在的一个突出问题就是流通主体的规模较小,组织化程度不高,尤其是以农民的组织化程度低最为明显,经过农产品流通的市场化改革后,农民作为独立的生产者和经营者进入农产品交易市场,是农村商品经济发展的客观要求,农民进入市场无非就是个人和组织两种形式,个人进入市场由于资金、人力的限制,抵御市场风险的能力较弱,随着商品经济的发展,以组织的形式进入市场则是必然选择。

① 徐从才,唐成伟.现代农产品流通体系的构建研究[J].商业经济与管理,2012,(4):5-11.

1. 农民合作经济组织

中国农村普遍缺乏具有独立产权的代表农民利益的经济组织,农民的组织化程度很低,分散、细小的生产经营方式限制了农民进入市场的交易方式,农民呈无组织形式进入市场,面对市场风险和不正当竞争,缺乏抵御能力和自我保护力。同时,由于中间流通环节过多,导致多重中介组织存在,经过反复的落地倒运,致使我国农产品流通过程的交易成本很高,农产品的市场销售价格偏高。从发达国家和地区市场主体的演进过程来看,农民合作经济组织是农民进入市场的最佳主体选择。首先,从利益主体来看,农民合作经济组织通过建立合作机制实现了农民的分散利益与共同利益的有机融合,提高了企业的组织化、规模化程度,能够积极参与市场竞争,有助于改善小而分散的农户无法与规模经营的工商企业进行平等竞争的市场状况,增强了农民的议价能力和市场竞争力。其次,农民合作经济组织代替单个农户进行交易,减少了交易次数,节约了交易时间,降低了农产品流通中的交易费用。最后,借助农产品的组织成员之间的了解和信任,以及农村社会文化与道德的约束,在农产品交易中能够有效降低农户的违约率[①],提高了交易效率,节省了交易成本。

2. 农产品流通龙头企业

由龙头企业与农户签订契约,农户根据契约进行生产,而龙头企业负责农产品的收购加工、运输和销售,所以又被称为"订单农业"或"契约农业"。在这个契约关系中,流通渠道成员之间合作关系的建立是基于双方彼此对对方资源的依赖,这实际上要求进行合作的双方在实力与规模上应当是对等的,或者二者之间的差异应当在一个合理的区间范围内。由于农民自身的小而分散的特点,具备集结能力的合作社或者农业协会便成为龙头企业与农户之间权衡力量的行为主体,它可以代替农户与龙头企业签约建立合作关系,增强农户在同龙头企业交易过程中的博弈力量,从而使合作关系的稳定性和渠道运行绩效都得到提高。我国在市场化改革过程中,将组织化程度较高的合作社系统肢解为非组织化企业,从而我国农业合作社类组织存在规模小、组织化程度低的问题,因此力量较为薄弱的合作社对不对等权力的矫正能力是有限的,渠道垄断力仍然偏向龙头企业,农民的利益仍旧很难保障。组建规模化的合作社组织,可以加强农民组织在市场中的竞争力,发挥龙头企业在农产品流通过程中的作用,如可以避免多次交易,节约交易时间和费用,充分发挥和利用龙头企业较为成熟和稳定销售网络的优势,加强对农业生

---

① 周立群,曹利群.农村经济组织形态的演变与创新——山东省莱阳市农业产业化调查报告[J].经济研究,2001,(1):69-75.

产提供技术指导和过程管理,从而有利于农业生产和流通的标准化和规模化。农业产业化龙头企业是一种重要的农产品流通组织形式,其发展和壮大会促进农业的现代化进程。

3. 农产品流通的生产主体

(1) 在我国农产品交易中,农户通过农贸市场等直接向最终消费者销售农产品是一种常态,也是中国特有的农产品流通模式,其存在具有一定的合理性。对于农户来说,能够直接面对消费者,减少了流通的中间环节,保证了销售收益的及时兑现;对于消费者来说,可以买到新鲜而且价格实惠的农产品。但随着农产品销售市场在空间上的扩充以及消费者消费需求的多样化,这种传统的模式已经越来越不能够适应现代农业的发展,只能是农户和市场衔接的辅助形式,并且随着农村商品经济的不断发展,这种辅助作用将不断缩小。

(2) 农户直接进入产地批发市场与农产品批发商直接交易,也是当前农产品流通一种渠道形态。这类形态虽然使农户能够以较低的成本进入或退出市场,但由于我国市场运作的不规范及基础设施的落后,其效率非常低下。而且由于进入市场的大多数农户的规模比较小,缺乏抗拒自然灾害和承担市场风险的能力,从而增加了交易的次数和交易成本,降低了流通效率。

(二) 农产品流通体系中载体建设不能满足经济发展的需要

1. 农产品批发市场

批发市场在农产品流通中扮演着十分重要的作用,这不仅是因为批发市场为农产品供求双方提供了交易场所、供需情况以及过程管理,从而实现商品交易、集散、流通的功能,更为重要的是它具有引导价格和降低交易费用的作用。从农产品批发市场的发展看,它是我国由计划经济向社会主义市场经济转变过程中的产物,是我国农产品流通的主要市场载体。我国农产品批发市场随着大宗农产品购销价格的放开而逐步发展起来,经历了一个从少到多,从产地市场单一发展到产地与销地市场并行共同发展,从民间自发形成到政府推动建设的过程,目前已经形成了较为庞大的农产品批发市场体系①。目前我国每年新建设的批发市场以千为单位的数量增长,并且批发市场的成交额也飞速发展,截至 2010 年年底,我国占地面积 30 亩以上的农产品批发市场约有 4093 家,其中成交额在亿元以上的有 1672 家,约占市场总数的 40.9%,亿元以上批发为主和零售为主的农批市场成交额分别为 1.39 万亿元和 0.22 万亿元,比 2009 年分别增长 18.1% 和 13.8%,2010 年批发为主的市场成交额比重达到 86.3%,较 2009 年提高 0.5 个百分点。

① 李泽华.我国农产品批发市场的现状与发展趋势[J].中国农村经济,2002,(6):36-42.

从我国农产品批发市场的发展来看,在今后相当长的一段时间内,各种类型的批发市场仍然是农产品流通主要的组织形式,是我国农产品流通体系构建的枢纽。但从现实发展来看,我国农产品批发市场的发育水平还比较低,存在着布局不合理、交易规模偏小、交易方式传统、服务功能单一,重视销地市场而轻视产地市场等问题。这主要是因为农业区域专业化程度低,单个市场成交规模有限,相关服务难以形成市场需求,经营者缺乏利益诱因而无意为之。现阶段如何化解农产品批发市场建设和发展过程中遇到的问题,继续发挥批发市场在农产品流通过程中的重要作用,是构建现代农产品流通体系的重要议题。

2. 农产品期货市场

据统计,我国诸多农产品生产总量在全球都位居前列,绝大多数农产品的消费量都处于世界第一的位置,通过农产品期货市场可以把分散的供给和需求有效地结合和联系起来,形成合理的市场价格,从而引导农产品生产和消费。一个健康、有序、高效的农产品期货市场对于促进主要农产品的稳定生产,保持农产品的有效供给以及形成合理的市场价格都具有非常重要的作用。近年来,我国农产品期货市场上,大豆、小麦、绿豆等期货产品较好地发挥了经济功能。农民利用期货市场这个风险管理工具,种植和销售主要农产品,规避了价格波动带来的市场风险,增加了农民的收入。据相关部门统计,2011年农产品期货成交量、成交金额占整个期货市场的54.33%和40.2%,基本一半商品期货的交易量体现在农产品期货上。目前,国内不少大型粮食企业和涉农的中小企业都有意识地参与和开展农产品期货交易,管理市场上的价格波动风险。但是,由于受到现货市场规范程度、市场信用、秩序等条件的限制,要向发达国家成熟的期货市场那样,成为农产品流通定价的标准,还存在一些现实问题亟须解决。首先,现阶段批发市场达成的远期性契约交易较少,交易方式往往是人货同行,商品堆放在市场展卖,买主在验货基础上讨价还价,主要以即期现货为主。其次,因为期货市场存在专业性,进入市场需要一定的专业知识和经验积累,从而导致分散的农民个体直接进入期货市场进行交易并不现实,这就需要有农业合作经济组织或者农业龙头企业来聚集和组织。而当前最突出的问题就是农产品期货品种与现有农业专业合作经济组织经营内容上的差异,据统计现在全国有52万家农业合作经济组织,还有若干个农业龙头企业,但是通过分析就会发现,农业合作经济组织做"菜篮子"产品的居多,做大宗产品的很少。而期货市场恰恰是主产品多,没有其他产品。最后,由于农产品的生产受自然条件、生产周期和生产规模等特殊因素的限制,农产品生产和流通的信息不对称最为典型,因此,市场和价格的波动最为频繁,价格是引导生产者决策行为的主要信号。这些特点决定了在农产品现货市场发育的基础上,必须引入期货机制,发展农产品期货交易,以发现价格,规避风险,锁定成本,期货品种和合约要标准化,不断完善期货市场。

(三)农产品流通体系的信息平台和制度建设滞后

1. 农产品流通的信息化建设明显滞后

我国农产品信息化建设滞后,主要由于在家庭分散经营的条件下,单个农户搜集市场信息不仅需要付出高昂的信息搜寻成本,而且农民由于自身素质原因,接受市场价格信号并做出积极反应的能力也是薄弱的,而大多数农产品批发商和销售商知识层次和水平不高,对信息获取的意识淡薄,相应的计算机等信息网络设施建设落后,全国农产品批发市场的入网率仅占 4.5%,总体上缺乏系统的信息收集、整理和发布平台。据统计,全国有近 1/4 的县未建立农业信息服务平台,近 1/2 的乡镇没有建立农业信息服务站。因此,信息服务网络向龙头企业、种养大户、专业协会等组织传递信息缓慢。同时政府对农业信息缺乏统一规划、整合和协调,信息传递和反馈网络不完善,目前政府还不能提供权威、及时、有效、准确的农业信息,引导力度和支持力度都较弱,农产品流通信息化建设滞后。由于农产品流通信息体系建设滞后,农户生产和销售都缺乏科学的农业信息作为导向,具有适应市场的超前性、技术性和权威性的信息,通常很难及时有效地传递给农民。即使是政府网站发布的农产品信息往往也过于宏观,缺少与生产销售的有效衔接。再加上中国农产品资源本身就存在地域分布上不均衡,农产品资源配置不合理,一些地方"谷贱伤农",而一些地方却"供不应求",造成生产和农产品流通的盲目性。

2. 农产品流通相关配套的政策措施还不完善

长期以来,我国城乡二元结构的存在,农业生产力水平较低,农产品流通领域依然存在基础设施建设落后、投入不足、交易方式传统等问题,因此与工业相比,我国的农业仍处于较弱的地位,迫切需要政府的支持、服务、监督与调控。政府要加大对农产品流通设施建设的扶持力度,把农产品流通设施作为社会基础设施来建设,作为公益事业来发展,采取相应的政策措施予以支持;为农产品流通改革与发展提供良好的法律环境,建立规范化的准入和监管制度;充分研究国内外农产品市场的发展动态,为企业、农户提供准确的市场供求信息,并为农产品出口国际市场创造有利条件;建立和完善对农产品流通的调控制度,特别要建立市场运行监测制度、重要农产品的储备制度、农产品进出口调控制度、农产品价格调节基金制度等,保障农产品流通的正常运行。

二、海峡两岸经贸合作广泛开展

自 20 世纪 90 年代开始，随着中国大陆陆续制定出台了一系列优惠政策措施，支持、鼓励两岸贸易和台商到大陆投资，特别是中国和中国台湾分别成为 WTO 正式成员，两岸经贸关系趋于正常化，两岸农产品贸易发展进入了一个新的阶段。据商务部台港澳司统计，2011 年，大陆与台湾贸易额为 1600.3 亿美元，同比上升 10.1％，占大陆对外贸易额的 4.4％。其中，大陆对台湾出口为 351.1 亿美元，同比上升18.3％；自台湾进口为 1249.2 亿美元，同比上升 7.9％。中国大陆方面秉持"建立互信、搁置争议、求同存异、共创双赢"的方针，按照"先易后难、先经后政、把握节奏、循序渐进"的思路，与台湾方面共同推动两岸经济交流与合作取得一系列历史性突破。

（一）海峡两岸形成了全方位、宽领域、多层次经贸合作格局

1. 两岸贸易不断扩大，贸易结构日益优化

据大陆方面统计，两岸贸易总额已经由 2008 年的 1292 亿美元增加到 2011 年的 1600 亿美元。大陆是台湾最大的贸易伙伴和贸易顺差来源地。从贸易方式看，加工贸易的比重不断下降，一般贸易在对台出口中的比重由 2009 年的 42.9％上升至 2011 年的 46.1％，同期自台进口中的比重由 26.7％上升至 32.3％。过去台商以出口为主的生产经营模式，在世界需求结构变化的新形势下，也开始调整为出口与内销并重的模式。

2. 台商投资持续深化，投资结构日趋均衡

据大陆方面统计，截至 2012 年 6 月底，大陆累计批准台资项目 8.7 万多个，实际使用台资 558.1 亿美元。如加上台商经第三地的转投资，大陆累计实际使用台资超过 1000 亿美元。大陆是台湾最大的投资目的地。过去台商投资主要集中在东部沿海和制造业，近年来开始向中西部和服务业转移。2011 年，广西、甘肃、贵州等地台资增速均超过 2 倍，台商投资服务业的比重较 2008 年增长了近一倍。

3. 产业合作稳步推进，试点项目日渐成熟

2008 年以来，两岸分别在大陆和台湾共同举办了几十场产业搭桥活动，就十多个产业的合作进行深入的探讨。经合会产业合作小组成功主办了首届两岸产业合作论坛，并举行了三次小组工作会议，确定了 LED 照明、液晶面板、电动汽车、无线城市、冷链物流作为重点推动的试点项目，选定了试点城市，拟定了下一步的发展规划。

4. 金融合作逐步突破，受益主体日益增多

2009 年两岸签署金融合作协议和金融监管合作备忘录后，建立了金融监管

合作机制,加快了两岸金融合作的进程。双方还扩大了新台币在大陆双向兑换和大陆银联卡在台使用的范围,并就建立两岸货币清算机制进行了积极的探索。在上述工作进展和 ECFA 早期收获的有力推动下,截至目前,大陆已批准 10 家台资银行设立大陆分行,其中 9 家已经开业,3 家可以经营对台资企业的人民币业务;2 家台湾保险公司获准设立子公司。13 家台资金融机构获得合格境外机构投资者资格(QFII)。大陆有 4 家银行获准在台设立分行或代表处入台。

5. 促进活动搭桥铺路,两岸交流日趋密切

两岸各界每年在大陆举办 30 多个涉台经济展览会,在台举办 20 多个两岸展览会,并借助中国国际贸易投资洽谈会、中博会、西博会、东北亚博览会、亚欧博览会、东盟博览会等有影响力的平台,共同举办了多个涉台经贸促进和交流活动,推进两岸贸易投资不断发展,受到了两岸同胞的肯定和欢迎。2009 年起,大陆各部门、各行业协会、各省市持续组团赴台采购,3 年来采购总额超过几百亿美元,帮助台湾应对国际金融危机的不利影响。

(二)台湾地区农产品流通体系建设的先进经验

农业是海峡两岸交流与合作的重点领域之一,在两岸关系中处于十分重要的地位。作为两岸经贸关系中一个重要的组成部分,两岸农业交流与合作近年来取得了一系列成效和进展。随着两岸关系的重大改善发展,特别是大陆给予台湾经贸方面的政策和优惠措施正逐步发挥效应,由此迈出了两岸全面直接双向"三通"的历史性步伐。当前,两岸农产品流通的紧密联系日渐凸显,具有一定特色的台湾水果、水产品等农产品行销大陆市场的运行绩效,既有力推动两岸农产品贸易的常态化、国际化,更深化了两岸农业合作的优势与潜力。

1. 台湾农产品的品质优势

台湾农业区域特色明显,各个农会都有自己的特色农产品,目前已形成相对集中、优势明显的区域化生产格局。南部屏东县以热带水果为主;中部云林、彰化等县市发展现代蔬菜种植园,形成全台最大的有机蔬菜生产、交易集散地;阿里山地区以茶叶生产为主,每个县、乡都具有独特优势、知名品牌的农产品。农村和城市达到一体化,城乡环境清洁优美,农业基础设施完善,科技手段运用到位,农产品全部按标准化进行生产、加工、销售,既保证了农产品的优质,又保证了农业的生产效益。

2. 台湾的农产品流通体系机制完整,市场布局合理、规划良好

在台湾,农产品流通市场被定为公用事业,发挥着信息发布、价格传递、仓储等重要功能,政府积极推动拍卖制度,在台北、高雄等城市都采用了现代电子技术进行竞价,避免了传统的人工竞价方式,有效抑制了人为因素对市场操纵的可能,

维护了市场秩序。在市场准入方面,对进入市场进行购销的供应商和承销商有严格规定,供应商必须是农民团体、果蔬生产者、果蔬运营商等,通过审核方可获取销售商资格,在市场内有供应商的编码和完整资料,能知道供应商的基本情况,果蔬的产地和来源地等;承销商必须是经过审核的具有营业执照的批发商、零售商、果蔬加工企业、果蔬运销商等,市场为之建立信用档案,有违法行为出现一律清除出该市场。在法律制度建设方面,已经拥有一套较为完善的农产品营销的法律法规,包括《农产品市场交易法》《农产品市场交易法施行细则》《农产品批发市场管理办法》《农会法》《农产品分级包装标准与管理办法》等,这些法律法规为农产品市场的建设、管理、运行提供了依据和准则。在建设规划上,规定农产品市场的建设必须按照规划进行,统一建设,如台湾《农产品批发市场管理办法》规定:果蔬市场每乡、镇、市、区各设一处,家禽市场每县、市各设一处,鱼市每一渔会区域各设一处,在直辖市区内设立各类农产品批发市场,以人口满 50 万人为原则设一处[①],这些统一的规划和制度,调节农产品市场的有序布点,避免了重复建设、过渡竞争的局面,有利于资源的合理配置和有效利用。

3.台湾拥有健全的农民组织体系,农会、合作社和产销组织在指导农民、增加农民收入上发挥重要作用

台湾农会是农民最大的团体组织,20 世纪 70 年代颁布了《农会法》,并逐步实施,经过几次修改逐渐完善,《农会法》规定了农会必须承担的责任有二十多项,涵盖了农业生产和农民生活的基本方面,政府鼓励农民加入农会,入会后将可以享受政策支持和灾害救济,65 岁以后就可以领取政府养老金。在组织上,台湾农会分为乡(镇县市)农会、县(市)农会、全台湾农会三个层次,乡以下按照实际需要设立农会小组,按照需要可以建立水稻产销班、水果产销班等,这种专业产销班在台湾普遍存在,为推动农产品销售起到了积极作用。在经营运作上,农会经费来源主要是入会费、农会自办企业收入、农业推广募集经费、社会募集资金等,农会利用筹集到的资金,开办为农民服务的各类实体,如经济事业、金融事业、推广农业技术事业等实体,这些实体都编制年度计划,独立核算,年度决算后提取本实体的公积金外,都上缴农会,作为农会的总盈余,进行统一计划和分配。

---

① 孟京生.借鉴台湾农产品流通先进经验完善大陆农产品流通体系的思考[J].商业经济,2011,(6):23-34.

第二节 本研究的意义

学习台湾地区农产品流通体系建设的先进经验,进一步搞活中国大陆农产品流通,大力推动农产品流通体系建设,充分发挥农产品流通在农村经济发展中的重要作用,繁荣农村市场,对于降低农产品流通成本,夯实农业基础地位、促进农民增收、扩大农村消费,进而实现海峡两岸经贸合作的深度开展具有重要意义。大陆农业资源丰富,农业生产规模大,劳动力成本低,市场潜力巨大;台湾农业科技水平和产业化水平较高,农业管理经验较先进,在精细农业等方面有优势。自20世纪80年代以来,两岸农业交流合作已进入大交流、大合作、大发展时期,逐步形成了宽领域、多层次、全方位的合作双赢发展格局,面临着继往开来的新形势、新机遇,这种"大生产、大流通"的合作格局,为中国大陆向台湾地区学习交流提供了机遇和平台。

一、夯实农产品流通基础,促进农民增收

中国是一个农业大国,农村人口接近9亿,占全国人口70%;农业人口达7亿人,占产业总人口的50.1%。"三农"问题的解决关系重大,不仅是农民兄弟的切盼,也是现阶段党和政府的大事,事关社会和谐稳定和发展的基础。解决"三农"问题关系国民经济全局和社会稳定,加快农产品流通体系的建设,夯实农业基础地位,增加农民收入则是经济工作的重点之一。农产品流通体系运作的效率直接关系到农产品能否实现从生产领域到消费领域的有效转移,能否实现其自身的价值。所以与其他商品流通市场相比,农产品流通体系的构建,对农业发展,农民增收具有重要的影响,建构农产品流通体系有利于规范农产品流通市场,提高农产品流通市场的运营效率。

许多学者对农产品流通和农民收入之间的关系进行了深入研究,认为农产品流通效率的高低和农民收入存在长期的稳定关系,一方面农产品流通体系效率的高低会影响农民收入,首先这是因为农产品在流通过程中,流通效率的提高会减少流通环节,从而交易成本降低,在市场销售价格不变的条件下,会提升农产品的利润空间,作为农产品的生产者自然也会增加收入,提高生产积极性;其次农产品流通体系效率提高代表着农产品流通的组织化程度提升,如农会和农民经济合作组织的建立,就会提高农民在流通过程中的话语权,增加在农产品价格上讨价还价的能力,因此有利于农民收入的增加。另一方面农民收入的提高,又会提升农

产品流通的效率,农民的收入是农户进行再生产活动的基础,收入越高,用于生产和技术改造的资金就会增加,如购买先进农用机械,学习现代农业技术等,从而有利于提高农产品的产量和质量,保障农产品质量安全,推动农产品从安全、有序、高效的农产品流通渠道中进入消费领域①。所以农产品流通体系构建和提高农民收入是相辅相成的,应该努力学习先进的农产品流通体系构建的经验,夯实我国农业基础地位,促进农民收入增加。

台湾农产品流通主要通过农民共同运销(农会体系、合作社体系、产销班体系)及农产品贸易公司等各种组织方式,有效衔接了千家万户的小生产和千变万化的大市场,同时政府的资助通过农会和行业协会下达到农民和农业企业,实现资源配置公平性和有效服务。我们要借鉴台湾农产品流通的发展经验,提升我国"三农"服务功能,拓展服务空间,夯实农业在我国的基础地位,增加农民的收入。

二、降低农产品交易成本,提高流通效率

从我国农产品流通的过程来看,需要经过多重流通环节,流通的时间和周期较长(图 1.1),这必然会增加农产品流通费用,从而导致农产品价格提升。据测算,流通费用目前是整个农产品价值链中除了原料之外成本最高的。以小麦、玉米、大米和大豆为例,据有关部门统计其流通环节的费用约占市场销售价格的30%左右,而鲜活农产品的流通费用占比甚至达到了 60%以上;同时,在流通过程中,由于物流和仓储技术条件的限制,农产品本身在运输过程中的损失较大,这也会导致农产品流通成本的提高,如我国冷链物流系统建设滞后,水果、蔬菜等生鲜农副产品在采摘、运输、储存等流通环节上的损失率在 25%~30%左右,而发达国家由于有高效、优质的物流设备和操作系统,这项损失率基本控制在 5%以内,流通成本的增加就会影响流通渠道的效率,挤压农产品生产环节的利润空间,从而影响了农民的收入和生产积极性②,同时由于农产品流通费用和成本较高,也影响了我国农产品在国际市场上的竞争力,削弱了农产品出口的能力,弱化了农产品出口创汇的能力。

台湾地区农产品运销体系发达健全,运行高效,功能齐全,如农产品流通体系中的重要载体—农产品批发市场,在台湾有近 40 年的发展历史,目前共有批发市场 158 个,交易方式主要采取的是拍卖制度,基本运作模式是:接受供货单位的委

① 李志萌. 现代农产品流通体系的构建与完善[J]. 江西农业大学学报, 2005, (3): 69-71.
② 张晓阳,刘富丽. 农产品流通体系与农民增收长效机制的探讨[J]. 现代农业科技, 2007, (6): 188-189.

托,公开、公平竞价,将到达市场的果蔬批售给承销商或大型连锁企业,并按台湾农产品市场交易法,按成交金额收取管理费,拍卖模式采用现代化的电子设备进行竞价,减少了人为势力操控市场的可能,克服了管理者与交易者"暗箱操作"的干扰,提高了农产品流通效率,维护了市场秩序。如台北农产运销股份有限公司的两个果菜批发市场,75%的蔬菜和50%的水果实现了电脑化无线竞价拍卖。通过向台湾地区学习农产品流通体系构建的先进经验,探索农产品流通的新途径,减少农产品流通环节,降低农产品流通成本,发展从农田到餐桌的鲜活农产品现代物流体系,提高鲜活农产品流通质量安全水平,提高农民收入。

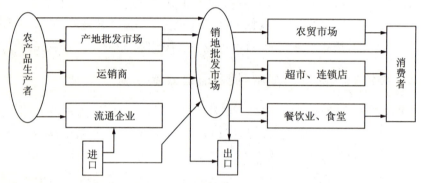

图 1.1 农产品流通主要示意图

三、借鉴台湾合作经济经验,提升农产品质量

农产品的质量安全是保证一国人民正常生活的基本条件,是保障经济正常发展,稳定社会秩序的关键。经过多年努力,全社会农产品质量安全意识不断提高,农产品质量安全监管能力不断增强,农产品的整体质量安全水平得到了大幅度的提升。如 2011 年蔬菜、畜产品、水产品等主要农产品监测合格率总体达到 96% 以上,比 2001 年提高了 30 多个百分点。但是农产品质量安全管理还存在一些问题:首先农产品生产过程中农药、添加剂的大量使用,是影响农产品质量安全的源头;其次市场进行检测的主动性不够,据调查了解一个批发市场如果常年坚持开展农产品检测,根据交易量的大小,总费用大约在 10 万到 20 万元之间,由于成本的压力,许多市场主动检测的积极性不高,检测样品批次太少;三是农产品在包装、运输、仓储和销售环节未能得到有效的质量控制,进一步加剧了农产品质量安全问题。

台湾农产品质量安全形成了较为成熟的管理部门和健全的法律制度。如农产品进入市场销售前的检验工作由"农业委员会"负责,市场销售的农产品的检验由"卫生署"负责,进口农产品的检验由"标准检验局"负责;涉及质量安全的法律制度有:《蔬果安全管理办法》《畜牧法》《农药残留检测要点》等,并设有 8 个农药监测中心,14 个农药检测站;台湾对进入批发市场的果蔬产品实现快速检测(生化法)与化学分析检测相结合的办法,严格农产品市场准入,在主要的果蔬产地、批发市场和超级市场,均设立了农药残留检测站,对快速检测不合格的产品,一律就地销毁,并通知生产者加强产地管理。因此学习台湾先进的农产品质量安全的管理方法,先进的检测技术,对于构建我国农产品质量安全体系具有重要的现实意义。

四、促进海峡两岸经贸合作,共建合作平台

1979 年元旦,中国政府发表《告台湾同胞书》,首倡"三通"。2008 年 12 月 15 日,两岸空运直航、海运直航与直接通邮启动。2009 年,以大陆企业赴台投资正式启动和两岸正式开通空运定期航班为标志,两岸同胞期盼 30 年之久的直接、双向"三通"全面实现,两岸经济关系的发展取得重大进展。两岸农业交流合作已进入大交流、大合作、大发展时期,逐步形成了宽领域、多层次、全方位的合作双赢发展格局,面临着继往开来的新形势、新机遇。

农业是目前两岸合作中最活跃最重要的领域之一,在两岸关系中处于十分重要的地位。中国大陆通过各种途径广泛学习台湾农产品流通体系构建的先进经验,对于加强海峡两岸农业交流密切合作,充分发挥自身优势,进一步增进两岸民众感情,推进两岸农业产业合作对接,为实现两岸宽领域、多层次的交流局面发挥了积极作用。

第三节　本书章节结构

本书共分为七章,第一章为导言,主要分析了本课题的研究背景和研究意义,第二章在综述现代商品流通理论和合作经济理论的基础上,分析了农产品流通和农产品合作的演进和发展趋势,第三章在研究农产品流通内涵和构成的基础上,阐述了中国大陆和台湾地区农产品流通体系的基本情况,第四章主要对海峡两岸农产品流通效率进行了实证对比分析和研究,第五章研究了海峡两岸合作经济的演进和发展以及相互的学习和借鉴,第六章提出了中国大陆现代农产品流通体系建构的目标,并分析了中国大陆现代农产品流通体系建构的路径、载体和制度保

障,第七章主要对海峡两岸农产品流通的典型案例进行了研究和分析。

　　第一章主要是提出问题,从中国大陆农产品流通现状、海峡两岸经济合作背景、台湾农产品流通先进经验等方面分析了研究背景,并提出了课题研究的主要意义:夯实农业基础地位,降低农产品流通的交易成本,保障农产品质量安全,促进海峡两岸经贸合作在纵深领域进一步开展。

　　第二章首先在阐述商品流通的发展历程和功能的基础上,分析了农产品流通的内涵、创新和发展,然后从合作经济演进发展的视角综述了合作经济的理论基础、产生和发展、原则等问题,最后从演进过程的角度剖析了农业合作经济组织的产生与发展。

　　第三章首先从一般意义上分析了农产品流通的特点和构成,然后分别从生产模式、销售模式、定价模式、流通模式以及质量保证体系五个视角分别论述了海峡两岸农产品流通的基本情况,分析了中国农产品流通的主要模式以及存在问题,提出了要学习台湾农产品流通体系建设的有益经验,加快我国农产品流通体系的转型和创新。

　　第四章从流通渠道视角对海峡两岸农产品流通效率进行初步分析。大陆蔬菜流通呈现二元平行发展的特点,即以传统的批发市场为核心的模式和以现代业态的以超市为核心的"农超对接"模式并存。台湾农产品的运销主要通过批发市场、农贸市场、直销店、产销班(设在农会、合作社等之下的产销组织)等多种形式完成。选择流通渠道作为农产品流通效率的分析视角,有助于分析和比较海峡两岸农产品流通渠道的差异对效率的可能影响,进行为提高农产品流通效率提供公共政策设计依据。

　　第五章从合作经济的建立与演进、现状与特征以及发展趋势三个维度分别对中国大陆和台湾地区农业合作经济的发展进程进行了研究。同时,对海峡两岸农业合作经济事业从组织、产权、契约等方面进行了系统比较分析,在此基础上,提出了借鉴台湾农业合作经济组织经验,从组织模式选择、市场战略取向、提升组织绩效等方面推动中国大陆农业合作经济发展的启示与思考。

　　第六章首先提出了中国大陆现代农产品流通体系建构的目标主要有提高农民收入、降低交易费用、降低物流成本、保证农产品质量安全,并从推动农民合作经济组织建设、优化商品流通渠道、加强农产品物流体系建设、加快农产品信息平台建设四个方面研究了中国大陆现代农产品流通体系建构的路径,然后从综合载体、专业载体和虚拟载体三个视角分析了中国大陆现代农产品流通体系建构的载体,最后从农产品流通法律制度、农产品流通安全制度、农产品流通金融制度三个角度提出了中国大陆现代农产品流通体系建构的制度保障。

第七章主要对中国大陆和台湾地区农产品流通的典型案例进行了分析和研究,中国大陆主要以句容市丁庄老方葡萄专业合作社和家乐福超市为例展开了研究和分析,台湾地区主要以台北市第二果菜批发市场和台南市玉井区农会为例,通过对农产品流通体系和合作经济的发展模式进行深层次的剖析和探索,总结了对中国大陆农产品流通体系构建的有益启示。

现代商品流通及合作经济理论研究

第一节　现代商品流通理论的演进与发展

商品流通是社会经济的一个重要组成部分,起着连接生产与消费、协调各方关系的作用。商品流通起源于分工与交换,并从简单商品流通,发展到发达商品流通,流通的发展对商品经济乃至市场经济的发展有着十分重要的影响。特别是随着工业化的逐步完成和买方市场的长期存在,以及消费者偏好的日益多样化、个性化,商品流通在国民经济中的地位日益凸显,对经济增长的拉动作用日益增强。本节在阐明商品流通形成和发展的基础上,系统分析了现代商品流通的功能、农产品流通的特征及发展趋势。

一、商品流通的发展历程

从历史上看,分工特别是社会分工是商品交换的前提,商品交换的形式与规模是随着社会分工的出现及不断深化而发展的。建立在社会分工基础上的社会经济,必然存在商品交换,从而也必然存在与生产过程相对应的流通过程。从本质上讲,流通就是劳动产品或生产物从生产领域到消费领域的转移,而交换作为这一转移过程的核心,其产生和发展对流通方式的变化和流通产业的形成具有决定性意义。因此,从交换分工的历史进程来看,流通的发展历程大体可以分为三个阶段:

（一）简单的商品流通（W—G—W）

简单的商品流通是商品流通的最初形式和直接形式,是生产者之间或生产者与消费者之间以货币为媒介的直接交换形式。此时,将产品出售给最终消费者或用户的商品交换事务,是由商品的生产者自己承担的。这里的生产者,同时也是商人,这时的商品流通表现出偶然的、间断的、局部的特征。

（二）发达的商品流通（G—W—G）

随着生产的发展,商品交换的范围和规模不断扩大,生产者用于买卖的时间日益增多,而生产和交换两种职能在空间上又是分离的,活动方式、所需技能也截然不同。因此,在这种情况下,当社会交换活动的总额水平已经达到一定高度的时候,专门从事商品交换的商人、商业便应运而生了。商人以自己的购买(G—W)实现生产者的出卖,以自己的出卖(W—G)实现消费者的购买,从而在生产者和消费者之间形成了以货币为媒介的总体的交换。因此,由简单商品流通到发达商品流通,流通的形式和本质都发生了巨大变化,其变化的核心就是由对使用价值的追逐转化为对价值(剩余价值)的追逐。资本流通的形成标志着以商业为主体的流通产业的形成,而且,在商人的推动下,流通产业日趋发达。

（三）社会化商品流通（现代流通）

在发达的商品流通产生之后,流通方式由个体摊贩的流动叫卖形式发展为有固定场所的店铺,由商贾合一发展为批发与零售分工。但是,真正具有深远意义的流通方式变革出现于工业革命之后。工业革命后,商品技术含量提高,商品的品种和数量急剧提升,超过了以前的任何一个时期。流通领域为适应商品供给情况的变化而不断演进,出现了像邮购商店、百货商店等流通组织形式,产生了新的交易形式,如拍卖、委托贸易、期货交易等。随着以电子商务为特征的第二次流通革命的蓬勃兴起,进入流通的要素禀赋也发生了根本性变化。生产力的加速发展使建立在流通一般基础上的以实物经济运动为主线的流通状态发生着一系列变化和互动效应,蕴含在商品中的智能和技术的含量,使更多的"无形商品"、"无形资产"、"虚拟经济"等非物质载体构成了流通的新空间。

二、商品流通的功能

功能是事物客观上会产生的特定行为的统称,对于商品流通来说,其功能就是指流通在社会再生产过程中所承担的职能,我们可以将其归纳为基本功能、拓展功能和创新功能三个层面。[①]

（一）商品流通的基本功能

商品流通的基本功能可以概括为媒介交换、时空调节、平衡供求和价值实现。

1. 商品流通的媒介交换功能

流通对社会分工的发展具有促进作用。没有流通的联结,相互分离的专业生产就失去了彼此协作的可能。因此,流通是社会分工存在的前提条件。此外,流

---

① 徐从才. 流通创新与现代生产者服务体系构建[M]. 北京:中国人民大学出版社,2011:16-25.

通也是分工发展的条件。当市场扩大,即交换范围扩大时,生产的规模也就随之扩大,生产也就被分得更细。流通在上述两方面对社会分工的促进作用,构成了流通媒介功能的理论依据。

流通对社会分工有制约作用。流通中市场机制的作用可使不同质的有用劳动实现自我进化:一些新的劳动种类产生了,某些劳动种类消失了,而原先属于同一生产者的职能又都独立分化开来。这样,流通就决定和影响着不同社会分工的"质";与此同时,流通中竞争机制的作用又促使资本、劳动力等生产要素向边际产出最大的生产方向流动,实现社会分工间的最优配比,调节着社会分工"量"的结构。

2. 商品流通的时空调节功能

流通功能的本质就是"减少社会再生产过程中的时延或停顿"和"优化经济结构",这是从时间继起和空间并存两个视角做出的最高概括。发达的商品流通能打破生产和消费在时间、空间和集散方面的更大限制,可以在更长的时间,更远的地区、更集中或分散的条件下进行商品交换,因而能够促进更大规模生产的发展,并在更大的范围内满足消费者的需要。

3. 商品流通的平衡供求功能

市场上商品供给和商品需求之间的矛盾存在对立统一的辩证关系。如果从量的方面来考察,商品供求在运动过程中会交替地出现供求平衡和供求不平衡状态,而商品的供求不平衡状态又表现为供过于求和供不应求两种形式。作为矛盾双方的商品供给和商品需求,彼此之间既相互对立,又相互联系。商品的供给靠商品的需求来实现,商品的需求靠商品的供给来满足。

从生产者角度来看,流通的平衡供求功能,可以被理解为一种"促进生产"的功能,因为供给和需求之间的矛盾一直是生产者所不能独立解决的难题。对于生产者而言,采用社会化、规模化的大量生产方式以降低成本、提高利润,是一种必然的"经济理性"行为,但就供求平衡现状而言,此种"理性"行为则未必与消费者的需求相吻合。此时,处于生产和消费中间环节的流通,就会在发挥其平衡供求功能的同时,对生产者的选择与决策起到一种反馈和调节的作用,这也是流通所具有的天然优势所在。通过流通环节收集到的市场需求信息,生产者势必会针对目前的消费者现实需求修改甚至重构自身的生产规划,而一些无法跟随市场需求变化节奏的生产企业,将会在流通的"强制"平衡作用下退出市场,只保留那些能够顺应市场需求进行自我生产流程及目标完善的生产企业,继续参与市场竞争。这就是流通在平衡供求中所起到的"促进生产"的作用。当然,"促进"只是一种概括性的意义所在,根据实际效应的不同,我们还可以将这种"促进"作用细分为"引导"、"组织"、"控制"等几层涵义,分别从目标、过程、规模和数量等环节对生产企业发生作用。

4. 商品流通的价值实现功能

在社会中,存在着生产者、经营者、消费者,他们通过各自的活动,在分工的条件下,通过间接的方式实现着自己的利益。生产者通过生产活动生产出满足社会生产和消费者需求的产品,当产品经过在市场上的流通,最终进入消费领域后,产品的价值得以实现,生产者也就实现了自己的利益。作为流通主体的经营者,是在低价购进商品、高价卖出商品的商业活动中补偿流通费用支出并获取贸易利润的。在商品流通中,从事商品流通的商人以低于商品价值的价格从生产者手中购买商品,然后以超出购买价格的余额即进销差价,来补偿流通中的劳动耗费的支出和得到流通过程中所应当获取的贸易利润,实现自己的利益。而消费者通过支付一定的货币,换回自己所需要的商品,以满足自己的需求,实现自己的利益。

(二)商品流通的拓展功能

除去媒介交换、时空调节、平衡供求、价值实现的基本功能之外,商品流通在经济增长和效率实现方面也有着不可忽视的作用,可诠释为商品流通的拓展功能。

1. 商品流通的经济增长功能

通常将经济增长定义为在一定时期内社会财富总量的增加。而按照传统政治经济学的理论,流通部门只实现商品的价值,它本身并不创造商品的价值和使用价值,因此,它本身并不创造经济增长,只是对经济增长起到推动或制约的作用。但从现代经济学的角度看,经济增长又表现为国民生产总值的增长。国民生产总值并非只有生产部门创造,而是由全体社会经济各部门共同创造的。所有社会经济部门都参与了国民生产总值的生产,因此都具有经济增长的功能。这其中既包括了第一产业和第二产业的物质生产部门,同时也包括了第三产业的流通和服务等非物质生产部门。按照这一视角,我们说,作为国民经济的一个重要组成部分,流通与其他经济活动一样,具有经济增长的功能。它不仅能够推动经济的增长,而且本身就能够带来经济增长。例如,一些小国家本身没有或只有极少的工业和农业,国民经济主要是由商贸、旅游等第三产业组成,并不影响这些国家的经济增长。而且,这样的国家经济增长速度往往要比那些单纯依靠农业和工业发展的国家快。很显然,在这种情况下,经济增长主要是由商贸、旅游等第三产业带动的。

2. 商品流通的效率实现功能

在价值的创造这一点上,流通与生产由于分属于两个不同的经济部门,它们所创造的价值在表现形式上存在着天然的区别。与生产部门创造的具体的、有形的价值相比,流通部门创造的则是抽象的、无形的价值,它一般不具有明确的物质形态。这也就是为什么过去人们将流通部门划归为非生产部门,认为流通部门不创造价值的根本原因所在。但是,流通部门也创造价值已成为事实,只不过流通部门创造的价值不是商品价值,而是效用价值,它创造商品或服务的时间与空间效用,这些效用与商品或服务本身的效用融为一体,构成商品和服务的总价值。

流通的效率实现功能与流通的经济增长功能既相互联系又有所不同。如果说流通的经济增长功能主要体现在经济运行的量的方面,那么,流通的效率实现功能则主要体现在经济运行的质的方面。流通不仅可以通过自身的活动直接带动经济的增长,同时还可以通过效率的改善和提高间接地促进国民经济其他部门的产出增加,从而加速经济增长。在某种意义上,后一种功能比前一种功能更加重要。统计分析表明,流通通过提高其他部门运行效率所带来的间接贡献,要远远大于流通本身对经济增长的直接贡献。这也正是为什么发展经济必须要以流通为先导,首先要大力发展商品流通,发展社会化大流通的原因所在。只有流通发展了,整个国民经济才可能持续、快速发展。

（三）商品流通的创新功能

无论是媒介交换、时空调节,还是平衡供求、价值实现,抑或是促进经济增长和效率实现,一应功能均是从流通所具备的基本特性而来,延伸各有不同而已。这些功能根据流通的基本特性生发而来,又必将跟随流通基本特性的演进而演进,当时代环境和经济背景发生变化而导致流通特性出现变革时,流通的功能也会随之出现变革,即"流通功能创新"。

目前,信息技术日新月异的变革使传统的社会生产方式与消费方式都发生了极大的改变,而且这种改变还在逐渐地渗透到人们日常生活当中,类似于工业革命和产业革命,不是某一方面某一领域的技术进步,而是整个人类生活方式和社会形态的进步。因此,作为供给与需求之间的联结,整个流通环节正处于继百货商店、超级市场之后的第三次"流通革命"之中。从具体技术手段来看,此次"流通革命"以电子商务在流通中的使用为主要标志,带来了流通效率的全面提升和流通成本的大幅下降;但就抽象意义而言,此次"流通革命"的意义远远超出技术范畴,是整体流通功能的进步与创新,涉及到流通业态变迁、组织重构和制度演化等诸多方面。

不过,无论流通功能如何创新,其根本出发点是不会改变的,那就是联结供求,克服生产与消费之间种种的矛盾以促进社会再生产顺利进行,这是流通之所以存在的根本目标,也是流通在社会经济循环中的基本定位。因此,流通功能的创新一方面要根据时代环境的变迁和技术条件的进步来与时俱进,另一方面也要从其本质特性出发,做到特殊性与一般性的紧密结合。

三、农产品流通的内涵与特征

(一)农产品流通的内涵

农产品流通既是一种普遍意义上的商品流通,又是一种具有特殊地位、特殊意义的基础保障性资源、战略性资源的流通。农产品流通既要解决很多社会性的问题,又要充分重视农产品本身的经济性。正因为农产品流通如此重要,许多专家学者对农产品流通进行了深入的研究。[①]

学者对农产品流通的内涵进行了分析。徐海晶(2007)将农产品流通定义为农产品生产出来以后,通过商品交换,实现从生产领域向消费领域(包括生产消费和生活消费)转移的全部过程。这种转移过程是以货币为纽带,借助货币的流通职能和支付职能来实现的。农产品流通的过程主要包括农产品的收购、运输、储存、销售等一系列环节。[②]

周发明(2009)区分了农产品流通和农产品营销。两者的不同表现在以下五个方面:第一,农产品流通和农产品营销涉及的领域不同。农产品流通既包括宏观层面的问题,如农产品流通体制问题,也涉及如具体农产品销售等微观层次的问题;而农产品营销主要是微观层次的问题。第二,在微观层次方面,农产品营销涉及的范围要更加宽泛,农产品流通是农产品从生产领域向消费领域的转移过程,是介于生产和消费之间的农产品转移和交换活动。第三,农产品营销履行的职能多于农产品流通。农产品流通要履行集货(收购)、整理分级、加工、包装、仓储运输、分销等职能。第四,农产品流通更加侧重于关注疏通流通渠道、构建市场体系,使农产品能够顺畅地从生产领域转移到消费领域。第五,农产品流通是从生产者将农产品生产出来之后开始的,以农产品出售给消费者为终结;农产品营销要从市场调研开始,还要开展客户关系管理等活动。[③]

安玉发和张娣杰(2011)认为农产品流通包含了农产品从生产到消费各环节中的物流、资金流、信息流和商流的全过程。农产品流通模式是指在农产品流通过程中由流通主体、流通渠道、流通环节以特定的组合来完成物流、资金流、信息

---

① 张旭辉. 我国农产品物流模式的比较[J]. 经济导刊, 2008, (6): 61-62.

② 徐海晶. 超市发展对我国农产品流通的影响研究[D]. 上海交通大学, 2007:4.

③ 周发明. 构建新型农产品营销体系的研究[M].北京:社会科学文献出版社,2009:12.

流和商流的转移,从而最终完成农产品的交换方式。①

杨青松(2011)将农产品流通定义为农产品中的商品部分,以货币为媒介,通过交换形式从生产领域到消费领域的过程。农产品流通实际是农产品的一个生命期,从商品的初次交换为起点,到消费终端的过程。② 农产品流通的完成使农产品实现得以其使用价值。在中国当今经济形势下,农产品流通大多是从分散到相对集中再到分散的过程,即由农村产地收购以后,经过集散地或中转地,到终端消费者的过程。

从上面的分析我们可以看出,农产品流通是从商品流通中分离出来的,它是以货币为媒介,完成农产品从田头到餐桌的整个运动过程,只是在流通的过程中拥有农产品本身的特点使得农产品流通不同于其他商品的流通。

农产品流通的一般过程是:生产者→农产品批发商→零售商→消费者,这一过程包含着一系列相互联系、相互影响的环节。在这个过程中,每一个流通环节既独立展开经营活动,又彼此联系共同构成了完整的农产品流通过程。一般来说,农产品流通过程主要包括收购、储存、运输、加工、销售等环节。在农产品流通过程中,只有妥善组织好、管理好每个流通环节,才能顺利完成农产品流通过程,保证物畅其流,更好地促进农产品生产的发展,为经济和社会发展奠定良好的物质基础。

(二) 农产品流通的特点

由于农产品具有易腐性、季节性、地域性等特征,所以农产品在流通过程中有着不同于工业品流通的特点。农产品流通的独有特征主要体现在:

1. 农产品供给具有季节性、地域性和周期性

农产品对自然具有高度的依赖性,这一特性决定了农产品供给具有鲜明的地域性。比如"橘生淮南则为橘,生淮北则为枳";山东的土壤、水、气候等自然条件适合红富士苹果的生长,其他地方的苹果就没有山东的苹果口感好;海南的气候适合生长香蕉,而北方的气候就不能够生长香蕉等等。当然,农产品对自然条件的要求也不绝对,随着现代农业科技的进步,通过品质改良以及温室、灌溉等设施农业的发展,农产品受自然条件的约束的程度将会减弱。③ 此外,与机械化制造的工业品不同,农产品由有生命的动、植物构成的,具有一定的保存期,过了这一保存期,农产品就会腐坏、变质。尽管随着保鲜技术的发展,农产品的保存期越来

① 安玉发,张娣杰. 告别"卖难"——农产品流通与营销实务[M].北京:中国农业出版社,2011:23.
② 杨青松. 农产品流通模式研究——以蔬菜为例[D]. 中国社会科学院,2011:13.
③ 周发明. 构建新型农产品营销体系的研究[M].北京:社会科学文献出版社,2009:38.

越长,但也不可能从根本上改变农产品的这一特性。农产品的这一特性就决定了相当一部分农产品流通的地域性。尤其是对于保存期较短的农产品如蔬菜、热带水果、牲畜产品等,其销售市场具有较强的地域性。农业生产的地域性和农产品需求的普遍性的矛盾,要求农产品具有合理的流向,以保证非生产区居民的消费需求。安玉发教授认为,物流成本高的主要原因是由于主产区与主销区空间距离远,农产品的物流往往是长距离运输,"南菜北运"、"西菜东运"物流成本很高。如北京农产品自给率实际低于15%,需要从外地调运大量农产品,这不仅加大了物流成本,也给城市交通带来了压力。

虽然近几年来,随着农业设施的不断发展,出现了许多"反季节蔬菜和水果",但是农产品特别是蔬菜的季节性还是很明显,在蔬菜正常成熟的季节里,蔬菜上市的量要比反季节时候大得多。农业生产季节性和农产品消费常年性的矛盾,使得农产品在流通领域停留时间相对较长,需要通过必要的储备和均衡上市,以保证人们对农产品的正常消费。[1] 农产品生产的季节性也导致了农产品市场的货源随着农业生产季节而变动,淡季和旺季的价格波动非常明显;同时,产地的农户容易跟风生产,一哄而上,导致大量的产品集中上市,形成了区域性的"卖难"问题。所有这些特性决定了农产品流通需要突破时间和空间的限制,使特定地区的农产品能够到达更远更广阔的市场。

2. 农产品流通风险比较大

农产品流通的风险首先来自价格的短期波动性。农作物的生产是一种季节性的生产,因此使得产出具有一定的周期性,不能像工业品一样常年按照一个稳定的产出水平进行生产。同时,农产品的消费需求又具有一定的刚性,无论主食还是副食,一个人每天的摄入是相对稳定的量,因此,如果假定人口的总数不变以及不同食品的替代率为零,这部分农产品的需求量就是一个相对稳定的量。生产的周期性和需求的相对刚性,就带来了农产品价格的短期频繁波动。在市场经济条件下,农产品供求关系在不同季节、不同年份的变化更进一步加剧了农产品价格短期波动的频率和复杂性。

农产品的生物学特性,如易腐、易损、体积偏大等,使农产品流通具有较强的技术性,经营农产品具有较大风险性。只有采取有效的技术措施和经营方法,才能减少或避免损失,才能提高农产品影响的经济效益。[2] 因为农产品具有鲜活的特性,在流通过程中容易发生腐烂、发霉和病虫害,极易造成损失。因此对农产品

① 徐海晶. 超市发展对我国农产品流通的影响研究[D]. 上海交通大学,2007:20.
② 徐海晶. 超市发展对我国农产品流通的影响研究[D]. 上海交通大学,2007:3.

的收获、储存、加工、运输、销售环节的要求都比一般商品严格,鲜活农产品的流通要有相应的冷链物流设施。[①]

农产品流通较大的风险要求农产品在流通的过程中必须注意以下两点情况:第一,加强流通速度,缩短流通时间,确保农产品在使用价值完好的状态下完成流通的过程到达最终消费者的手中,减少农产品因为流通时间过长而导致的储存费用的增加甚至导致农产品腐烂变质而造成的直接经济损失。同时,在流通组织的过程中要加快运输中转,拓宽运输渠道,减少不必要的流通环节,使得农产品在流通过程中的数量和质量损失能够降到最低。第二,改善流通设施条件,采用先进的保鲜技术,使农产品在流通过程中能较好地保存农产品的鲜活度和使用价值,从而能够相对延长流通时间,减少农产品流通的风险。[②]

3. 农产品市场流通主体多元化

农产品流通过程中的中介环节过多,市场主体结构呈多阶段及多元化的复杂状态。以普通的水果蔬菜的流通过程为例:一般的水果蔬菜的流通从土地所有者到最后到达消费者,往往需要经过五六个环节甚至更多。一大批从业者进入流通领域,形成了由运销专户、农民经纪人、流通中介组织、农产品加工企业、城镇职业流动商贩以及季节性、临时性的农民运销队伍等组成的市场流通大军。[③]

4. 批发市场的渠道主导性

农产品批发市场在农产品流通中占有重要的地位,是农产品流通的最重要的环节。农产品批发市场承担着农产品集散、价格形成、信息服务等多种功能,是农产品交易市场的枢纽和核心。此外,农产品批发市场作为大范围、大批量农产品的集散中心,农产品价格通过竞价成交产生,能够比较真实地反映农产品的供求关系,为农业生产和农产品购销提供准确的信息和基准价格。虽然随着信息技术和互联网的发展,以及交通运输条件的完善,加快了农产品的流通速度,农产品流通渠道开始缩短,并出现了多元化的渠道形式,但无论是在发达国家还是发展中国家,批发市场都仍然在农产品流通中发挥主导性作用。

四、现代农产品流通的创新与发展

(一)农产品流通组织创新

所谓农产品流通组织创新,就是指为了适应农业生产分工化和专业化的需

① 安玉发,张娣杰.告别"卖难"——农产品流通与营销实务[M].北京:中国农业出版社,2011:41.
② 周发明.构建新型农产品营销体系的研究[M].北京:社会科学文献出版社,2009:52.
③ 郑素利.安徽省农产品流通体系建设研究[D].安徽农业大学,2007:10.

要,依靠市场力量或者外部强制性的行政力量等方式推动流通领域各种资源的有效配置,以改善农产品流通组织的规模、机制和结构,提高农产品流通的效率和效益。① 主要包括三种创新形式:

1. 规模创新

伴随着农业分工的进一步深化,专业化和一体化两种趋势并存,无论是专门承担流通中介职能的批发市场组织,抑或是结合产供销诸多环节的一体化组织,以及可以同时承担上述两种职能的各种流通合作组织,都会寻求扩大组织规模,实现规模经济。与个体农户分散销售的行为相比,很显然,流通型合作组织具有明显的规模优势,大规模的合作组织比小规模的合作组织具有更高的交易效率。

2. 机制创新

规模创新是实现组织改善的基础,但同时它又必须以机制创新作为保障。规模创新一方面有利于市场交易的外在成本的降低,另一方面却无疑会增加组织内部的管理成本。唯有通过组织机制创新,才能为规模创新提供强有力的保障。

不同种类的契约联结(包括农产品批发市场组织、农产品流通合作组织和农产品产销一体化组织),其内在组织机制也有不同特点。具体说来,批发市场交易形成了"三方规制结构",完善市场准入机制、交易机制和管理机制等是其组织机制创新的重点;农产品流通合作组织是通过关系型契约形成的合作组织,其机制创新侧重于合作机制、管理机制,实施企业化的经营战略和利益联结机制的完善与规范;而农产品产销一体化组织是多元经济主体市场交易的内部化,其机制创新的要义在于增强契约的稳定性。

3. 结构创新

流通组织的内部结构决定了能否发挥该体系的整体功能,影响着流通组织具体运行时的效率和效益。随着农产品流通规模和市场范围的扩大和日趋复杂,加快推进农产品流通组织的结构创新,既是实现流通产业组织整体结构优化的基础和提高农产品流通效益的有效手段,也是社会化、专业化大流通的要求。农产品流通组织结构创新主要体现在:(1)组织形态多元化和竞争的平等化。流通组织形态的多元化,有利于促进竞争机制的形成,从而进一步形成富有活力的价格机制、效率机制等市场机制,给农产品流通注入生机和活力。(2)产权明晰化和人格独立化。产权结构是任何组织内部的核心,它限定了组织治理结构和决策结构,从而限定了组织的经营目标和行为方式。独立的产权主体是指农产品流通过程中产权归属的主体要有明确的界定和规范,既不能含混,

第二章　现代商品流通及合作经济理论研究

---

① 黎元生. 农产品流通组织创新研究[D]. 福建师范大学,2002:2.

也不能弱化。（3）组织行为自主化和规范化。各种类型的农产品流通组织在自身利益的驱动下，能自主地选择进入流通的时间和空间，自主选择交易对象，自主选择交易形式。

（二）农产品流通渠道创新

传统的农产品的销售一般包括以下主要环节：生产者—产地市场—批发商—销地市场—零售商—消费者。在这样的农产品流通渠道上，由于存在着诸多的环节，势必会造成当农产品集中上市时物流不畅、加工能力不足、生产与销售严重脱节、损耗情况严重等问题，导致了流通模式的低效率和高成本。随着信息技术的发展和交易方式的创新，各种提高流通效率的新型流通渠道正逐步兴起。

1. 产销一体化

产销一体化是指公司通过与农业生产者签订合同，通过合同把农产品的生产和销售直接联系起来。这种产销一体化联合主要有三种形式，一是农业资本（通常是农产品加工或者营销单位），通过契约合同与农户进行联合；二是农业资本或终端销售企业进行投资，建立自己的农产品生产基地；三是农产品加工企业通过建立自己的物流运输渠道、营销渠道等或者与某些专业的营销公司进行联合，参与农产品加工或销售，进入农产品的产后阶段。[1]

2. 以合作社为中介的流通渠道

发达国家农业产业化创新中，农业合作社发挥了重要的作用，其业务贯穿了从农业生产者到消费者之间的农产品流通全过程，不仅能够帮助农民在生产中共享生产技术、信息和基础设施等关键性的农业生产资源，提高农业生产效率；而且能够在农产品交易中增强谈判力量，获取更多交易信息，分享更多交易收益。可以说，农业合作社的推进，可以实现很多纵向一体化和横向一体化经营相互补充的收益，在生产和交易环节都获得了较大的规模经济和范围经济。

（三）终端销售模式创新

1. 大型连锁零售企业的农产品销售模式创新

20世纪中期以来，现代连锁经营在发达国家取得普遍的成功，连锁经营和超级市场被称为"现代流通革命"的两大标志。连锁综合性商店（超市）在农产品流通中的作用日益突出。超市从涉足农产品流通市场，到自己开设集配中心采购货物，经营规模迅速扩大，还出现了多种创新型的经营模式，如从20世纪90年代开始，江苏的一些大型超市开始探索农产品销售的新型模式，创新了"连锁超市＋批发市场＋基地＋保险承诺"、"连锁超市＋基地"、"放心粮油专卖连锁店＋加工企

① 李碧珍. 农产品物流模式创新研究[D]. 福建师范大学，2009:66.

业＋基地"等多种销售模式。各种销售模式虽有各自的特点,但却存在一个共同点,就是均以超市、连锁店为销售终端,以基地为供货源,中间环节可以选择与加工企业合作,或者与批发市场、配送中心合作,从而形成一个完整的产业链。

2. 无店铺销售

"无店铺销售"是一种无需经过实体店铺而由销售人员与顾客通过直接沟通向顾客推销商品,或者由顾客自主选购商品的销售方式。生活中比较常见的无店铺销售方式主要有以下四种类型:人员直销、直复营销、自动售货和购买服务。

随着现代通讯技术、互联网信息技术、农户科学知识水平、销售意识、居民销售观念的转变,农户发展无店铺销售的前景已成为可能。消费者无需去超市或者菜市场甚至无需出门,只要在家中用电脑下单,就会有销售人员根据客户的订购需要把货物送上门。目前,无店铺销售在某些发达城市如火如荼的发展起来。上海城市超市是上海农产品生产和销售企业中首家开设"买菜网"的,当消费者上网检索到自己想要的农产品,就可以直接从网上订购。从消费者点击开始,到园艺场收割、配货中心配齐菜单、冷链物流送货上门,信息技术的应用贯穿整个过程。随着互联网信息技术的不断普及,可以相信在未来网上订菜、送货上门的无店铺销售将会成为商业零售企业的又一场革命。

第二节　合作经济的演进与发展

合作是个体生产者、劳动者或消费者之间为了维护和改善各自的生产、生活条件,在自愿互助和平等互利的基础上,联合从事特定经济活动所组成的经济实体。从本质上说,合作经济的建立与发展是由经济主体追求更大利润促发而成的,其实质也是生产力诸要素进行重新的优化重组而形成新的更大的生产力。合作经济是随着商品经济的发展而逐步产生和发展的。高度发达商品经济的特点是在专业化和分工的基础上,进行大规模的社会化的生产,商品生产过程分割为各个阶段,即商品生产者要依靠其他行业的生产者提供各种合作和服务,这就为合作社的产生和发展创造了条件;另一方面,随着商品经济的发展,市场竞争也更加激烈,中、小商品生产者为了在竞争中与大生产者抗衡,也更多的通过联合的形式组织起来,以便增强竞争力。本节阐述了发达商品经济条件下,合作经济产生的理论基础和原则,并在此基础上,对农业合作经济组织的产生和发展做了较系统的分析。

一、合作经济的理论基础

纵观合作思想发展史,合作思想可分为五大类型,即欧文、圣西门、傅立叶为代表的空想社会主义合作思想,以威廉金、葛朗德维为代表的基督教社会主义合作思想,以白朗、拉萨尔为代表的国家社会主义合作思想,以蒲鲁东为代表的无政府主义合作思想,以马克思、恩格斯为代表的社会主义合作思想。①

（一）空想社会主义合作思想

作为空想社会主义合作思想的代表人之一,圣西门这样描述他的理想社会,使产业阶级成为支配社会的阶级,人们按各种能力参与劳动,组成有体系的社会。欧文发展了这种思想,提出了合作新村计划,如设农场、面粉场、屠宰场、公共宿舍、食堂、图书馆、课堂等,主张人人为共同需要而生产,人人权利义务平等,生产所得平均分配等并将之付诸实施。欧文的最终计划是企图在资本主义社会机构里建设以消费与生产的和谐为基础原理的组织——生产消费合作社。傅立叶也在其"共同生活、共同家计、共同住宅、一切调和、愉快劳动"的口号下,建立了以农业为基本产业,从事合作生产及合作消费的自给自足的合作社——法朗吉。

（二）基督教社会主义合作思想

基督教社会主义合作思想的代表人物威廉金认为,合作社是推翻资本主义及破除工资制度的强有力工具,它的目的不单单是要避免中间商人的榨取,增加劳动生产力,提高劳动阶级的权力,重要的是要利用合作社来改造整个经济组织。他认为劳力、资本和知识是合作社的三大要素。首先,劳力是组织基础,劳力是资本来源;其次,资本与劳力有密切关系,占有劳力的劳动阶级必须团结一致,积累劳力,变为资本,以统辖各个人的劳力,否则便会变成资产阶级的奴隶。再次,劳动阶级缺乏知识,这是合作运动的障碍,劳动者必须有受教育的时间和机会,取得知识、以便发展合作事业。这一合作思想的另一代表人物葛朗德维是丹麦合作运动发展的倡导者,于1860年创立了丹麦高等学校,成为丹麦合作运动的摇篮。

（三）国家社会主义合作思想

国家社会主义合作思想的代表人物之一白朗是大规模生产合作社的创造者,认为劳动者彼此间组织的生产合作社是遏制资本集中的有效机构,是从资本家的压迫下放出劳动者的唯一途径,但合作社必须借助于国家的援助。拉萨尔的国家社会主义合作思想受黑格尔社会观影响,认为人类根据合作的原则,应努力于自由和谐社会的实现,主张废除李嘉图的工资法则,废止当时经济组织下的劳动制

① 马振铭,高兴华. 合作经济运行学[M]. 青岛:中国海洋大学出版社,1991:13-15.

海峡两岸农产品流通体系与合作经济比较研究

度,组织生产合作社,不将资本家介于劳动者和产品中间。

（四）无政府主义合作思想

无政府主义合作思想的代表人物蒲鲁东把观念论的正义、自由、合作等作为理论根据,把以履行契约为唯一规约的共同生活作为理想生活(他称之为安那琪),认为财产应以劳动为基础,合乎正义的财产才不予否定。其交换银行就是根据这些见解而规定的。交换银行的含义,是指对生产者的产品予以相当数额的证券,使生产者用这种证券向银行领取同额的其他产品。因此银行可以不用货币,资本可以免息借贷,利息也可一概扫除。蒲鲁东认为货币和利息是造成大多数人类不幸的根源。他排除中间利润,实行生产和消费直接相交换的主张是与合作社的主要思想相一致的。

（五）社会主义合作思想

马克思主义的社会主义合作理论是在批判和继承空想社会主义合作思想的基础上,与形形色色的合作社改良主义的斗争中发展起来的,具有注重生产合作的传统。马克思和恩格斯赞同空想社会主义合作思想中关于合作社是改造资本主义制度的社会工具的这一点,对资本主义社会的合作社运动持保留的肯定态度,其合作经济思想主要强调两点:(1)强调生产领域的合作。马克思、恩格斯合作经济思想的一个很显著的特点是强调合作社是生产领域的合作。关于生产领域的合作,空想社会主义者早就进行过细致的描绘,但马克思恩格斯的生产领域的合作是建立在资本主义大机器生产的基础上的,在这样的基础上生产劳动必然是集体劳动、联合劳动,而不可能是分散的手工劳动,于是生产合作社制度便产生了;(2)合作社是改造资本主义制度的工具。马克思恩格斯的合作经济理论是围绕改造资本主义制度这一核心来进行的,改造原有的合作经济,走生产合作化道路,克服资本主义制度的缺陷即生产的无政府状态和周期性的经济危机,并最终过渡到共产主义社会。而要把社会生产变为一种广泛的、和谐的自由合作劳动制度即实行生产合作化制度,必须实行全面的社会制度的基础性变革。而生产合作社对于从资本主义向社会主义过渡,具有重要的意义。

二、合作经济组织的起源与发展

如果就合作广义含义来说,人类在很久以前就已有了为谋共同利益而结成的组织。所以瑞士的米拉教授(Hans Muller)曾说,在公元前三千年古代的巴比伦(Babylon)已有集体租用土地的合作社存在。他还在埃及、希腊、罗马都曾发现过合作性质的组织。准确说那只是一种合作行为,不能认为是近代的合作制度。人类是社会动物,所以合作的行为可能与人类社会的形成同样久远。古代的各种以互助为目的的民间组织,以及各国传统的互助习惯,对于近代合作制度的形成,也有很大的影响,但这种组织与习惯,还不能视为合作组织。狭义的合作组织的发生,开始于资本主义社会形成之后。①

(一)合作经济组织的产生

世界上第一个经营成功的合作社,一般都认为是 1844 年 12 月在英国曼彻斯特(Manchester)附近一个叫做罗虚代尔(Rochdale)的工业城镇中,由 28 个法兰绒织工所发起组成的消费合作社,这就是有名的"罗虚代尔公平先锋社"。该社以满足社员生活日用品的供应,减轻和限制商业资本的中间盘剥,维护社员的物质利益和社会地位为目的。罗虚代尔公平先锋社在建社初期就制定了一套切实可行的办社原则,主要内容:(1) 入社自愿;(2) 一人一票;(3) 用现金交易;(4) 按市价销售;(5) 如实介绍商品,不得短斤少两;(6) 按业务交易量分配盈利;(7) 重视社员教育;(8) 政治和宗教中立。罗虚代尔公平先锋社既满足了社员的个人利益,同时又有一套切实可行的办社原则,因而得到了社员的支持和拥护,成为了当时最成功、最有影响力的合作社,并被后人推崇为合作社的典范。

(二)合作经济组织的发展

自罗虚代尔公平先锋社之后,各种合作社快速在各国发展起来。下面主要阐述英国、法国、美国、德国等典型国家合作社的发展状况。②

1. 英国

英国的合作运动首先以消费合作为发端,英国消费合作组织的批发合作社和零售网点很多,农产品运销合作社也不少,在农业生产的整个过程中除去产中这一部分外,产前产后都有合作经营。信用合作社也很多。此外,在英国还存在所谓"第二代合作社"。这是指 20 世纪 70 年代在英国兴起的多区域性住宅合作社等。利物浦是英国长期存在住房紧张的城市之一,住宅合作社就兴起于这里。1970 年,政府制定大众住宅区开发计划,在地方政府准许和贷款资助下,使该城市首次建立了住宅合作社。1974 年,在实施了建造大住宅区的计划之后,利物浦又采取了以合作形式为基础的区域性更新改造住宅规划,这使住宅合作社有了进一步发展。1981 年利物浦成立了由华裔组成的住宅合作社,目前正管理着 14 幢利物浦公寓住宅。

2. 法国

在合作运动初期,法国特别重视生产合作社。法国在工业革命前是个手工业

① 尹树生. 合作经济概论[M]. 三民书局股份有限公司, 1988:21.
② 马振铭, 高兴华. 合作经济运行学[M]. 青岛:中国海洋大学出版社, 1991:21-25.

特别发达的国家。机器工业急剧发展后，原有的手工业小生产者的没落过程甚为急促。二次大战后，法国尚有生产合作社 700 余个。其中最多的是建筑工程合作社，约 400 个，其余为印刷、电气、家具制造、技师及会计师等合作社都以技术为主。目前，法国的生产合作社已经没落，农业合作与消费基金合作有较多的发展。

3. 美国

由于美国的农业生产过程大都是家庭经营，因而美国的农业合作社主要为农场主合作社。其类型主要有：(1) 供销合作社，又可细分为农用物资供应合作社、农产品销售合作社和有关供销服务合作社三种。(2) 服务性合作社，包括乳牛品种改良、共同灌溉、病虫害防治、改进农场经营核算、审计、法律咨询等合作社。(3) 信贷合作社。这是 20 世纪初，在美国国会和联邦政府直接参与下建立的。合作社信贷体系由联邦土地银行、生产信贷协会、联邦中间银行和合作银行四部分组成。

4. 德国

德国是信用合作社的发源地。德国的现行合作社分为四个系统，即消费合作社、住宅合作社、城市小工商业者合作社（包括城市信用，手工业生产、小生产者、小商人的购买合作社，以及劳动者生产合作社等）、农业合作社（包括农村信用、农用品购买和农产品购销、保险合作社等）。

三、合作经济组织的原则

合作经济组织的原则是在合作社生产和发展过程中逐渐形成的，是表现合作社本质特征、区分合作社和其他经济组织的要素，是合作社管理内部事务的基本准绳。目前世界公认，并被大多数国家普遍采用的合作社原则是在罗虚代尔原则的基础上经过国际合作社联盟代表大会多次修订而确定的。[①]

（一）自愿和开放的社员原则

合作社是人们自愿联合的组织，坚持入社自愿、退社自由的原则。合作社是社员基于共同需要的自愿组合，凡能利用合作社之服务并愿承担责任者，均可申请入社，没有性别的、社会的、种族的、政治的或宗教歧视。

（二）社员民主治理原则

合作社是由社员治理的民主的组织，所有社员积极参与决定合作社的方针和重大事项。在合作社内，民主包含权力和责任两个方面。在合作社内发展民主精神是合作社的永恒的任务。合作社选举产生的代表（含管理人员）必须对社员负

---

① 郭翔宇. 论合作社的定义、价值与原则[J]. 东北农业大学学报（社会科学版），2003，(1)：29 - 32.

责。社员一人一票的投票权是基层合作社(第一级合作社)的民主形式,而其他层次的合作社组织也要实行民主治理,投票权则由其章程规定。许多第二级、第三级合作社(联合社)采取的是比例投票制度,这样才能反映各成员社的不同规模与承诺,同时兼顾各方的利益。

（三）社员的经济参与的原则

公平入股,社员共同民主的管理合作社的资本。但是,入股只是作为社员身份的一个条件,若分红则要受到限制。按社员同合作社交易额的比例向社员返利；支持社员认可的其他活动。

（四）自主和自立原则

合作社系保证社员的民主管理及维持合作的自治组织。如果合作社要同其他组织、政府达成协议,或从外部来源筹资,必须首先坚持社员的民主控制和合作社自治这两个原则。政府可能通过立法、税收和其他经济、社会政策促进或阻碍合作社的发展,因此合作社必须尽力同政府积极发展公开的、明晰的关系,尽可能独立于政府部门的自治组织之外。

（五）教育、培训和信息原则

在合作社内部,合作社要为社员、选举的代表、经理和雇员提供教育和培训,以便更好地推动合作社的发展。增长合作社知识、发扬合作社思想和鼓励互惠是合作社教育的目的所在。培训旨在确保所有与合作社合作的人都拥有合作社所要求的技能,以有效地履行其在合作社中的个体责任。合作社要向公众特别是年轻人、媒体舆论、社会名流宣传合作社的性质与好处,以争取整个社会对合作社的支持。合作社是公共组织,必须要定期向社员、公众和政府提供其业务及运作的信息。社员的知情权包括：有权获取合作社的信息,了解合作社运行的情况,以便更好的参与合作社的决策。合作社要鼓励其领导人与社员之间的有效的双向沟通,使社员的经济的与社会的需求得到更好地满足。

（六）合作社之间的合作原则

合作社要通过地方、全国、区域甚至国际间的互相合作,为社员提供最有效的服务,以促进合作社自身的发展。合作社可以通合作社同盟共同的销售代理和信息网络,集中人力和财力,在合作的基础上提供低成本的服务和项目,也可以通过统一的联盟组织与政府相关部门对话,增强谈判的力量,表明利益诉求,争取优惠政策。

（七）关心社区原则

合作社是为社员利益服务而存在的组织,在一定区域内不仅与社员有着密切的联系,也与其所在的社区有着千丝万缕的联系。作为合作社关心社会,履行社会责任的组织价值的体现,合作社有责任保护所在地区的环境,促进所在地区经济、社会和文化的发展。

四、农业合作经济组织的产生与发展

农业合作经济组织是指个体农民作为一个弱小、分散的市场主体,为了维护自身利益,抗衡其他具有市场优势地位的经济主体而组织起来,以期实现保护自我、服务自我的合作经济组织形式。

(一)农业合作经济组织产生的必然性

1. 分工与农业生产专业化的需要

分工是商品生产存在的前提,农业生产越专业化、商品化,就越要求进行各种形式的合作与联合。随着人们生活水平提高以及需求偏好的变化,专业化、产业化和现代化是农业生产未来的趋势,在市场竞争的环境下,农户在生产、销售诸多环节都迫切需要合作。

2. 抵御市场风险及自然风险的需要

市场由价值规律这只"看不见的手"来配置资源,市场经济把农户推向市场,通过价格围绕价值波动的表现形式来引导农户的生产和经营活动。分散的个体农户独自无法面对变化的市场,同时由于农业是受自然灾害影响最严重的产业,单家独户也无力抗御自然风险。为了减少市场风险和自然风险的影响,农民组织和农业发展都迫切需要合作。

3. 农业产业化创新的需要

在农业产业化之初,企业与农户的单向连接形式是农村的主要经济组织形式之一,但是这种组织形式却存在先天的缺陷:契约的约束效力不强,违约成本较低,机会主义行为可能在当事人签约后出现,最终影响该流通组织形式的持久和稳定。为了克服这种先天的缺陷,引入新的组织形式——"龙头企业+合作社+农户"是急需的,也是必要。可以说,只要农业生产中最基本的特点——生产的生物性、地域的分散性以及规模的不均衡性存在,农民的合作就有存在的必然性,这无论是对于农业人口的地位的巩固,还是为了促进农产品市场更好的运行,乃至对一个国家经济的发展,都具有重要的作用。

(二)农业合作经济组织的职能

农业合作经济组织的主要业务包括以下几个方面:一是农业生产资料的购销业务,如种子的采购等;二是农产品的销售业务;三是农业生产先进技术的推广;四是传播农业经济市场信息和行情;五是对组织的成员进行培训等。① 农业合作

---

① 孙凤芹. 农业合作经济组织理论初探[J]. 中小企业管理与科技,2011,(11):100.

经济组织作为农民利益的连接体,一般而言,应具有以下三个方面的职能:

1. 服务职能

在实践中,农业合作经济组织主要为其成员提供从生产到销售的全程服务,因此,服务是其基本职能。如在产前的种子采购、农药和化肥采购、农业机械采购等,合作社能够搜集信息,帮助农民以相对低廉的价格进行购买;在农产品的生产阶段,合作社为农民提供新技术、指导农民如何应用新技术等,帮助农民生产出符合市场需要的产品;在产后阶段,则搜集市场信息,帮助农民以较高的价格销售产品,或者组织农民对农产品进行深度加工,获取更多的产业链收益。

2. 保护职能

个体农户作为市场中弱势群体,农业合作经济组织是农户利益的代表,它不仅仅是单纯的合作经济组织,更是农民的权益的代表,为增加农民收入而服务。同时,农业合作经济组织也要成为农村的利益代表,保护农村的资源环境。

3. 纽带职能

一方面,农业合作经济组织上联市场,下联个体农户,为大市场和小农户的无缝对接起到了纽带作用,这样农户就有通畅的销路,企业也有稳定的货源,实现农户和企业的互利共赢;另一方面,作为农民自己的组织,还要起到同其他产业部门尤其是同政府部门沟通的纽带的作用,协助政府贯彻和落实农业与农村的相关政策,把农民的意愿和需求及时准确的反馈给政府,为政府政策的顺利实施提供准确的数据资料。

(三)影响农业合作经济组织发展的因素

1. 产品特性因素

这里的产品特性因素主要是指农业合作经济组织进行生产、交易或服务的产品的生产技术特性和市场交易特性。无疑,产品特性是形成农产品交易费用的主要原因。[①]

就生产技术特性而言,首先,许多农产品由于季节性和易损性的特征,易受不可预知的自然灾害的影响,因此农产品生产与交易中对时间和季节尤为依赖,进而专业合作组织形式也易于在这些农产品的生产与流通领域中形成;其次,专业合作组织的产生也受到农业生产过程中的技术与资产专用性的影响。一般来说,专业合作组织产生的必要性随着生产技术要求的提高和资产专用性的增强也随之增加。

---

① 黄祖辉,徐旭初,冯冠胜.农民专业合作组织发展的影响因素分析[J].中国农村经济,2002,(3):13-21.

就市场交易特性而言,影响农业合作经济组织发展的主要因素之一是农产品供求特性。专业合作组织创建的必要性及其组织形式在较大程度上受供求双方的博弈行为的影响。一般来说,当农产品需求价格弹性较大、供给价格弹性较小时,供给方的农户合作意向比较强烈的,并可能进一步向农产品上下游的加工、销售领域渗透;而作为供给方的农户和作为需求方的企业双方联合,较大的可能性是产生于供给价格弹性和需求价格弹性较小农产品的生产和销售中,以便供求双方共同抵御市场风险。

2. 生产集群因素

生产集群因素是指某产品的生产、交易或服务在空间或地域上具有一定的产业集中度。作为一种制度创新,单个农户独自面对市场时的交易形式被农业合作经济组织替代,这是对农业产业中市场关系的质量的提升。这种市场关系的质量改进的基本前提是数量的扩张。对于近似于完全竞争产业的农业来说,任何基于市场目标的个体的联合或合作行为,都必须在一定区域内具有一定的生产群体或集群,同时结果的衡量必须以该区域产业集中度的提高的量为标准。而且,这种生产集群因素不仅取决于集群中个体成员的数量,还取决于个体成员的生产规模。这就是为什么目前我国农业合作经济组织大多集中在一些农业专业化生产比较发达的地区的原因。

3. 社会文化因素

新制度经济学认为,经济制度内在地包含了一套约束经济主体行为的文化价值偏好。如果一项制度安排没有一种理性的精神要素作为该制度体系的基础,它就失去了维持自身运作的动力源泉,这项制度安排就会变得不切实际。合作社的产生和发展有自己特殊的环境条件和历史传统,从而形成了自己独特的哲学信仰、意识形态、价值取向和行为方式,具有自己特定的组织文化。[①] 在这个组织里,促进其成员的利益高于一切。文化传统决定着农民潜在的合作意识。

4. 制度环境因素

无论是哪种制度供给和制度创新,都必须在既定的制度环境中才能实现。制度环境既决定着制度创新的外部利润的存在空间,也同时决定着通过制度创新将外部利润内部化的可能性和转化的路径。在我国,目前农业合作经济组织的兴起和发展,既非政府强制推行的制度创新,也不是在逐利动机驱使下农民自发行动的诱致性创新,而是介于两者之间的政府主导性制度创新。正因为如此,制度环境因素对于农业合作经济组织的创建和发展的重要性是不言而喻的。

---

① 孙亚范.合作社组织文化探析[J].农业经济,2003,(1):11-13.

五、农业合作经济组织的发展趋势

虽然合作经济组织的建立有其基本原则和相应的组织模式,但由于其建立和发展受到诸多因素的影响,因此,随着经济发展环境的变化,农业合作经济组织也呈现出一些新的发展趋势。

（一）农业合作经济组织规模不断扩大

随着市场规模的扩大和竞争的日益激烈,为提高市场竞争地位,农业合作经济组织的规模不断扩大,如美国 1931 年平均每个社只有 251 个社员,年营业额只有 20 万美元,但至 1996 年,全美国有 3884 个农场主合作社,平均每个社有 1030 个社员,年营业额约 2500 万美元。①德国 1950 年共有 23842 个农村合作社,到 1998 年减少到 4221 个,但同期每个社平均成员数则由 137 个增加到 711 个,规模明显扩大。②

（二）由成员利益导向转向市场经济导向

虽然合作社建立的最初,是为了改变合作社成员的弱势地位,其组织的定位也是不以营利为目的的自我服务性组织。但随着市场竞争的日益激烈,近些年来在一些消费和信贷合作社中出现了向营利企业发展的趋势。合作经济组织的益贫性日益弱化,由早期成员利益的同质性转向成员利益的异质性,由按劳动权支配的组织管理变为劳动权、资本权合作的组织管理。如 20 世纪 90 年代初期,一种新型合作社在美国北达科它州和明尼苏达州建立起来,与传统的合作社相比,区别最大的地方在于运行机制方面和制度特征方面。它更接近于普通股份制企业,但它仍保留了合作社的两个基本特征:第一,它不仅是投资者所有的企业,而且同时是服务对象——农业生产者所有的企业,投资者与服务对象的身份同一;第二,合作社成员的持股额,与农产品的交售配额相互挂钩,两者比例一定。③

（三）由流通合作扩展为多领域合作融合发展

农业合作组织在其发展初期,主要以农业生产资料采购和农产品销售等流通领域的合作为主,但随着农产品市场化程度的提高和市场范围的拓展,农业合作经济组织形式在生产合作和金融合作领域都得到了较大发展,而且出现了由不同领域合作独立发展转向生产合作、流通合作和金融合作融合发展的趋势,融合后的农业合作经济组织,不仅能够为农民提供产前、产中、产后等生产和销售领域的

① 杜吟棠. 合作社:农业中的现代企业制度[M]. 南昌:江西人民出版社,2002:148.
② 杜吟棠. 合作社:农业中的现代企业制度[M]. 南昌:江西人民出版社,2002:212.
③ 张开华. 农民合作经济组织发展的国际比较及其启示[J]. 中南财经政法大学学报,2005,(2):22.

服务,而且可以帮助农民实现消费、投资、融资等其他领域的行为目的。

（四）由社员管理转变为"经理人"管理

农业合作经济组织成立和发展的初期,合作社的管理者主要是社员中的优秀人才,通过经营为合作社获取经济收入,其作为合作社的管理者,也多是和成员一样共同分享合作社收益。但随着合作社经营规模的扩大、非社员业务的增加以及向新的经营领域的拓展,为增强合作社竞争实力,提高管理绩效,合作社也开始引入外部专业"经理人"进行管理,合作社像盈利企业一样支付薪资,经理人按照市场规则负责合作社的具体运营。

六、农业合作经济推动农产品流通发展的机制

农业合作经济组织的合作性、平等性和民主性可以帮助农民等分散的市场主体以组织的形式进入市场,在一定程度改变这些分散的市场主体在市场经济中所处的弱势地位,增强其话语权,能够在商品流通中获取其应得的收益,从而保证其能够在市场经济条件下实现可持续的经营和发展。具体说来,农业合作经济组织推动农产品流通发展的作用主要表现在以下几个方面。

（一）提高农产品流通效益

农业合作经济组织化程度较高,能够通过交易规模扩张来降低流通成本,提高流通效益。主要表现在:合作经济组织统一为其成员开辟市场,解决农业生产资料购买和农产品销售问题,农户完全可以不与外部打交道,就能够实现农产品价值,降低每个农户的交易成本;每个农户能以较低的费用从合作经济组织获得生产前的生产资料供应、产中的机耕、农业技术服务等,将主要的精力集中用于农业生产,有利于提高农业生产效率;合作经济组织以一个整体的身份为其成员搜寻市场信息、进行市场谈判、处理市场纠纷。显然,作为一个整体的合作经济组织其对外交涉能力和谈判水平比单个农户大大提高,从而改变了农产品供给的市场结构,使农户回避了分散交易时所存在的市场信息不对称及谈判能力弱的天然劣势,降低了市场交易费用。

（二）实现农产品流通的规模经济

市场经济条件下,合作组织规模优势显然要优于单干农户。农产品交易范围扩张和交易频率随着农村经济市场化程度的提高而增加,个体农民进入市场的交易成本也随之增加,这里的交易费用主要包括:信息搜寻费用、交易签约费用、交易履约费用等。信息搜寻费用指农户为了搜集市场信息所投入的时间、劳务和资金等费用。现实中由于农民的不完全理性和普遍存在的信息搜寻偏差所引起的信息不对称,导致信息搜寻费用较高;交易签约费用指农户在收集到信息、找到有

交易意向的伙伴后,根据自己掌握的信息和效用标准与交易伙伴讨价还价,直到最后签订合约这一过程中发生的费用。由于单个农民掌握信息量较小、谈判地位较弱、谈判能力不强等劣势,交易签约费用较高;交易履约费用指交易实现时花费的成本,主要包括招待费用、产品运输费用、中间人佣金及赋税和政府管理费用等,这部分费用与交易规模呈现非线性的关系,即随着交易规模的扩大,交易履约费用的增长远低于交易规模的增长。因此,通过合作经济组织,可以发挥交易信息搜寻、交易签约、交易履约等各个环节的规模经济,大大降低交易成本,提高交易效率。

（三）加快农业的现代化进程

通过农业合作经济组织,可以从多方面加快农业的现代化进程。首先,可以加快实现农业生产的产业化、区域化。通过农业合作经济组织,可以在生产环节把众多的分散的农民组织起来,进行专业化、标准化和产业化的生产,发挥生产的规模经济,利用更先进的、机械化的生产技术,提高农业产量水平,为农产品流通提供了更丰富的产品供给;其次,通过农业合作经济组织,还可以帮助实现农业生产过程的标准化和现代化,提高农产品质量,为农产品流通提供合适的市场产品;再次,通过农业合作经济组织,可以加快流通技术的创新和进步,提高流通过程的现代化水平。由于农产品本身具有的季节性、易腐性等特征,对流通技术提出了更高的要求,通过农业经济合作组织,就可以利用先进的低温存储、冷链运输、深度加工等技术,提高农产品附加价值,帮助农民分享更多的市场收益。

第三章

海峡两岸农产品流通体系比较研究

农产品流通是联结农产品生产和消费的媒介要素,也是实现农产品价值的关键环节。我国农产品市场化程度接近50%。巨大的农产品流通量迫切需要构建快速、高效的农产品流通体系。[①] 同时通过农产品流通体系的转型与创新,减少农产品流通过程中的损失,提高农民收入。本章将从农产品的生产、销售、价格形成机制、物流和质量安全等方面来分析海峡两岸的农产品流通体系。

第一节 大陆农产品流通体系分析

我国幅员辽阔,拥有超过世界六分之一的人口,是农产品的生产与消费的大国。改革开放30年来,以市场为导向的农产品流通体制改革不断深化,中国农产品流通取得了很大的成效,基本形成了以民间经营为基础、市场导向为机制、企业自主经营、政府适度调节的适合中国当前生产和消费发展状况,而且比较有效的农产品流通体系,在国民经济发展中发挥着重要的作用。

一、大陆农产品生产体系

(一)大陆农产品生产规模与产量

近年来,中国农业生产不断发展,农产品产量不断提高。2010年,我国农产品总产量达到17.47亿吨,比2009年增加3%。其中,蔬菜播种面积2.8亿亩,蔬菜总产量6.37亿吨,比2009年增长3.1%。

表3.1 2007—2011年我国主要农产品产量 （单位:万吨）

年份	粮食	肉类	水产品	禽蛋	水果	蔬菜	牛奶
2007	50160	6864	4748	2529	18136	56500	3525

---

① 张明玉等. 中国农产品现代物流发展研究——战略、模式、机制[M].北京:科学出版社,2010.

年份	粮食	肉类	水产品	禽蛋	水果	蔬菜	牛奶
2008	52871	7269	4896	2638	19220	59164	3558
2009	53082	7642	5116	2741	20395	60200	3519
2010	54641	7925	5373	2765	21401	63700	3748
2011	57121	7958	5603	2811	22768	67700	3811

资料来源:2008—2012各年《中国统计年鉴》。

从表3.1我们可以看出,2007年以来,我国的蔬菜产量已经超过粮食,成为第一大农产品,水果产量位居第三。

（二）大陆农产品生产特征

自1978年中国率先在农村实行经济体制改革后,中国的农业和农村的经济、社会状况发生了巨大的变化。改革开放以来,由于科学技术的巨大进步和物质投入的增加,提高了农业综合生产能力,结束了主要农产品长期短缺的历史,用世界上7%的土地养活了22%的人口,而且使农民生活从温饱迈向了小康,极大地提高了我国农业的国际地位。中国农产品生产主要有以下特征:

1. 农业生产规模小,小农经济特征明显

我国的土地资源极为短缺,目前我国人均耕地面积仅有1.2亩,同世界各国相比,我国人均耕地面积只及世界人均耕地的32%、美国的10%、法国的28.5%、加拿大的4.8%、澳大利亚的3%。今后15年,我国的耕地还要继续减少。耕地不断减少将把我国粮食生产推到越来越狭窄的空间中,这给农业发展造成严重威胁。我国人多地少的现实状况决定了农业生产规模小的特点。

我国共有2.4亿农户,农业生产经营的特点是农村人口多,农民素质低,人均耕地少,生产规模小,千家万户分散生产,独立经营,不易管理。根据调查问卷统计,我国户均种植粮食作物面积仅为0.2公顷,蔬菜仅为0.06公顷;猪牛羊等畜类养殖在几十头以内,禽类养殖也没有超过100只,属超小规模的农业经营。这种经营规模及其经营方式阻碍了新技术的推广,强化了农民自给自足意识,不利于标准化生产和农产品质量安全的提高。

2. 农产品产地分散,大宗农产品区域分布不合理

由于农产品对于土地、气候等自然资源的依赖性比较强,因此我国的农产品生产分布在全国各地。我国农业生产各个区域的自然资源条件相差悬殊,不同地区土地的数量与质量也存在很大的差距,这不仅导致了不同区域的农产品的种类不同,很大程度上也决定了我国农产品生产产地分散的特点。

海峡两岸农产品流通体系与合作经济比较研究

从全国农作物生产布局和区域供销来看,玉米的商品粮主要集中在东北,大米的商品粮主要集中在两湖、两广和长江三角洲地区,小麦缺口长期依赖于国际市场。目前,农产品的区域布局与农林牧渔业的协调发展并不一致。南方各省畜牧业的发展需要大量的玉米作为饲料,但是用自产的粮食做饲料转化效率较低,养猪经济效益较差,而从东北调运玉米,质量较低,运输成本又很高。要解决这一全局性的重大问题,应根据农产品消费市场的分布,合理调整和优化农产品区域种植结构,尽可能减少初级农产品长距离运转所形成的质量和效益损失。

3. 农业生产技术水平低

我国人多地少的基本国情,小规模家庭经营格局有继续长期存在的客观基础,从而极大地限制了各种技术手段的运用和农业生产水平的提高。目前我国农业技术在整体上仍相当落后,大多数地区仍然沿用传统精耕细作技术,机械化水平低,劳动生产率不高,化肥使用品种及数量不当,优良品种推广面积有限。

现行的农业经营体制是建立在农村土地家庭承包的经营基础之上的小规模经营方式,这种农业生产的小规模分户经营模式在改革初期确实起到了推动农村经济发展,提高农业生产效率,促进农民增收的积极作用。但随着农村改革的深入,这种小规模的农业经营体制与现代农业发展不相适应的矛盾越来越突出。一家一户小规模的经营模式不仅从客观上阻断了农业产业链的有效连接,使农业的生产、销售、加工、运输处于一种封闭的、分散的生产状态,从而降低了农业生产效率,抑制了农业增收潜力。而且还阻碍农村土地的适度规模化流转,使目前的农业生产工具仍处于一种人畜犁耕的原始状态,迟缓了农业机械化的研发与推广;使农业生产技术仍停留在农产品总量的增加和化学肥料与高残留农药的使用上,阻碍了优质化、无公害化生产技术的使用与研发。

4. 农业整体的利润水平较低

长期以来,农业生产环节利润水平不高都是不争的事实。一方面是由于延续了多年的以农业支持工业发展的国家发展策略造成的长期影响,另一方面也是由于绝大多数农业生产者分散而力量薄弱,且进入门槛较低,并不具备产业链的议价能力。

此外,原材料、农资产品价格普涨,化肥、棚膜、柴油的价格在过去的几年里都有比较明显的价格上涨,推高了农业生产的成本。尽管农产品的价格也有所上涨,政府对终端农产品的价格增长采取了一定的调控措施,但是总体来说成本增长速度高于价格的增长,农业整体的利润水平仍然比较低。

二、大陆农产品销售体系

中国农产品销售经历了以传统的农贸市场为主要销售途径到批发市场的快速发展和以连锁超市为终端的现代销售模式。

（一）农贸市场

农户通过农贸市场等直接向最终消费者销售农产品，这是中国特有的农产品流通模式。对于农户来说，能够直接面对消费者，减少了流通的中间环节，并且可以保证销售收益的及时兑现。对于消费者来说，他们可以买到新鲜而且价格便宜的农产品。但随着农产品市场在空间上扩大以及消费者消费需求的不断变化，以及农贸市场进入难度的加大和成本的增加，这种传统的模式已经越来越不能够适应现代农业的发展。

随着农业经纪人和贩销大户的出现，农民可以在田头与经纪人和贩销大户进行交易。农民经纪人和贩销大户都自备交通工具，到田头收购农产品，然后运输到城镇零售市场转移给零售商，然后再由零售商出售给消费者；或者收购农产品后由专业运输商运输到销地批发市场后再逐级销售。这种方式减少了农户销售农产品占用时间和地域空间的压力，有更多的时间能够用于农产品生产。这种方式虽然降低了农户的交易成本，但是规模一般比较小、而且就整个流通过程来说，其成本并没有降低多少。再加上由于农户与贩销大户存在明显的信息不对称，农民利益易受侵害。

（二）农产品批发市场

农户直接进入产地批发市场与农产品批发商直接交易，是当前农产品流通较为主要的一种渠道形态。农产品批发市场是我国农产品统一市场的一部分，它作为农产品流通过程不可缺少的环节，出现于流通领域是有其客观必然性的。在简单商品经济中，商品所媒介的是以使用价值为目的的商品交换，交易过程中的商品运动往往是以"生产者—商人—消费者"为主要渠道和线路。由于生产力水平低下，用于交换的社会产品十分有限，因而交易方式主要是小量的零星交易、现金支付的现货交易。随着商品生产的发展，商品流通规模的扩大，商品交换的深度和广度日益开拓，批发交易则应运而生。自改革开放以来，我国农村实行了家庭联产承包责任制，广大农民成为独立经营、自负盈亏的农产品生产者，生产积极性有了很大提高。农业生产蒸蒸日上，促使农产品的产量迅猛增长，农产品批发市场所承担的农产品流通的量也越来越大。

1. 农产品批发市场的发展历程

大陆农产品批发市场自 20 世纪 70 年代末 80 年代初自发形成，2000 年底全国农产品批发市场约有 5000 多家,其中农业部定点批发市场已有 201 家,这些市场已基本形成了农产品批发的网络体系,成为农产品流通的主导力量。据相关行业组织统计,到目前为止,我国有农产品批发市场约 4150 家,其中产地市场 1600 家,销地市场 2550 家,亿元以上主要农产品交易市场 1551 家,其中农产品综合市场 830 个,专业市场 721 个,在亿元以上的 247 家蔬菜市场中,前 100 名的交易额由过去的 3 亿—5 亿元提高到 10 亿元以上(商务部流通产业促进中心,2009)。按照经营农产品的种类来分,2010 年我国亿元以上农产品批发市场中,肉禽蛋市场有 124 个,水产品市场的市场个数为 150 个,蔬菜市场的市场个数为 295 个,干鲜果品市场数量为 147 个,棉麻土畜、烟叶市场的市场数量为 23 个,其他农产品市场共有 133 个。图 3.1 直观地表示,蔬菜市场所占份额达到 34%,干鲜果品市场所占比重为 17%,二者达到总比重为 51%,超出了整个农产品批发市场的一半。

市场数量(个)

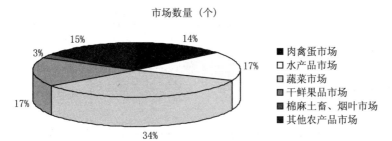

图 3.1　2010 年全国亿元以上农产品批发市场按主营品种分类比重图
资料来源:国家统计局(2011)

目前,我国农产品批发市场农产品交易额已占农产品社会消费总额的 70% 以上。[1] 2011 年中国商品交易市场统计年鉴统计出我国前 10 家蔬菜市场和前 10 家干鲜果品市场的具体情况如下表所示。这些果蔬批发市场的建设和发展在全国属于前列,值得其他批发市场的学习和借鉴。

---

① 赵君. 我国农产品批发市场存在的问题及发展思路[J]. 安徽农业科学, 2009,(31):15455—15456,15459.

表 3.2 2011 年前 10 家蔬菜市场和前 10 家干鲜果品市场

序号	市场名称 (前 10 家蔬菜市场)	序号	市场名称 (前 10 家干鲜果品市场)
1	金乡县鱼山农副产品批发市场	1	广州江南果菜批发市场
2	沈阳张士农副产品股份有限公司	2	蓝特商业城(蓝特集团有限公司)
3	成都龙泉聚合(国际)果蔬交易中心	3	东莞市信立实业有限公司
4	寿光农产品物流园有限公司	4	滕州市杏花村干杂货市场
5	庆云县蔬菜水果批发市场	5	珠海市农副产品批发物流中心
6	郑州毛庄绿园实业有限公司	6	东莞市果菜副食交易市场
7	江苏联谊农副产品批发市场	7	徐州源洋商贸发展有限公司
8	马王堆蔬菜批发市场	8	贵阳市五里冲农副产品批发市场有限公司
9	绥阳黑木耳批发大市场	9	嘉兴农产品市场
10	衢州农贸城	10	沧州崔而庄枣业有限公司

2. 农产品批发市场的类型

具体来说,我国农产品现有批发市场模式主要有产地批发市场模式和销地批发市场模式两种。

(1) 产地批发市场

典型的产地批发市场是山东寿光批发市场。山东寿光蔬菜批发市场以规模大、档次高、品种全闻名全国,年市场年成交蔬菜 15 亿公斤,交易额 28 亿元,年上市蔬菜品种超过 300 个。作为重要的产地农产品批发市场,市场直接面向主产区,直接面向广大农民,对促进农业和农业产业化的发展,对于我国当前的产业结构的战略性调整,具有重要的指导意义。产地批发市场在很大程度上是农业的基础设施,因此在建设资金的安排和筹集上应该与销地批发市场有所区别对待。

(2) 销地批发市场

典型的销地批发市场是布吉农产品批发市场。销售地农产品批发市场在基础设施建设和科技的应用方面,比产地批发市场更为先进。结合农产品批发市场行业和企业的特点,采用先进的科学技术特别是信息技术、电子技术和网络技术,为电子商务网上交易奠定基础。同时,建立大型物流配送中心,实现批发市场的多种商业业态的结合,抢占批发市场经营战略的制高点。

3. 农产品批发市场的不足

总体上来说,大陆的农产品批发市场缺乏统一规划,布局不够合理。[①] 农产品批发市场整体发育水平仍然较低,平均市场交易规模小,以即期现货交易为主,兼营批发与零售业务的现象比较普遍,同时,服务功能比较单一,东西部地区存在显著的差异。

(三)连锁超市

随着人们消费水平和消费观念的提高,生鲜超市的连锁经营正逐渐取代农贸市场和批发市场,成为农产品销售不可取代的主渠道。生鲜超市是农贸市场和现代超市相结合的产物,他能取两者之长,补两者之短,充分发挥农产品特色经营的优势。

1. 连锁超市正逐渐成为农产品流通的主渠道

随着消费者对农产品质量和安全水平的要求的提高,有着良好质量安全信誉的农产品生鲜超市在近年来得到了快速的发展,正逐渐成为农产品流通的主渠道。[②]

大型综合超市、以食品为主的超市等正逐渐成为大中城市生鲜农产品销售的场所,其鲜活农产品的经营比重占其销售额的 15%~30%不等。

表 3.3 2000—2009 年中国连锁经营发展情况

年份	店铺个数(个)	增长速度(%)	销售额(亿元)	增长速度(%)	占商品零售额比重(%)
2000	32000	23.1	2200	46.7	6.5
2005	38260	26	7076	42	10.5
2006	69100	57	8552	25	11.2
2007	105191	58	10022	21	11.2

资料来源:2001—2008 各年《中国连锁经营年鉴》。

2. 生鲜连锁超市的经营形式

农产品生鲜超市主要有以下三种类型:一是经营食品为主的超级市场;二是设有较大食品经营区的大型综合超市,三是农产品专卖店和连锁店。[③]

农产品生鲜超市经过不断演化和发展,绿色安全性农产品越来越多的占据了生鲜的摊位区,而且各超市无一例外的在农产品经营上向精品化、包装化和规格

---

① 孟京生. 关于借鉴台湾农产品流通先进经验完善大陆流通体系的思考[J]. 商业经济,2011,(6):23-25,34.

② 方昕. 需求分析与超市业态、生鲜经营[J]. 超市连锁,2002,(6):13-14.

③ 周发明. 构建新型农产品营销体系的研究[M].北京:社会科学文献出版社,2009.

化方向发展。有的建立自己的生鲜农产品配送中心,在生产加工的同时还从事水果、冷冻品以及南北货的配送任务;有的超市设立了有机、无公害等精品蔬菜专柜来丰富超市蔬菜的多样性;有的采取了定牌经营与基地生产相结合的方式,即定点生产、定量收购、定牌包装、统一加工、统一定价、统一销售。

3. 连锁超市经营存在的主要问题

大陆的生鲜超市在经营、管理、物流方面还存在着大量问题,如缺少适销的农产品、没有完整的冷链供应和配送、生鲜经营的完整性不够、管理和培训体系还不健全等。[①] 另外,由于超市作为企业经营,需要交纳相应的税费,使得其成本较高,利润空间被压缩。

三、大陆农产品价格体系

农产品价格是在市场机制作用下由市场供求关系决定的,不同的市场交易,形成不同性质的农产品价格。我国农业是以农户小规模家庭经营为基础的,市场集中度低,既接近于完全竞争市场,又存在过度竞争,产业内数量众多的农户是农产品市场价格的接受者。

（一）集贸市场与农产品集市价格的形成

产品集贸市场是在一定的区域内,以农产品生者和消费者互通有无为目的,以当地农产品为交易对象,以零价为主要形式的现货交易。农产品集贸市场具有地方特色,进场交易者主要是当地农户和城镇居民,每笔交易成交量小,而且买卖双方直接交易,交易成功后钱货两清。农产品集市价格随着农产品市场供求关系的变化而变化,数量众多的农产品供给者和消费者是既定的市场价格接受者。追求利润最大化的理性农户根据市场价格的波动调整生产经营行为。

农产品集市价格具有明显的地区差价、季节差价和时点差价。地区差价是由农产品生产的区域性、消费的普遍性和集市贸易的范围决定的;季节差价是由农产品生产的季节性和消费的常年性决定的;时点差价,即同一农产品在同一市场上不同时点的价格各不相同。农产品集市价格的变化是农产品供求矛盾对农产品集市贸易起调节作用的表现,影响着农户的决策,进而导致市场供求关系的变化。

（二）批发市场与农产品批发价格的形成

农产品批发市场具有两种性质,即组织性和场所性。作为一种流通组织,它为买卖双方及其代理人提供农产品批量交易的场所、交易设施和交易服务。为了

① 李平. 生鲜超市连锁经营的物流与供应链优化研究[D]. 天津大学,2005.

保证农产品批发交易的客观公正性,批发市场的管理主体需要制定交易规则,规范入场交易者的交易行为。入场交易的农产品经营者必须按照市场交易规则和市场管理章程规范交易行为,进行客观、公正、平等的交易竞争。同时,专门的交易场所、指定的交易时间、明确的交易规则、统一的结算方式,使得农产品批发市场又成为一种规范的交易场所。

农产品批发市场可以大量吸引、汇集各地的农产品在较短时间内完成交易过程,再把农产品发散到各地,迅速实现商品价值和使用价值的让渡。农产品批发价格比较真实地反映农产品商品的价值和市场供求规律,是商品的价值规律和供求规律共同作用的结果,交易双方是既定价格的接受者。这种价格是农产品市场的基础价格,发挥着农产品市场的价格导向作用,是政府部门制定政策和企业、农户确定生产经营决策的重要依据。

（三）期货市场与农产品期货价格的形成

期货交易是指在期货交易所内进行的标准化合约的买卖。农产品期货市场是在市场经济发展过程中,围绕农产品期货合约交易而形成的一种特殊经济关系,买卖的是农产品期货合约,是一种在期货交易所内达成的、受一定规则约束、规定在将来某一时间和地点交割某一特定农产品的标准化契约。在单位合约中,农产品的规模、品质、数量、交货时间和地点都是既定的,唯一的变量是价格。这种价格在期货交易所内以公开竞价方式达成公正的农产品市场价格的发现需要一定的条件,如农产品供求的集中、农产品市场的秩序化、公平的竞争环境等,以使农产品信息集中、市场透明、价格真实地反映农产品供求,从而形成公正的农产品市场价格。农产品期货市场满足了这些条件,同时还提供严格的法律和交易规则保障,为农产品价格的形成提供了良好的条件。另外,农产品期货市场还有一系列制度性保障,如会员制、保证金制、公开叫价制、层层分担风险制等,从制度上保证了公平竞争原则在交易中的贯彻。因此,农产品期货市场通过期货交易而形成的农产品价格不是个别交易的结果,而是在一个集约化程度较高的市场上形成的农产品价格,能够比较真实地反映市场供求状况,从而被作为农产品的基准价格。这个基准价格表现的是现在农产品市场对未来农产品价格的预期,集中了即期的与未来不同时点的市场供求状况,计算的基础是现货价格加上各种利息、仓储、运输、管理等费用,场内交易双方再以自己的风险预测经验和知识决定农产品期货价格。农产品期货价格具有很强的导向作用,在一定范围内对于农产品现货交易提供了重要参考,同时也为企业和农户开展生产经营活动提供决策依据。

农产品价格是在市场机制作用下由市场供求关系决定的。农产品集市贸易形成的集市价格,是最贴近众多农户的市场价格,直接影响着农户的经营行为;农产品批发贸易形成的批发价格,是农产品市场的基础价格,发挥着价格信号的调剂功能;农产品期货贸易形成的期货价格,则具有很强的市场导向作用。

四、大陆农产品流通体系

2010年,我国农产品物流总额为2.24万亿元,比2009年增长4.3%而再创新高。虽然我国农产品物流总额已连续7年呈现增长态势,但是农产品物流总额占社会物流总额的比重却一直呈现下降趋势(见表3.4)。

表 3.4　2004—2010 年我国农产品物流发展情况

年份	农产品物流总额 (亿元)	社会物流总额 (亿元)	农产品物流总额占 社会物流总额的比重	农产品物流同比增长率 (以上年为基准)(%)
2004	11970	383829	3.12	6.3
2005	12748	481983	2.64	6.5
2006	13546	595976	2.27	6.3
2007	15849	752283	2.11	17.0
2008	18638	898978	2.07	17.6
2009	19439	966500	2.01	4.3
2010	22355	125413	1.78	4.3

资料来源:根据国家发展改革委2011年资料和《中国农业统计年鉴》(2005—2011)整理。

近几年来,我国政府积极采取措施推进农产品流通,其中"万村千乡市场工程"和"双百市场工程"也取得了较好效果。截至2009年,全国已累计建成41.6万个农家店和1467个配送中心,覆盖了全国85%的县、75%的乡镇和50%的行政村,"双百市场工程"实施以来,累计支持903家农产品批发市场、农贸市场和农产品流通企业完成1419个建设项目。"农超对接"模式正在进一步推广,在引导大型连锁超市和农产品流通企业建设农产品直接采购基地方面发挥了重要作用。目前,我国农产品流通基本上进入自由贸易阶段,形成了以批发市场、拍卖市场、集贸市场为主要渠道,以农民经纪人、运销商贩、中介组织、加工企业为主体,以产品集散、现货交易为基本流通模式,以原产品和初加工产品为营销客体的基础流通格局,对于促进农业和农村经济发展,起到了较好的作用。[1]

海峡两岸农产品流通体系与合作经济比较研究

---

① 倪秋萍. 我国农产品流通体系发展现状及对策[J]. 技术与市场, 2011, (18): 457-458.

（一）传统的果蔬流通模式

传统的农产品物流是供给推动型物流,现代农产品物流是市场引导型物流。[1] 我国传统的果蔬的物流供应链模式主要是从农户→产地批发市场→产地批发商→销地批发市场→销地批发商→零售商→消费者的模式,如图 3.2 所示。

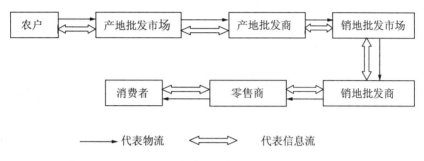

图 3.2　传统的果蔬供应链模式

这种物流供应链的模式中间的流通环节非常多,运输成本以及信息沟通的成本都非常大。并且在果蔬流通的过程中农产品的搬运、装卸、包装等作业大多还停留在手工作业阶段,搬运、装卸、包装的损失都非常大。同时,由于供应链的冗长,信息得不到及时准确的反馈,一旦果蔬出现质量安全问题,出现责任的环节也没有办法追踪。所以传统的果蔬运销的模式存在很大的缺陷,需要进一步完善。但是,我国农村经纪人(商贩)还大量存在,农户将大量的蔬菜、水果通过经纪人进行售卖,价格比较低,损失也比较大。这说明传统的果蔬供应链模式在果蔬流通市场上还占有一席之地,必须加以引导和控制。

（二）"批发市场＋农户"的流通模式

农产品批发市场是农产品流通环节中重要的一环,我国农产品批发市场经过二十多年的发展,在数量、规模和成交量上都已经步入了稳步发展的阶段。从2002 年到 2006 年我国亿元农产品交易市场成交额由 261.7 亿元增加到 7282 亿元,年均增长 45%。近年来,国家不断加大对现代化农业发展的投入,各种新型的流通渠道也随之产生,电子交易市场、拍卖交易等现代流通手段给中国的农产品流通体系注入了新的活力。

（三）"公司＋农户"的流通模式

"公司＋农户"的农产品流通模式是以农产品加工或流通企业为龙头,通过合

①　白云涛,崔巍崴. 农产品供应链合作伙伴的动态评价方法[J]. 安徽农业科学,2007,(35):8397 - 8398.

同契约、股份合作制等多种利益联结机制,与农户建立稳定的购销关系,将农产品的生产、加工、销售有机结合起来,实施一体化经营,以提高经济利益。相对于传统的供应链模式,"公司+农户"的农产品流通模式有利于保证农产品质量。

但是,农户和公司之间的关系非常脆弱。公司控制了市场和信息,处于优势地位,而农户小而分散并且消息闭塞,往往处于劣势地位。此外,由于龙头企业在产品标准、市场渠道和产品需求等方面存在不确定性,同时,龙头企业本身没有能力也没有精力为农民提供全程的系统生产服务,难以保证标准化的生产。因此,"公司+农户"的模式也需要进一步完善。

(四)"专业合作社+公司/超市+农户"的流通模式

随着中国《农民专业合作社法》的出颁布和相关配套政策的楚天,基于农民专业合作社的新型的农村果蔬供应链模式正逐渐形成(图3.3)。"专业合作社/农业协会+公司/超市+农户"模式中,渠道成员之间合作关系的建立是基于双方彼此对对方资源的依赖,这实际上是隐含着一个进入合作关系的双方在规模与实力上应当是对等的,或者二者之间的差异应当在一个合理的区间内。面对这样的一个问题,具备集结能力的合作社/农业协会便成为龙头企业与农户之间权衡力量的新行为主体,它代替农户与龙头企业签约建立合作关系,增强了分散农户在同龙头企业博弈过程中的力量,从而使渠道关系的稳定性和渠道运行绩效都得到了提高。

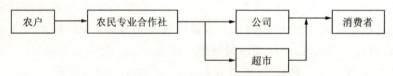

图3.3 基于农民专业合作社的农产品流通模式

在这一流通模式之中,农民专业合作社起到了一个纽带作用。农民专业合作社统一购置农资农具、对农民进行统一的技术培训、掌握农民在生产过程中的信息、进行统一的销售、统一的品牌建设等活动,既减少了质监部门检测监督的成本,同时也有利于信息的追溯,有效控制果蔬质量。另外,合作社与公司联系也有利于降低违约风险。

但是,这一供应链模式也受到农民专业合作社组织自身发展的制约。由于缺乏资金技术等问题,农民专业合作社可能不能很好地服务农户。

五、大陆农产品质量安全体系

（一）大陆农产品质量安全体系

大陆的农产品质量体系中主要包含三个不同的质量标准：无公害农产品、绿色食品和有机食品。表 3.5 比较了无公害农产品、绿色食品和有机食品之间的差别。

表 3.5　无公害农产品、绿色食品和有机食品的区别

项目	无公害农产品	绿色食品	有机食品
主管部门	农业部/质监局	农业部	国家环保总局
批准时间	2001	1990A/1996AA	1989
生产基地	现代农业、优质、高产、高效合理使用人工合成化学物质	生态农业与现代农业结合，控制使用人工化学合成物质	有机农业栽培技术体系，靠自然调节和系统内物质与能量平衡
产地环境	环境良好	大气、水体、土壤等质量标准当年检测符合标准	洁净、无污染。原料产地至少在 3 年未使用人工合成化学物质
生产过程	现代技术综合运用	以农业、物理、生物技术为主、化学技术为辅、协调运用	严禁使用化学合成和转基因技术，依靠品种选育技术、农工业、物理和生物等手段
化肥、农兽药、激素使用	限量使用	允许少量使用	禁止使用
加工	无严格要求	主要原料，加工条件符合绿色食品标准	95%原料必须符合有机食品标准，厂区、设备、工艺等严格要求
包装	无污染	要求达到国家标准	无严格要求
社会影响程度	大	较大	小
国际认知程度	小	较大	大
标识		绿色食品	

1. 无公害农产品

无公害农产品（Non-pollution Agri-Food）是指产地环境符合无公害农产品的生态环境质量，生产过程必须符合规定的农产品质量标准和规范，有毒有害物

质残留量控制在安全质量允许范围内,安全质量指标符合《无公害农产品(食品)标准》的农、牧、渔产品(食用类,不包括深加工的食品)经专门机构认定,许可使用无公害农产品标识的产品。

在北京、天津、上海和深圳四城市试点的基础,上从2002年开始,在全国范围内全面推进"无公害食品行动计划"。通过建立健全农产品质量安全体系,对农产品质量安全实施从"农田到餐桌"全过程监控,有效改善和提高我国农产品质量安全水平,基本实现食用农产品无公害生产,保障消费安全,质量安全指标达到发达国家或地区的中等水平。有条件的地方和企业,应积极发展绿色食品和有机食品。通过加强生产监管,推行市场准入及质量跟踪,健全农产品质量安全标准、检验检测、认证体系,强化执法监督、技术推广和市场信息工作,建立起一套既符合中国国情又与国际接轨的农产品质量安全管理制度。

2. 绿色食品

绿色食品(Green Food)是对无污染的安全、优质、营养类食品的总称。绿色食品是指按特定生产方式生产,并经国家有关的专门机构认定,准许使用绿色食品标志的食品。

绿色食品分A级绿色食品和AA级绿色食品二种。A级绿色食品,系指在生态环境质量符合规定标准的产地、生产过程中允许限量使用限定的化学合成物质,按特定的生产操作规程生产、加工、产品质量及包装经检测、检查符合特定标准,并经专门机构认定,许可使用A级绿色食品标志的产品。AA级绿色食品(等同有机食品),系指在生态环境质量符合规定标准的产地,生产过程中不使用任何有害化学合成物质,按特定的生产操作规程生产、加工、产品质量及包装经检测、检查符合特定标准,并经专门机构认定,许可使用AA级绿色食品标志的产品。

从1990年开始,中国的绿色食品经历了三个发展阶段:(1)从农垦系统启动的基础建设阶段(1990—1993年)。农垦系统从1990年开始实施绿色食品工程。这一阶段完成了一系列基础建设工作,主要包括:在农业部设立绿色食品专门机构,并在全国省级农垦管理部门成立了相应的机构;以农垦系统产品质量监测机构为依托,建立起绿色食品产品质量监测系统;制订了一系列技术标准;制订并颁布了《绿色食品标志管理办法》等有关管理规定;对绿色食品标志进行商标注册;加入了"有机农业运动国际联盟"组织。与此同时,绿色食品开发也在一些农场快速起步,并不断取得进展。(2)向全社会推进的加速发展阶段(1994—1996年)。这一阶段绿色食品发展呈现出五个特点:一是产品数量连续增长。二是农业种植规模迅速扩大。三是产量增长超过产品个数增长。四是产品结构趋向居民日常消费结构。五是县域开发逐步展开。(3)向社会化、市场化、国际化全面推进阶

海峡两岸农产品流通体系与合作经济比较研究

段(1997年以后)。绿色食品社会化进程加快主要表现在:中国许多地方的政府和部门进一步重视绿色食品的发展;广大消费者对绿色食品认知程度越来越高;新闻媒体主动宣传、报道绿色食品;理论界和学术界也日益重视对绿色食品的探讨。

绿色食品标准是由农业部发布的推荐性农业行业标准(NY/T),是绿色食品食品生产企业必须遵照执行的标准。绿色食品标准以全程质量控制为核心,由6个部分构成:(1)绿色食品产地环境质量标准;(2)绿色食品生产技术标准;(3)绿色食品产品标准;(4)绿色食品包装标签标准;(5)绿色食品贮藏、运输标准;(6)绿色食品其他相关标准,包括"绿色食品生产资料"认定标准、"绿色食品生产基地"认定标准等。

3. 有机食品

有机食品(Organic Food)也叫生态或生物食品等。有机食品是目前国标上对无污染天然食品比较统一的提法。有机食品指指来自有机农业生产体系,根据有机农业生产的规范生产加工,并经独立的认证机构认证的农产品及其加工产品等。农机农业是指生产过程中不使用化学合成的农药、化肥、生产调节剂、饲料添加剂等物质,以及基因工程生物及其产物,而是遵循自然规律和生态学原理,采取一系列可持续发展的农业技术,协调种植业和养殖业的平衡,维持农业生态系统持续稳定的一种农业生产方式。

有机食品生产的基本要求:(1)生产基地在最近三年内未使用过农药、化肥等违禁物质;(2)种子或种苗来自自然界,未经基因工程技术改造过;(3)生产单位需建立长期的土地培肥、植保、作物轮作和畜禽养殖计划;(4)生产基地无水土流失及其他环境问题;(5)作物在收获、清洁、干燥、贮存和运输过程中未受化学物质的污染;(6)从常规种植向有机种植转换需两年以上转换期,新垦荒地例外;(7)生产全过程必须有完整的记录档案。

有机食品加工的基本要求:(1)原料必须是自己获得有机颁证的产品或野生无污染的天然产品;(2)已获得有机认证的原料在终产品中所占的比例不得少于95%;(3)只使用天然的调料、色素和香料等辅助原料,不用人工合成的添加剂;(4)有机食品在生产、加工、贮存和运输过程中应避免化学物质的污染;(5)加工过程必须有完整的档案记录,包括相应的票据。

有机食品主要国内外颁证机构是:中国的OFDC、美国的OCIA(全称"国际有机作物改良协会")、德国的ECOCERT、BCS和GFRS、荷兰的SKAL、瑞士的IMO、日本的JONA和法国的IFOAM等。

（二）大陆农产品质量安全管理体系

1. 农产品质量安全检测体系

中国中央政府一级的农产品质量安全监测工作主要由国家食品药品监督管理局、农业部、卫生部、国家质量监督检验检疫局、国家环保总局、商务部和国家工商行政管理局等部门共同负责。这些机构各成体系，在省市县一级都分别设有相应的部门。

国家食品药品监督管理局在农产品质量安全管理方面的职能主要集中在农产品质量安全的协调、监察、政策法律制定等方面。作为综合监督和组织协调部门，不代替具体监管部门的职能，但是负责监督各项农产品质量安全监管工作的实施。

农业部主要集中在农业标准体系建设、农业投入品管理、动植物疫情防治、绿色食品管理、相关技术推广、进出口检疫、农业生物基因安全管理、农业质量振兴计划和农业名牌发展战略，以及生产许可证和质量打假等方面。农业部门的农产品质量安全工作主要围绕"无公害食品行动计划"展开，从产地和市场两个环节入手，通过对农产品实行"从田头到餐桌"全过程质量安全控制，以保障主要农产品生产和消费无公害。

卫生部主要集中在食品相关法律法规建设、食品营养监督、食品及相关产品抽检、食品卫生和传染病监督管理、食品不安全事件处理等方面。国家质量监督检验检疫局主要集中在农产品检疫法规、政策的制定及组织实施、农产品出入境检验检疫、组织推广质量安全管理经验和方法、负责组织重大产品质量事故调查、依法负责产品防伪的监督管理工作等方面。

近年来，国家环保总局在加强食用农产品产地环境监测方面做了大量工作，出台了和正在出台一系列旨在加强食用农产品种植、养殖生产环境安全标准及监督管理办法，并采取了一系列的有效措施。

商务部通过整顿和规范食品流通秩序，建立健全农产品质量安全检测体系，监管上市销售的食品和出口农产品的质量安全，在监测体系中发挥着重要作用。

科技部主要负责农产品质量安全科研工作，为监测提供技术支持。此外，还有一些部门在农产品质量安全监测体系中处于重要地位，如铁路和交通管理部等在自己职责领域内参与农产品质量安全检验工作。

2. 农产品质量安全法律法规体系

20 世纪 80 年代以来，中国陆续制定并实施了《产品质量法》、《食品卫生法》等一系列与农产品质量安全监督管理有关的法律法规，2006 年 11 月 1 日颁布实施了《农产品质量安全法》，为中国农产品质量安全的监管工作奠定了法律基础。

经过长期的建设,中国农产品质量安全法律法规日趋完善,形成了以总体性法律为基础,以涉及大量技术标准的法规为主体,以各省及地方政府的规章制度为补充的农产品质量安全法律法规体系(如表 3.6 所示)。

表 3.6 农产品质量安全法律法规体系

	项 目
总体法律	《中华人民共和国农产品质量安全法》、《中华人民共和国产品质量法》、《中华人民共和国食品卫生法》、《中华人民共和国标准化法》、《中华人民共和国进出口商品检疫法》、《中华人民共和国进出境动植物检疫法》、《中华人民共和国国境卫生检疫法》、《中华人民共和国农业法》、《中华人民共和国动物防疫法》等
技术标准法律	《无公害农产品产地环境要求》、《畜禽养殖污染防治管理办法》、《国家无规定疫病区条例》、《食品标签通用标准》、《产品标识标注规定》、《动植物检疫管理办法》、《畜禽屠宰卫生检疫规范》、《动物防疫条件审核管理办法》、《农药管理条例》、《兽药管理条例》、《饲料和饲料添加剂管理条例》、《食品添加剂卫生管理办法》、《动物性食品中兽药最高残留限量》、《食品加工企业质量安全监督管理实施细则》、《食品生产企业危害分析与关键控制点(HACCP)管理体系认证管理规定》等
地方规章制度	如北京市《关于进一步完善北京蔬菜市场准入制度的意见》、《北京市实施〈中华人民共和国动物检疫法〉办法》、《北京市食用农产品安全生产体系建设管理办法》、《北京市安全食用农产品标志管理办法》、《北京市家禽家畜检疫条例》等

3. 农产品质量安全认证体系

中国的农产品质量安全认证包括无公害农产品、绿色食品、有机食品认证。无公害农产品认证由农业部国家认证认可监督管理委员会实施,绿色食品认证由农业部中国绿色食品发展中心实施,有机食品由国家环境保护局有机食品发展中心实施。从实践来看,无公害农产品、绿色食品、有机食品的共同之处表现为安全性、产地环境要求无污染、生产技术有利于保护生态环境等。三类食品的生产都有利于保护和改善生态环境,促进生态与经济的可持续发展。区别表现在生产基础、产地环境、生产过程、加工和包装标准规范、社会认知程度等方面。

4. 农产品质量安全标准体系

完善的农产品质量安全标准体系可以分为投入品标准、过程操作标准、环境标准和产品标准四个组成部分。投入品标准主要包括种子标准、饲料和饲料添加剂标准、种畜禽标准、农兽药标准等;过程操作标准主要是指生产技术规程,另含有储运和包装技术规程、检测检验检疫技术标准等内容;环境标准主要包括农产品生产、存储和运输等环境的水分、微生物、各类微量元素、辐射强度等指标；产品标准主要包括产品中各类微生物、微量元素、农兽药及其他有容物质的残留量，产品中各种营养元素的含量，产品色泽，产品口味，产品包装等标准。

5. 农产品质量安全保障体系

健全的农产品质量安全保障体系包括良好操作规范（GMP）、危害分析关键控制点（HACCP）、ISO9000 系列标准等。

GMP 以现代科学知识和技术为基础，应用先进的技术和管理方法，解决食品生产中的质量问题和安全卫生问题。良好操作规范（GMP）应该贯穿于食品原料生产、运输、加工、储存、销售、使用的全过程，即从食品生产到消费的每一环节都应有它的良好操作规范。

HACCP 使用于从食品的最初生产者到最终消费者的整个食物链。对其实施应建立在对人体健康危险的科学证据指导下进行。除了提高食品的安全性以外，实施 HACCP 还可以取得其他方面的显著受益。此外，实施 HACCP 系统还有助于政府部门实施监督。并且由于提高了对农产品质量安全的信任而有助于促进国际贸易。

ISO9000 的总标题是"质量管理和质量保证"，是由 ISO/CT176 技术委员会制定的国际标准，它是在总结世界各国，特别是工业发达国家质量管理经验的基础上产生的。1987 年颁发，1994 年又作了补充修订，中国 1992 年采用此标准。

6. 农产品质量安全风险分析体系

风险分析是保证农产品质量安全的一种新模式，它是制定农产品质量安全标准和解决国际食品贸易争端的依据，在农产品质量安全管理中处于基础地位。风险分析已逐步成为发达国家实施食品质量安全管理的科学基础，同时也纳入国际食物法典委员会的工作程序。风险分析的根本目的在于保障消费者的健康和促进公平的食品交易。它是通过对影响食物安全的各种生物、物理和化学危害进行评估，定性或定量描述风险的特征，并在参考各种相关因素后，提出风险管理措施。

中国正在将风险分析运用于进出境动物及动物产品检疫实践中。1995 年 11 月，中国在广州正式成立了进出境动物检疫风险分析委员会，标注着中国动物及动物产品检疫工作步入了科学化、规范化和标准化的新阶段。2002 年 10 月国家质量监督检验检疫局审议通过了《进出境动物和动物产品进口风险管理规定》，标志着中国在履行 WTO 成员义务的同时，还正在将 SPS 协议的实质运用在动物及动物产品进口风险分析的实际工作中。

（三）大陆农产品质量安全管理体系中存在的问题

1. 农产品质量安全监测体系存在的主要问题

中国农产品质量安全监测体系涉及多个部门，缺乏从"田头到餐桌"的整个食物链综合管理的指导思想，难以实现对各个关键环节监测的制度化、规范化。现行的监测体系，其权限分属于不同的部门，存在严重的职能错位、缺位、越位和交叉分散现象，不能形成协调配合与高效运转的管理机制。各部门权责不清，容易相互扯皮，导致管理成本上升而监管效率下降。检测队伍人才建设滞后，人员素质和检验能力难以适应事件发展的需要，缺乏对农产品质量安全标准、检测、认证、风险评估等工作的深入了解。

同时，现有的农产品检测机构以及相应的仪器设备、人员等都难以满足农产品质量安全检测工作的需要，不少地方设备简陋、手段落后、经费不足、检测不配套、检测时效性差等问题普遍存在，不能进行全面检测和监督，与国际上农产品检测技术差距较大。全国多数省份目前还没有建立农产品产地检测网络，对农产品的检测还只停留在部分农药的残留上，而还没有开展硝酸盐、重金属、抗生素等其他有害物质的检测工作。

2. 农产品质量安全法律法规体系存在的主要问题

从调整的范围看，现有的法律法规未能涵盖农产品质量安全过程监管。比如微生物的质量安全管理尚无法律调整。从源头监管来看存在法律空白。比如，农业投入品许可制度存在"重生产，轻经营"的问题。检疫缺少程序性规定，比如《动物检疫法》规定了检疫问题，但缺少对于检疫申请、检疫手段、检疫期限等的程序性规定，客观上使得有关制度可操作性不强。

3. 农产品质量安全认证体系存在的主要问题

认证过程中不能充分体现独立性和第三方认证机构的客观公正性，同时带有明显的行政色彩。认证的多头化使农产品在生产、流通、销售环节上产生了标准不统一、检测不统一等问题，进而使农产品在从"农场到餐桌"的过程中存在安全与质量隐患。从中国目前情况来看，没有与国际上许多认证机构达成互认协议。如中国的绿色食品认证标准体系并未获得欧盟、日本和美国的认可。管理部门主要精力集于前期的考察与标志审批，对后期的跟踪检测、检查与后续管理工作缺失。农产品的出口在许多情况下还要获得进口国相似的认证，这样不但造成生产经营者认证成本的增加，而且由于认证一般需要较长的时间，从而造成许多农产品丧失最佳的出口时机。

4. 农产品质量安全标准体系存在的主要问题

农产品卫生检疫、饲料、农兽药残留检测等方面标准缺乏。以兽药残留检测标准为例,2002 年农业部发布了 134 种兽药及其他化学物质在动物可食性组织中的最高残留限量规定。但到目前为止,只发布了其中 41 个品种的 61 个残留检测方法,其他 93 种兽药(含治疗药和禁用药)的残留检测方法还未建立。标准的制定"重产品标准轻配套标准"。而且,标准之间交叉重叠,有时相互之间规定尚不一致,许多指标不统一或者相差悬殊。按照国际通行惯例,一般 3~5 年应当修订一次,但在中国现行的标准中,标龄 10 年以上的占 36.7%,5~10 年的占 36.4%,由于修订不及时,造成许多技术内容相对陈旧。许多标准中的技术指标落后,特别是农产品质量卫生安全方面的指标低且不齐全的问题突出。中国有关的先进分析仪器的方法标准几乎空白,先进分析测试方法应用少。另外,中国在制定农业标准时,很少考虑与国际接轨。如已公布的化学农药在蔬菜、水果中最高残留限量标准,与 FAO/WHO 和美国等标准相比,农药种类明显不全,没有细化到具体产品上,指标偏松与偏严的现象同时存在。这导致一些具有比较优势的农产品出口贸易受限。

5. 农产品质量安全保障体系存在的主要问题

中国的农产品质量安全保障体系的实施目前仍处于起步阶段,GMP、HACCP 在许多企业尽管有所开展,但操作还处于探索阶段,很不规范。缺乏质量保障体系的弊端直接表现在生产管理不规范、农产品质量安全水平参差不齐,优质不能优价,不利于整个市场的良性发展。

6. 农产品质量安全风险分析体系存在的主要问题

风险分析理论是一门新兴的学科,现在对它的认识还存在不足。尽管中国政府在研究和应用风险分析理论上做了大量投入,但相对于农产品质量安全管理的需要,所掌握的资源还是短缺的。一方面,缺乏掌握风险理论及相关专业技术的人才,以及必要的资金和进行评估、检测等工作的先进仪器设备,而这些是进行农产品质量安全风险管理工作的基础;另一方面,进行风险评估依赖于丰富、准确、量化的数据和信息基础,而目前我们可用的这方面的资源还十分有限。农产品从农场到餐桌的整个食物链中,有许多不同的行政部门来参与管理,但有限的风险分析的必要资料却很难做到资源共享,制约着中国农产品质量安全风险分析的应用和发展。此外,各相关部门之间信息沟通不充分,尚未形成有效的风险信息交流共享和预警机制,农产品生产者、消费者和销售商都对农产品质量安全信息缺乏深入了解,严重影响了农产品质量安全监管的效率。

第二节　台湾农产品流通体系

一、台湾农产品生产体系

（一）台湾农业概况

台湾位于亚热带地区,地狭人稠,土地总面积近 3.6 万平方公里,总人口 2300 余万,现有耕地面积 1290 万亩。台湾目前有农户 70 多万户,其中 41% 的农户耕地不足 0.5 公顷,30% 的农户耕地在 0.5～1 公顷之间,19% 的农户耕地在 1～2 公顷之间,只有 10% 的农户耕地超过 2 公顷。所以说台湾的农业属于超小型化的农业经营模式。种植业中粮食作物以稻米为主,水果蔬菜产量丰富,蔬菜的主要种类超过 90 种,畜牧业渔业也非常发达。台湾农业六十多年来经历了五个发展阶段:

1. 战后农业恢复阶段(1945—1953 年)

台湾农业在二战中遭受破坏。战后为了应对大陆来台人数剧增,粮食需要大幅度增加的压力,台湾当局及时调整农业政策,大力恢复农业生产:一是实行土地改革,使耕者有其田。如 1949 年实施三七五减租,1951 年实施公地放领,1953 年公布《实施耕者有其田条例》,使自耕农所占比例由改革开放前的三分之一提高到改革开放后的三分之二;二是致力于农田水利设施、增加化学肥料的供应、提供改良品种、改进耕作技术;三是进行农、渔会改组,提高农民的组织化程度,使农渔会具有推广、供销及信用等业务。

2. 农业快速发展阶段(1954—1967 年)

1953 年开始,台湾当局确定了"以农业培养工业,以工业带动农业"的经济发展战略。先后推行了"综合性养猪计划"、"农牧综合发展计划",创办"统一农贷计划",发布"农业推广实施办法"等来刺激农业发展。另一方面为加速农业部门资金转移至非农业部门,积极扶持工业,先后实施了"肥料换谷制度"、"田赋征收实物条例"及"随赋收购稻谷办法"等,使农业剩余转化为工业资金。台湾经济在农业的带动下,由起飞迈向转型,经济增长由 7% 升至 10%。

3. 农工并重阶段(1968—1983 年)

这一阶段工商企业逐渐主导经济的增长后,农业政策逐渐由促进生产,如"农业生产改进措施"、"加速农业机械化方案",转为对农业的扶持、补偿农民和加强农村建设方面,如颁布《农业发展条例》、实施"稻米保证价格收购制度"、"提高农民所得加强农村建设方案"、"加强基层建设提高农民所得方案"及"第二阶段土地改革方案"。这一时期,农业增长率大致维持在 2% 以上。但由于工业部门成长速度相对更快,农业占国民生产总值的比重降到 7%。

4. 农业调整、转型阶段(1984—1990 年)

80 年代初期出现了严重的稻米生产过剩问题,因此调整生产结构成为本阶段的重要农政举措。1984 年起执行稻田转作计划,抑制稻谷、甘蔗生产,发展的农产品有饲料玉米、高粱、大豆等,以及资本和技术密集的产品,如养殖渔业、远洋渔业、乳业等。至 1996 年稻米产销实现了接近平衡。期间,还推出了"改善农业结构提高农民的所得方案"、"第二阶段农地改革方案"、"农产运销改进方案"等政策。

5. 发展生态农业阶段(1991 年至今)

为了适应贸易自由化及重视自然生态保护的世界趋势,1991 年颁布"农业综合调整方案",强调从人力、土地、市场、技术、组织、渔业、福利及生态保护等方面发展生产、生活、生态农业。1998 年实施"跨世纪农业建设方案",施政目标为"发展效率与安定的现代化农业、建设富裕与自然的富丽农渔村、追求有信息与尊严的农渔民福祉"。

现在,台湾基本完成了过去重视"量"的增加而转向"质"的提升,将农业发展与农民生活水平的提高、农村环境的改善相结合,实现"生产、生活与生态"的良性循环。[①]

(二)台湾蔬菜水果产业

台湾的水果种类繁多,主要有香蕉、菠萝、木瓜、莲雾、椰子、槟榔等,堪称"水果王国"。台湾早期的农产品发展着重于生产技术的改进,目的是提高农林牧渔各类农产品的质量,以解决人口迅速增加所带来的粮食供应问题并出口赚取外汇。20 世纪 60 年代后期,台湾经济整体发展,人民收入增加,对于蔬菜水果等副食品的需求上升,每当季风来袭,供给大量缩减,供需的季节性变化就很容易造成"菜土菜金"现象。经过几年的发展,台湾蔬菜水果的产量不断上升,2006 年,台湾水果产量为 274.4 万吨,蔬菜产量为 216.3 万吨,分别占台湾农产品总产量的17.95% 和 11.68%。果品和蔬菜在整个农产品产量中也占有了相当的比重。从台湾的水果和蔬菜类的农产品产量和产值在 2006 年的时候达到了一个高峰,最近几年蔬菜水果的产量虽然有所下降,但总体保持在 250 万吨水果和 200 万吨蔬菜的水

① 孟京生. 关于借鉴台湾农产品流通先进经验完善大陆流通体系的思考[J]. 商业经济,2011,(6):23 - 25,34.

平(见表 3.7 和图 3.4)。

表 3.7　2006—2009 年台湾水果、蔬菜的产量　　　　　　单位:万吨

	2006	2007	2008	2009
农产品	1528.7	1478.6	1436.2	1374.4
水果	274.4	265.4	257.8	246.7
蔬菜	216.3	196.0	207.1	208.7

资料来源:2009 年农业统计年报,台湾行政主管机关农业委员会编印。

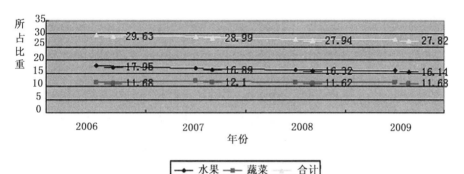

图 3.4　2006—2009 年台湾水果、蔬菜产量占农产品总产量的百分比
资料来源:2009 年农业统计年报,台湾行政主管机关农业委员会编印。

　　但是,台湾的农产品生产也呈现了区域之间的不平衡。以蔬菜为例,2009 年台湾各种蔬菜的生产面积达到 15.2 万公顷,产量达到 266.7 万吨。虽然台湾各县市都有蔬菜生产,但商品化蔬菜的生产则是集中在中南部一些县市(见表 3.8)。若将台湾各县市区分为北部、中部、南部、东部以及澎湖五个地区,并且将各个地区的蔬菜生产的产量与同地区的人口分布进行比较时,如表 3.8 所示,台湾中部地区生产蔬菜的产量占总产量的 59.22%,人口只占了总人口的 25.09%,反之,北部的情况就与中部的情况相反,人口占了 44.26%,但是蔬菜产量只占总产量的11.01%。由此我们可以看出,台湾中部地区蔬菜生产有剩余,北部的蔬菜生产严重不足,所以中部的蔬菜需要往北部流通。南部和东部地区基本上能够自给自足,离岛的澎湖县蔬菜产量占 0.1%,人口占台湾总人口的 0.4%,也不能够满足蔬菜的需求量,大部分也需要从外部运入蔬菜。

表 3.8　台湾蔬菜产量与人口地区分布情况

地区	产量(公吨)	百分比(%)	人口数(人)	百分比(%)
北部	229714	11.01	10134266	44.26

地区	产量(公吨)	百分比(%)	人口数(人)	百分比(%)
中部	1235734	59.22	5745427	25.09
南部	562158	29.94	6347644	27.73
东部	57214	2.74	575591	2.52
澎湖	2027	0.10	92458	0.40

注：北部地区包括台北县、宜兰县、桃县、新竹县、台北市、基隆市、新竹市；中部地区包括苗栗县、台中县、彰化县、南投县、云林县、台中市；南部地区为嘉义县、台南县、高雄县、屏东县、台南市、高雄市、嘉义市；东部地区为台东县、花莲县。

资料来源：2009 年农业统计年报，台湾行政主管机关农业委员会编印。

同时，台湾根据自身的优势和国际市场的变化，主打优势特色农产品，并且不断扩大出口。2002 年，台湾农产品出口额达 31149 亿美元，其中出口到日本、香港和美国的就达 2116 亿美元。2004 年，台湾农产品出口 3515 亿美元。2007 年，中国大陆就成为台湾地区农产品最大的出口市场。台湾农产品出口大陆的金额从 1997 年的 1456 万美元，逐步增加至 2009 年的 3164 亿美元，占台湾农产品出口总额的 23%，增长了近 25 倍。[①]

二、台湾农产品销售体系

台湾的特点是人多地少，以家庭为单位的小规模农业生产方式。台湾形成了以批发市场为主渠道、以拍卖制为特征的农产品市场体系。[②] 蔬菜、水果等鲜活农产品实行自由流通，批发市场是鲜活农产品流通的主要渠道。主要畜产品、禽、蛋、奶等的流通，基本上由农产品加工业垄断资本控制，加工程度高，经过初次的加工处理之后直接进入加工厂，再加工之后分散到零售超级市场。生猪交易的情况比较特殊，生猪在台湾农产品中产值排第 1 位(占 24%)，为了公平有效地进行交易并符合卫生条件，台湾采取了生猪拍卖交易的方式。[③]

台湾一向采取自由市场的经济制度，农产品可以自由流通。台湾农产品的运销制度主要有以下几种类型。下面对这些运销制度及其演进作具体的分析。

（一）自由市场流通制度

所谓自由市场流通制度是指农产品从产地开始，可以经由各种运销系统自由

---

① 祁胜媚等. 台湾地区农产品运销体系的建设经验与启示[J]. 世界经济与政治论坛，2011，(3)：146 - 159.

② 郑素利. 安徽省农产品流通体系建设研究[D]. 安徽农业大学，2007.

③ 郑鸿潦. 台湾农业合作社的发展[J]. 新疆农业科学，2010，(47)：258 - 266.

流通到消费地。台湾的稻米、杂粮如大豆等类、蛋类、油脂作物类如花生等都是采取的这种制度。这些产品的交易并没有集中交易的批发市场,通常只有产地市场与零售市场之分,价格由市场的供给与需求共同决定。

这种制度的演进具体以稻米的演进为例,主要表现在三个方面:一是米行和农会扮演的角色由传统的加工(碾米)演进为加工兼包装配销的职能;二是专业的零售米店逐渐消失,由超市、便利商店以及社区杂货店等取代;三是形成了品牌,各品牌之间也出现了价格的差异。总之,农产品流通中的转手次数减少了,加速了农产品的流通速度。

(二)通过"农产品批发市场"的流通制度

台湾自日据时代起,在各地区就有农产品批发市场的设置,二次世界大战之后,这种批发市场的交易制度仍在使用,目前在台湾扮演着生鲜农产品"集中"与"分配"的均衡的场所。以台湾的果蔬批发市场为例,具体介绍通过"农产品批发市场"的流通制度的演进。

台湾的蔬菜水果市场体系建设经过几十年的发展演变过程,形成了市场运销制度:批发市场运销制度、共同运销制度、直接运销制度。市场体系的管理上也重视管理规划。

台湾的蔬菜流通之路,近几年在共同运销以及零售现代化等方面有了显著的进步。早期的蔬菜运销的通路及现阶段蔬菜的运销通路如图 3.5 所示。[①]

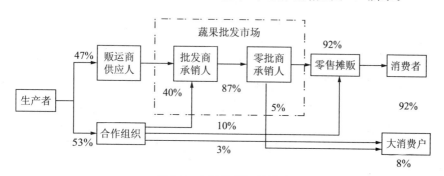

图 3.5　台湾蔬果运销通路

与早期的果蔬流通相比,现阶段的果蔬流通主要有两个方面的不同:一方面是过去的果蔬的运销流通全部由运销商掌控,没有共同运销的通路。现阶段的加入了农会合作社的通路,这不但对市场价格的形成有制衡作用,同时也使得流通

①　许文富. 农产运销学[M].台北:正中书局,2003.

环节有所减少;另一方面是都市地区超市蓬勃发展,逐渐取代了传统的市场小菜贩,零售规模扩大,效率也相应地提高了。

（三）农民团体的共同运销制度

台湾自 1973 年起,由农政单位发展果蔬共同运销,进而推广到毛猪、鱼货以及蛋类等产品。由乡镇农会、农业产销合作社及合作农场承办。早期的共同运销是农民团体在产地集货之后运到公共设立的批发市场进行出售。随着零售超市化的进展,目前许多水果蔬菜、鱼货、蛋类等共同运销的货物已经运到超市进行销售,逐渐形成了一种新的流通制度。

（四）台湾农产品运销体系

台湾农产品的运销大致可以分为两个阶段。

第一阶段是 20 世纪 70 年代以前,台湾对农业实行管制政策,市场管理归属于财政机构。1947 年颁布市场管理规则,规定果菜应在公有市场内批发交易,设立中介人代客买卖,按成交货值总额的 3‰ 提取管理费缴库。当时由政府设置并直接管理市场的目的,是为了增加地方的财政收入。在此期间,台湾形成了行政化计划流通和市场化自由流通两种截然不同的并行运销体制:一是委托运销,即所谓"行口"制,如蔬菜生产者或委托人,将产品由产地运往消费地交由"行口"代售,待完成交易扣除代售手续费和佣金,其余货款交予货主;二是行政机构与农民组织联合运销,如水果运销合作制。[①]

第二阶段是 20 世纪 70 年代以后,以批发市场为主导的运销体系逐渐确立,农产品流通组织形式越来越多元化,并趋于完善。1972 年,台湾开始执行为期九年的"加速农村建设计划"。1973 年,制定了"农村发展条例",提出了一系列新的农业经济政策,通过投资直接或间接加强农民的生产意愿。与此同时,开始重视农产品运销方面的问题,着重发挥批发市场在产销制度中的功能。1982 年 9 月公布实施了"农产品市场交易法",1983 年、1984 年、1986 年分别对有些条文进行修订,使"农产品市场交易法"更趋完善。之后陆续制定了"农产品批发市场管理办法"、"农民团体共同运销辅导奖励监督办法"及"农产品分级包装标准与实施办法"等一系列制度和法规,使台湾的农产运销逐渐走上了法制化的轨道。1985—1994 年,台湾农业实施新的"农产运销改进方案",进行了改善农产品运销的 10 项重点工作,包括:兴办、搬迁、扩建一批果菜、鱼、花卉市场和肉品电宰场,充实市场的冷藏库工程;改进市场经营管理与交易制度;加强辅导农民组织共同运销等。

① 王庚,孙同强.“新网工程”视角下的农村流通体系建设[J].湖北经济学院学报(人文社会科学版),2012,9(2):42-44.

此外,从 1987 年起,农产品市场信息服务全面以电传视讯系统取代传统电传打字机系统,大幅度扩充了市场信息的传播面。大体看来,台湾农产运销体系从 20 世纪 70 年代初以来,经过了批发市场的传统运销、共同运销、产销基金会以及直销等类型,在几十年的发展过程中,农产品市场体系、流通中介组织、市场制度日益完善和成熟,建立了以农会、产销班、合作社、加工运销企业等多种流通中介为龙头的农产品运销体系。[①]

为了促进农产品市场体系建设,台湾努力健全农产品交易法律法规,同时建立了专业的产销制度,在各主要农产品产地辅导设置专业产销班,为提高农产品流通的速度和效率提供了可以借鉴的经验。台湾省政府在 1970 年核定《改进农产运销方案》,改建蔬菜的产地和消费地批发市场,《筹设全台性农产运销公司方案》于 1974 年建立。[②] 当前台湾农产品的主要运销渠道可以通过图 3.6 表示。

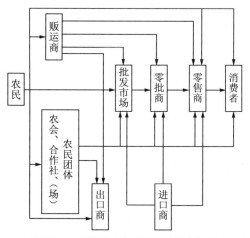

图 3.6　台湾农产品运销渠道示意图
资料来源:杨俊亮. 台湾的农产品运销[J]. 北京市农业管理干部学院学报,1999,(2):45—47.

从图 3.6 中我们可以看出,台湾农产品运销的渠道主要包括了生产者、贩运商(集货商)、批发商、零批商、零售商,以及消费者这几个环节。农产品从农民手中可以直接卖给贩运商,再通过贩运商销售给出口商、批发市场、零批商、零售商最终到达消费者手中;农民也可以直接卖给批发市场、零批商、零售商;或者农民

①　赵一夫. 我国生鲜蔬果物流体系的发展模式与重点——以台湾发展模式为参照[A]. //我国农产品物流产业发展模式与质量控制体系研究[C].北京:中国农科院农业经济与发展研究所,2006-2007.

②　卢凌霄. 台湾农产品运销的发展及启示[J]. 中国蔬菜,2007,(10):44-45.

可以通过农会、合作社、农民团体等组织进行销售。其中农会、合作社、农民团体、贩运商、批发市场、零批商、零售商等都可以称作是农产品流通组织。

台湾的农产品营销实行政府控制下的市场交易，流通渠道多元化，交易方式多样化，农产品流通主要通过批发市场、超级零售市场和拍卖交易市场三条渠道进行。①

三、台湾农产品价格形成机制：拍卖

台湾在"农产运销改进方案"实施过程中建立了先进的农产品拍卖制度。

（一）拍卖市场的物流组织

拍卖市场的物流组织一般都有以下特点：（1）在物流主体上实行供应人和承销人制度。即买卖双方分别依法登记为供应人和承销人，在同一市场供应人与承销人不得互兼。供应人承销人均编以代号以便书写传票，输入电脑，统计业务，结算贷款。（2）在物流程度上实行供应人委托市场代理销售与结算制度。承销人进场须带承销章、承销帽和入场证。（3）按照不同类型货品采用不同拍卖作业方式。主要有"人走货不走"和"货走人不走"两种。果菜拍卖大多采取"人走货不走"的方式，即货品按种类分区集中码放，各区设电脑拍卖机拍卖该种类货品，承销人在各区分别参加所需货品的拍卖。生猪等产品的拍卖采取"货走人不走"的方式，即专辟拍卖大厅，承销人入席就坐，并操纵座位上的电子装置发出竞买信号；货品则通过传送系统逐件进入拍卖台，成交后一并由承销人领走。（4）拍卖场内各类人员区分明确。果菜市场内人员最为复杂，拍卖现场有蔬菜承销人；水果承销人；拍卖员；临时雇用的搬运人员。这些人员分别戴黄、蓝、桔、紫等颜色帽子加以区分。1～3名拍卖员与1名理货员搭配为一个作业小组。承销人每次采购货品后由搬运人员装手推车，经核对并贴允许出货标签后，一并送到停车场装车出场。（5）拍卖的货品（主要是果菜、花卉）都要事先经过分级、包装或其他加工，具有一定的规格化、标准化程度。省农政机关和农产运销公司制订了相应的分级包装规格标准，包装上必须注明供应代号、货品名称、净重、件数、等级、规格、收货人、包装日期等。目前台北批发市场上的纸箱化程度，蔬菜为83%，水果达到99%；每件平均重量分别为24和18公斤。（6）拍卖市场设有相应的附属设施，为交易人提供服务。比如台北县肉品市场，除了设有384个席位的生猪拍卖馆以外，还有电宰场和分切场，目前日交易量的五分之一在这里屠宰。（7）市场通过与供应人的契约关系，保持货源的稳定和均衡。供应人必须在每月25日前

① 张忠根，林坚.加入WTO的两岸农业：投资、贸易与合作[M].北京：中国农业出版社，2003.

将次月份每日预定供应果菜数量表填报市场,在送货时数量增减不能超过20%,无货时应事先通知市场。

（二）拍卖市场的信息流组织

农产品拍卖市场的信息流组织大体包括内部作业和对外报道两个方面。(1)内部信息流程。以台北果菜市场为例。该市场有7部固定式电脑拍卖机和多部移动式电脑拍卖机。拍卖机由控制盘、显示幕和印表机三部分构成。移动式拍卖机体积较小,采用无线传送讯号和充电式供电,每次充电可连续操作5小时。拍卖前,大宗货品要先编标每一批的拍卖序号,用掌上型电脑登录理货资料,传输给每部电脑拍卖机。拍卖时,在拍卖员开价、喊价和决价的同时,电脑拍卖机显示幕显示拍卖资料,包括拍卖序号、品名代号、等级、件数、重量、单价、成交人编号、成交件数等栏目。拍卖的每一笔成交结果,在现场屏幕显示的同时,信息经后台硬盘暂存后传送给各级资讯中心,并输入"交通部"数据通信所;印表机打出三联交易计算传票,盖承销章后,一联存根,一联交承销人作领货核对凭证,一联用于同产地供应人结算。(2)对外行情报道。台湾地区各主要农产品市场均设有行情报道站。行情报道站有电脑终端设备,并与"交通部"数据通信所连线,将每天的交易行情资料,如各种果菜上、中、下价格、平均价格、成交量及总成交量、总平均价格、市况分析等,输入中文电传视讯系统资料库内。各市场从该资料库内取得各地行情信息,提供业者及编制运销统计月报、年报等参考。

台北果菜市场由台北市市场管理处、省农会、省农联社、青果运销合作社及该公司的代表,共同组成评审小组,在拍卖前评定拍卖底价。在拍卖完成后,把当天交易情况编制行情表,供各界索取,并通过电视、广播、报纸及"农林厅"行情报道网发布。设有报道站的市场、农民团体或个人用户,均可直接从资料库收取资料。该公司还设产地服务小组,接受产地电话询问当天该供应人所供应货品在该市场拍卖的价格,并提供有关其品质、市场需求状况等各种情报,作为产地改进分级包装、决定出货数量等的参考。

除了日常的动态行情报道,拍卖市场还编印发行定期刊物。比如,台北花卉市场免费发行出版半月刊"花讯",报道本期行情,并将供应人的不良行为记录和承销人误拍统计公布"曝光"。

四、台湾农产品物流体系

相对来说,台湾的农产品流通模式是具有一定优势的物流流通模式。张旭辉(2008)分别比较了美国、欧盟、日本、台湾地区和中国的物流要素和物流模式,认为台湾的生鲜蔬菜水果的物流模式综合得分比较高,值得大陆学习(见表3.9)。

表 3.9　主要国家或地区生鲜蔬菜水果物流模式综合评价与比较

	物流要素得分	物流模式运行得分	综合得分	评价等级
美国	0.868	0.918	0.864	优
欧盟	0.914	0.754	0.809	优
日本	0.849	0.879	0.866	优
台湾地区	0.8	0.847	0.823	优
中国	0.492	0.624	0.625	及格

资料来源:张旭辉. 我国农产品物流模式的比较[J]. 经济导刊,2008,(6):61-62.

台湾农产品经过不断的发展,农产品电子商务流通的模式也开始起步。台北县农会去年开始构建农会超市联合采购系统,即通过因特网把供应商、联合采购中心、区域中心和所辖超市联系业务网络化、电子化,开展农特产品电子商务(B2B)。目前已有特别区域中心的 9 家农会超市实现网上订货采购,初步达到了降低成本、提高效率的目标。台北县农会还建立农产品 B2C 电子商务网站,提供具有乡土风味和地方特色的农特加工产品供客户上网点选。在线订货从 2000 年 9 月的每天 5 件,经过 1 年的发展每天的在线预订量达到了 25 件,预计再经过一年,可达到 50 件,营业额 6 万元新台币,实现保本。在农委会辅导下,云林县西螺镇汉光果菜生产合作社于 1999 年建立网站向消费者提供即时果菜产销信息,通过网络下单订购所需产品的服务。

台北县农会和汉光合作社探索电子商务取得了一些经验。第一,先商务后电子。台北乡农会开办购物中心,运行十年,转制为超级市场,又运行十年,从事商品流通有丰富经验,并已形成成熟的商务体系,进行信息技术改造升级见效比较快。第二,商品标准化是网上交易的前提。台北县农会网站主要提供加工制品,商品包装化、条码化、特色化,消费者容易认知其内在质量和标准。

五、台湾农产品质量保障体系

台湾建立了严格的农产品质量保障体系。一方面,台湾加强田间和流通环节的农药残留检验工作;另一方面,台湾制定了完善的农产品履历制度(追溯制度)。

(一)农药残留检验体系

台湾的农产品质量安全管理部门职责明确,体系健全。台湾农产品质量安全管理分别由"农业委员会"、"卫生署"和"标准检验局"三个部门负责,各部门之间职责明确。农产品进入市场销售前的检验工作由"农业委员会"负责,市场销售农产品的检验由"卫生署"负责,进口农产品的检验由"标准检验局"负责。"农业委员会"下设农业实验所和农业药物毒物研究所,负责全省的农药安全管理工作;在全省设有 8 个农药监测中心,14 个农药检测站;同时在各乡农会、合作社、合作农场、果菜市场、超市设置农药残留生化检验站 80 多个。根据缪建平(1998)对台湾蔬果市场体系建设的考察,按部门职责将台湾农药残留检测体系划分如表 3.10 所示:

表 3.10　台湾省蔬菜水果农药残留检验体系

体 系	农政体系	卫生体系
检验对象	上市前蔬菜、水果	上市后蔬菜、水果
检验方法	复残留化学检验法	复残留化学检验法
每年检验件数	约一万件	约一千五百件
安全评估依据	残留农药安全容许量	残留农药安全容许量
检验目的	农民安全用药教育	农产品中农药残留检测
处罚依据	农药管理法	食品卫生管理法
主办单位	农业药物试验主办单位	卫生药物食品检验主管单位

(二) 农产品产销履历制度

台湾的"农产品产销履历制度",又称"优良食品身份证制度"、"农产品 TAP 验证标章制度"。在实施运行中,经历由"产销履历"向"TAP 验证履历"的变化过程。因此,台湾农产品产销履历制度(TAP)＝良好农业规范实施及验证(GAP)＋履历追溯体系(Traceability)。

台湾地区带有产销履历标章的农产品,不仅可以从"农产品安全追溯信息网"查询到农民的生产纪录,也代表验证机构已经亲赴生产现场确认农民所记是否符合所做、所做是否符合规范,并针对产品进行抽验。而每一批产品的相关纪录也在验证机构的监控下,一有问题就会马上处置,确保食品安全。

"农产品生产及验证管理法"发布后,台湾行政主管机关、"农委会"随即在不到 4 个月的时间内陆续完成"农产品生产及验证管理法施行细则"、"产销履历农产品验证管理办法"、"优良农产品验证管理办法"、"有机农产品及有机农产加工品验证管理办法"、"进口有机农产品及有机农产加工品管理办法"、"农产品验证机构管理办法"、"农产品标章管理办法"及"农产品检查及抽样检验管理办法"等 8 项规章,建立相关法制配置。

1. 履历记录的内容

农产品经营业者生产产销履历农产品所需的生产原料与资材,均须正确记录其物种、品名、供应者、取得时间、供应批次及原料批号或追溯码。

根据农产品生产操作事实,逐批详实记录作业时间、原料使用、作业流程与内容、制品出货时间及数量,并填写各批次产品风险管理表、查核表与其所附凭证、基本数据及验证记录等。

农产品加工及流通经营业者依据操作事实,逐批记录加工场所基本数据表、原料与资材取得纪录表、加工履历纪录表、出货纪录表、各种检验分析表、贩卖场所基本资料、贩卖场所贩卖过程纪录表等。

记录的保存期限:验证机构的相关纪录及文件应保存三年,农产品经营业者产销履历的相关纪录应至少保存一年。

2.履历记录载体

产销履历所使用的信息工具,主要为"农委会"所提供的产销履历信息系统(http://taft.coa.gov.tw)。该系统包括有核心数据库,以及根据不同产业特性所设计的子系统,如农粮系统、禽产系统、畜产系统、渔产系统等,供业者输入产销履历数据(李形宗,2008)。

台湾的农产品市场交易的安排是建立在严格的科学统计预测的基础上的,从产前发布信息指导种植开始,到种植之后的面积统计和产量预测,再到市场安排(如对农产品批发市场的管理与安排)都有严格依据。所以台湾能够比较准确地控制价格,一般不会出现谷贱伤农的情况。当然,市场的种植计划都是指导性的,不做硬性的要求,农民有权根据自己对市场的判断而行动。市场指数通过资讯和新闻传媒加以引导。因此,台湾的农产品流通是一种高效的流通方式。

第三节　海峡两岸农产品流通体系比较与借鉴

一、大陆农产品流通体系的组织形式

农产品流通体系是指与农产品流通相关的各个要素相互作用、相互联系而构成的一个有机整体。这些要素可以分为三类:渠道体系类要素、流通载体类要素、规范与支撑类要素(见图3.7)。渠道体系类要素主要指农产品流通主体及其相互之间的关系。农产品流通主体具体包括市场和农产品流通中的各类中介组织,如农产品流通龙头企业、代理商、农产品流通合作社、农民协会、经纪人队伍、批发商、贩运商、零售商等。流通载体类要素是指从事农产品交易的各类市场,如批发市场、期货市场以及零售市场,也就是农产品流通的客体。规范与支撑类要素主

要指确保农产品产销通畅的信息保障与政策支持。

不同流通体系基本要素之间是相互联系的,并交织复合在一起,构成农产品流通体系的基本框架。渠道体系类要素与流通载体类要素之间存在着相互联系,任何一种渠道模式的交易过程,都离不开完成交易的物质承载者(市场);而流通载体的发达程度,又会影响到农产品流通渠道模式的选择。流通载体的发展以及流通渠道模式的革新都会受到信息技术水平、政府相关法律法规、基础设施发达程度等规范与支撑类要素的影响和制约,同时流通载体的发展以及流通渠道模式的变化也成为规范与支撑类要素进一步优化、完善的重要依据。①

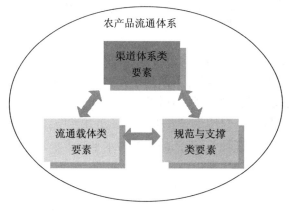

图 3.7 农产品流通体系的基本框架

随着改革开放和市场化进程的不断推进,我国农产品流通领域的市场化程度已经达到较高水平,已初步形成了由集贸零售市场、地区性批发市场、国家批发市场组成的种类齐全、覆盖全国的农产品市场网络体系,如图 3.8 所示。

二、农民专业合作社的兴起与我国农产品流通

1987 年以后,大陆农产品市场时常会出现积压滞销的现象,农民增收的主要矛盾从农产品生产领域发展到流通领域。学术界开始重视对农产品流通领域的研究,并且很多学者认为创立农产品领域农民专业合作社是帮助农民进入农产品流通领域的有效途径。

(一)流通领域农民专业合作组织的发展

我国学者一般将我国流通领域农民专业合作社的发展分为三个阶段,改革开

① 汪旭晖. 农产品流通体系现状与优化路径选择[J]. 改革,2008,(2):83-87.

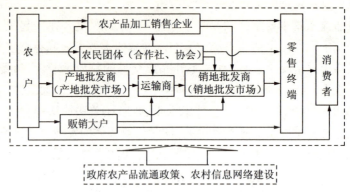

图 3.8　我国现行的农产品流通体系

放初期至 20 世纪 90 年代中期为萌芽阶段;20 世纪 90 代中期至上世纪末为第二阶段;本世纪初至今为第三阶段。下面具体介绍这三个阶段发展的特点。

萌芽阶段:改革开放初期,我国农村实行的家庭联产承包责任制,使农产品产量得到很大提高。在这一时期由于农产品属于卖方市场,农业的主要矛盾并不在销售环节而是存在于生产环节,较低的生产力水平与人民对农产品的需求大幅提升是当时农业的主要矛盾。所以在改革开放初期,农民专业合作社的发展缓慢,流通领域的专业合作社几乎没有成立。1983 年中央 1 号文件《当前农村经济政策的若干问题》中提出,"适应商品生产需要,发展多种多样的合作经济"。在中央政府的引导下全国的农民专业合作社数量有所增加,农民的服务需求也多方面得到满足,但这一时期成立的农民专业合作社大多属于生产领域的技术合作社,而流通领域的合作社仍然不多。

1993 年中央出台 11 号文件《关于当前农业和农村经济发展的若干政策措施》,这是关于农民专业合作社管理和服务的实质性措施的文件,促进了我国农民专业合作社的发展。但是由于当时我国农业生产力落后,市场经济制度并不完善,农民专业合作社理论缺乏,政府对农民专业合作社的支持较少,所以流通领域农民专业合作社的数量还是不多,活动内容也较为单一,主要是以技术合作与交流为主,并且合作社成员间的合作大多局限于社区范围内。

第二阶段:这一阶段流通领域农民专业合作社的数量有所增加。随着农业科学技术的发展,粮食作物、经济作物、养殖业的产量大量增加,农民生产的农产品商品化率也大幅提高,市场上出现了大量的农副产品需要销售,农产品市场供过于求的情况使广大农民在农产品销售环节受到损失,这就形成了流通领域农民专业合作社建立的市场需求。为适应农产品市场的新变化,1998 年中央政府出台 2

号文件《农业和农村工作意见》,文件中提出"要发展多种形式的联合与合作。农民自主建立的各种专业合作社、专业协会以及其他形式的合作与联合组织,多数是以农民的劳动联合和资本联合为主的集体经济,有利于引导农民进入市场,完善农业社会化服务体系,要加大鼓励和大力支持"。在中央的鼓励和领导下,一些主要为农产品销售提供服务的专业合作社大量兴起,而一些原有的专业技术合作社也把服务内容延伸至销售农产品方面。

在这一时期流通领域农民专业合作社的功能较为单一,大多数流通领域农民专业合作社仅仅具有农产品的销售功能。这也是由于当时人民农产品消费结构较为简单,农副产品加工技术落后,使得流通领域合作社对农副产品的深加工既没有市场,又缺乏手段。所以这一时期的流通领域农民专业合作社无法大幅度提升农产副品增加值,使得农民收入增长缓慢。

第三阶段:这一阶段是流通领域农民专业合作社深化和加速发展的阶段。在这期间,随着中央政府鼓励退耕还林、发展经济作物种植、推广特种养殖业等措施的出台,农业经济结构得到大面积调整,逐渐趋于完善。这为流通领域农民专业合作社的深化发展提供了良好的条件,使其从单一的提供销售服务发展到对农副产品深加工,增加农副产品附加值;根据市场信息指导农民种植作物的选择等。随着中国成功加入世贸组织,我国农业也面临着前所未有的机遇与挑战,也增强了流通领域农民专业合作社发展的重要性和迫切性。使得合作社在销售农产品时更加注重农产品的品质,销售方式等因素,迫使流通领域农民专业合作社实行更加系统的管理模式。

2007 年 7 月 1 日,《中华人民共和国农民专业合作社法》正式实行,这为我国农民专业合作社赋予了新的法律地位,使得流通领域农民专业合作社在经营过程中,无论是在程序上还是其权利与义务都变得更加清晰,规范了流通领域农民专业合作社的经营管理。虽然目前我国大多数流通领域农民专业合作社的发展仍然处于初级阶段,还需要投入更多人力物力以及积累更多的经验才能迈进新的发展阶段。但随着对以前发展经验的积累总结,在实践中流通领域农民专业合作社已经具有了许多新的职能,在逐步引导广大农户从农产品市场的被动接受者转变为主动开拓市场,适应市场,为广大农户的收益增加做出了一定的贡献(孙敬平,2010)。

自《中华人民共和国农民专业合作社法》2007 年 7 月 1 日正式实行以来,我国农民专业合作社发展迅猛,成为我国农业经济发展中一种新的组织形式和连接"小农户"与"大市场"的组织平台(郑丹和王伟,2011)。截至 2012 年底,全国依法在工商行政管理部门登记的合作社达 68.9 万家,入社农户 4600 万户,约占全国农户总数的 19%。

在农业部直接指导和服务下，全国 2000 家蔬菜合作社与超市进行对接试点，有效减少了蔬菜的流通环节，保证蔬菜流通的质量安全。2011 年，农超对接的蔬菜合作社已从 2000 家扩展至 1 万家。①

(二) 农民专业合作社在农产品流通过程中的作用

1. 有效地传导市场信息

农民专业合作社作为农户传达信息的载体，可以有效连接城镇零售销售系统以及农产品加工企业等市场上的主体，更好地把握市场的供需变化，了解消费者的需要。真正地使农户与市场相连，农户与企业相对接，在市场上准确地把握信息，根据市场的变化来指导农户进行生产，使农户有效避免生产的盲目性。

2. 切实保护农民的合法权益

农民专业合作社是由农民自己创办，自己管理，代表农民自身的利益。它的出现，彻底改变了农民以往在市场经济中处于弱势的地位。它是一个独立并具有法人资格的经济实体，增强了自身讨价还价的能力，改变了个体农民只能被动地接受市场价格的状态，在市场中承担着与企业相同的权利与义务。所以，流通合作社与企业之间就形成了两个对等的竞争对手博弈的状态，与企业势均力敌，在合作中能够切实维护农民自身的合法权益。

3. 提高产品质量，增加产品附加值

农户在合作社统一的指导下，安排农业生产，可以在不改变现有体制的情况下产生规模效益。合作社的职责包括对农产品质量的监督检查，推广优质农作物的播种和农业的标准化生产，农产品的质量由此得到了保证。同时，合作社可以使农户及时可靠地获得信息，通过合作社对农产品进行加工再生产，增加农产品自身的附加值。这样，既增加了农民收入，提高了农民生产的积极性，也满足了消费者的需求，促进了市场的繁荣，完善了市场体系。

4. 减少流通环节，降低流通成本

农民专业合作社除了整合资金以及农业生产性资源外，也整合了农民生活的各个领域和农业生产的各个环节。直接从事农产品流通与销售领域可以形成强大的谈判力量和规模效益，降低交易成本，保障农民的利益；另一方面农民专业合作社也可以通过组建大型农产品加工和流通公司，在当地兴办各类农产品批发市场，使合作社从单纯的农产品生产转向直接投资兴办或与其他企业合作兴办集农

① 中国物流统计年鉴[M].中国物流与采购杂志社，2010.

产品加工流通功能于一体的大型企业,并在农产品流通体系中起到枢纽作用。①

（三）农民专业合作社发展中存在的主要问题

长期以来,我国已有的各种专业协会比较重视技术服务和农业生产资料的供应问题,对农产品销售的问题关注不够。在实践中,很多专业合作社往往只是在生产的某个环节进行合作,许多合作社的规模也都很小,多是以村（或者村下面的小队）为单位组建的,注册资金和固定资产都很少,不能够很好地为农民提供服务,在农产品流通的过程中发挥应有的作用。农民专业合作社发展所存在的问题主要表现在以下几个方面。

1. 合作社规模较小,服务产品质量不高

我国专业合作社的规模小、资金缺乏、发展不够成熟,使得我国农民专业合作社只能为农户提供简单的技术指导、生产资料采购、农产品市场价格信息查询、农产品销售等服务,而无法为农户提供信用担保、资金支持、网络销售平台、海量的信息咨询、大型机械设备租赁等高质量的服务产品。

在西方发达国家,农民很注重合作社提供的销售服务,几乎所有农产品都是通过合作社进行销售。在美国平均每个农户会参加 2.6 个专业合作社;荷兰、法国有 90% 以上的农民属于某个或几个农民专业合作社成员;几乎所有丹麦农民都参加专业合作社,平均每个农户参加 3.6 个合作社;而我国加入农民专业合作社的农民只有农业人口的 10% 左右,这表明,我国农民专业合作社的规模远远低于发达国家,还需要更进一步的发展。②

2. 经营制度不完善,缺乏专业人才

目前,我国农民专业合作社的经营制度存在很多缺陷。第一,农民专业合作社创立主体混乱。我国大多涉及农产品流通领域的农民专业合作社是由乡镇政府、农业的相关部门、供销社、科技协会、农技站和一些农产品加工企业等组建的,真正由农民依据自身需要,自己组建的合作社为数不多,使得大多数创立合作社的主体不是农民,这违背了合作社由农民自己创办,自己经营管理的原则;第二,农民专业合作社存在股权集中的现象。股权集中使得大股东在合作社做决策时拥有决策权优势,造成最终决策更多的体现出大股东的权益;第三,没有完善的运营体系。不同类型的合作社之间信息交换少,相对封闭,形式上看仅仅是将小农户变成大农户。从全国流通领域农民专业合作社角度看,合作社得不到资源共

① 杨晓宇. 农民专业合作社在农产品流通中的作用——以黑龙江省为例[J]. 科技创新与应用,2012,（2）：207.

② 茆志英,安玉发. 安徽省农产品流通情况调查[J]. 调研世界,2011,（6）：37-40.

享,在经营中只有竞争,没有合作,所以还是会使农业生产存在一定的盲目性。

3. 管理人员缺乏,管理能力不足

现阶段我国几乎所有的农民专业合作社成员都是由农民组成,大多数合作社的领导者也是由普通农民担当,没有接受过专业的培训,不能利用现代管理技术经营管理合作社。

三、大陆农产品流通体系的主要模式及存在的主要问题

(一)传统流通渠道不能适应现代农业的发展

以农贸市场为特征的传统销售渠道由于受制于时间与空间的限制,以及消费者消费需求的不断变化,这种传统的模式已经越来越不能够适应现代农业的发展。以批发市场为销售渠道的农产品流通占据着重要的位置。由于市场运作中存在的不规范做法以及基础设施的落后,批发市场交易效率较低。而且由于进入市场的大多数农户的规模比较小,从而增加了交易的次数和交易成功的难度。以贩销大户为中介农产品销售也存在农民由于信息不对称,导致在与贩销大户交易中处于劣势。

"公司＋农户"模式中由于公司与农户之间的关系基本上是一种简单相加的关系,是两个不同的利益集团,因此当前"公司＋农户"发展所面临的问题是缺乏有效的利益联结机制和风险制约机制,双方的契约约束力弱,公司不便于对农户进行监督管理,影响到合作的基础,很难保证在市场波动时公司有稳定的货源、农户有稳定的销路。以合作社为中介的农产品流通由于我国农业合作社类组织发展过程中存在的规模小、实力弱以及合法性等问题,合作社对权力结构过度倾斜的矫正能力是有限的,渠道权力仍然偏向龙头企业,农民的利益仍然很难保障。

(二)批发市场发展现状以及问题

虽然我国的农产品批发市场在数量和交易量上已经具备了相当的规模,但是迄今为止,大多数的批发市场在技术支持、规范与标准的完善、组织化与市场化程度等很多方面都存在不尽如人意之处。首先,在宏观数量分布方面缺乏合理的规划与配置,批发市场的建设存在盲目性。这主要表现在两个方面:第一,东部地区和中西部地区分布不均,在大型批发市场的分布上尤其如此。第二,产销批发市场分布不均衡。这种不平衡会增加流通的成本、降低流通的效率。其次,规范化、标准化的程度低。就目前来看,国内的批发市场尚未从集贸市场中"脱胎",绝大多数农产品批发市场经营服务设施简陋、基础服务差、标准化程度低。再次,组织化程度低,主体定位不明确。目前,我国农产品批发市场上主要是购销大户和农户,购销大户几乎占到 70%,而代表农民整体利益的中介组织(如合作社、协会

等）很少，并且很不专业化。再者，同现代物流的衔接存在缺口。国内的批发市场还没有形成产业链的规模，与上游生产环节和下游销售环节一体化程度不高。

（三）拍卖批发市场交易的初步发展

早在1994年，拍卖制就已经开始在国内试水，在全国的水产品批发市场和水产品交易中心广泛展开，但由于缺乏相关的宏观政策的支持以及运作管理经验的不足，拍卖制在农产品流通体制中发展缓慢。2004年，随着国家对农产品流通的重视，拍卖制开始重新走进人们的视线。农产品拍卖市场由最初在东南沿海城市的试点，逐步向中西部推广，带有先进管理经验的外资开始介入农产品拍卖市场。但经过几年的发展，由于缺少交易法规和制度的规范、市场主体的不成熟、拍卖方式的不合理、拍卖设施的落后以及其他功能的不完善，农产品拍卖交易模式在中国目前仍没有较好的实践经验。

（四）农产品流通信息化建设滞后

由于农产品流通信息体系建设滞后，农户生产和销售都缺乏科学的信息指导，具有适应市场的超前性、技术性和权威性的信息，一般很难及时准确地传递给农民。即使是政府网站发布的农产品信息往往也过于宏观，缺少与生产的有效对接。在一些距离城镇较远的农村、贫困地区和山区农民获取的信息就更少，所以产销脱节情况非常严重。再加上中国农产品资源本身就存在地域上的不平衡，农产品资源不能够合理配置，一些地方"谷贱伤农"，而一些地方却"供不应求"。

（五）农产品流通政策不健全

由于我国农产品流通体制改革正处于反复实践、不断总结经验的探索过程中，许多制度尚不成熟，因而农产品流通的具体法律制度还未系统建立。首先，没有对在渠道体系中处于中介位置的农村合作社、农业协会以及经纪人给予明确的法律定位与约束。其次，农产品市场、农产品交易规则缺失，迄今为止我国还没有颁布一部完整的农产品市场流通交易法。现行的许多市场规则又残缺不全，有些甚至相互矛盾，从而造成有法不依、执法不严，削弱了法规的有效性和严肃性。

四、台湾农产品流通体系的主要模式

台湾的蔬菜、水果市场体系建设，在市场机制下运作几十年来，有一个发展演变过程。大体可分为三个阶段：第一阶段是1952年至1972年，主要实行委托运销制和公营机构与农民组织联合的运销制度。第二阶段是1973年至80年代末，实行经过批发市场的传统运销方式，主要采取共同运销、合作运销等运销方式。第三阶段是从20世纪80年代末开始，由于城市统一连锁店的出现，新的零售方式开始带动探索现代化的农产品直销方式。现阶段，台湾农产品流通的模式主要有共同运销模式、农产品直销模式以及现代农产品流通模式。

（一）农产品共同运销的模式

共同运销也称为合作运销，是指农民团体共同办理运销，即通过农民合作组织将生产的农产品集中组织运销供应。为了解决小农生产方式下生产零星分散和大市场需求的矛盾，台湾注意发挥农民团体的作用，鼓励他们办理共同运销，使分散的个体农民获得一定规模和有序销售的能力。自 1973 年开始，台湾由农政单位发展果菜共同运销，后来推广到毛猪、鱼货及蛋类等产品，由乡镇农会、农业产销合作社及合作农场承办。

为了鼓励农民团体办理共同运销，台湾"农产品市场交易法"和"农民团体共同运销辅导奖励监督办法"，对农民团体办理共同运销的方式、参加的对象、优惠政策、经费管理等均做出了规定。如：共同运销的方式分为以供应再贩卖或以加工为目的的批发市场交易和以供应直接消费为目的的零售交易两种；参加者以该农民团体的会员为限，货源以农民直接生产者为限；农民团体应与参加共同运销的成员及农产品批发市场建立合同，形成产销的相互关系；农民组织应邀请参加共同运销的农民代表组成运销小组，加强民主管理；批发市场对农民团体办理共同运销的农产品应优先处理；办理共同运销所需土地视同农业用地，免征印花税及营业税等，这些规定鼓励和规范了共同运销的发展和运作。

在共同运销的基础上，台湾农业界和学术界因应国际市场的变化需求，在 90 年代末开始提出并推行农业策略联盟的概念。①

组织农业产销班是台湾农产品市场体系建设的一大特色。共享销售渠道，共担质量责任，这既是制度化的农业推广教育组织，又是现代化农业产销辅导和实施体系。台湾于 1992 年 1 月制订颁布了《农业产销经营组织整合实施要点》，成立了蔬菜、水果、花卉、毛猪、肉鸡、鸡蛋和水产养殖 7 个专业的产销经营班。主要工作内容除提供技术培训外，还开展蔬菜的销售、办理小包装的产销一元化直销，辅导产品展示促销、开拓市场。产销班的领头人很多是市场营销的能人，头脑活，门路多，有明显的带动作用。班内共同运销的货品，包装物上都有明确的标识，一旦出现质量安全问题，可以迅速准确地判定货品生产者，追溯源头，并追究全班的"连带"责任。②

（二）农产品直销模式

农产品在流通的过程中，由于传统的批发市场运销方式中间环节过多，中间

① 赵一夫. 我国生鲜蔬果物流体系的发展模式与重点——以台湾发展模式为参照[A]. //我国农产品物流产业发展模式与质量控制体系研究[C].北京：中国农科院农业经济与发展研究所，2006－2007.
② 黄璋全，陈志强.台湾农产品市场体系建设的特点[J].海峡科技与产业，2007，(2)：46－48.

层次费用过高,从而导致农民最终获得的收益所得较少。为了减少农产品的中间流通费用,使农民增收、消费者受惠,20世纪80年代中期起,台湾开始探索直接销售模式。

农产品直销运销是指农会或者农业合作社在农产品产地收集农民的零星产品之后,直接运送到农产品的配送中心或者运送到农产品的包装中心进行简单的分级处理及小型包装之后再通过超市直接售卖给消费者的运销模式(图3.9)。

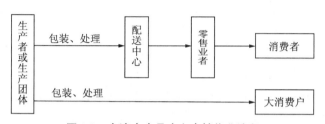

图3.9 台湾农产品广义直销作业流程

农产品直销的模式就是产地生产者将货品直接供应零售业或消费大户,通常农民团体投资建立小包装处理中心或配送中心,将生产的农产品包装处理后直接运销供应消费地零售业者、超级市场或连锁零售业包装配送中心及消费大户(如机关团体、学校、部队等集体伙食单位),跳过批发市场阶段,达到减少运销层次和所有不必要的中间费用、缩减运销差价,使生产者能直接从零售价格中取得合理利润的目的。[①] 据台大农经系研究资料介绍,采取直接运销方式,农民销售蔬菜,可以得到零售价的54.6%,运销费用只有45.4%,比传统运销方式提高23.8个百分点。农民销售水果所得:直接运销是70.73%,批发市场运销方式是38.42%。因此,采取农产品直销的方式有助于实现降低流通费用,让农民多获利。

五、台湾农产品流通的有益借鉴

现代农产品流通模式应该是绿色高效的农产品流通的模式。为促进农产品流通体系的建设,近年来台湾努力健全农产品交易法律法规,在建立专业产销制度,在各主要农产品产地辅导设置专业产销班,完善产销信息系统等方面取得了一定的经验,台湾农产品流通体系有以下五个方面值得我们学习和借鉴。

(一)健全农产品交易法律法规

台湾对农产品交易设立了比较健全的法律法规。为了确立农产品的运销秩

---

① 祁胜媚等.台湾地区农产品运销体系的建设经验与启示[J].世界经济与政治论坛,2011,(3):146-159.

序,调节供需,促进公平交易,保障生产者和消费者的利益,1973 年建立批发市场体制初期,就制订颁发了"农产品批发市场交易法"、"农产品批发市场管理办法"。还有与市场运作和管理紧密相关的"农会法"、"农民团体共同运销和辅导奖励办法"、"农产品分级包装标准与实施办法"、"农产品贩运商辅导管理办法"等。这些法律法规涉及到批发市场建设、管理和运行的方方面面,明确了批发市场的性质、主管机关和运作方式。正是有这一系列的法律法规支撑,台湾农产品批发市场建设和管理步入规范、有序的发展轨道。

(二)政府在政策上支持农产品流通

基于农产品批发市场是公用事业这一基本认识,台湾各级"政府"和农政部门高度重视批发市场的建设,并且给予了切实有效的支持。一是在市场土地利用上按照农业用地对待,通常由"政府"低价租让给批发商场的经营者。即使是私有土地,也先由"政府"出面征用,再转给批发市场;二是给予财政补贴。财政对批发市场"地上物"建设的支持比例大体在 50% 左右。台北第一果菜批发市场总投资 2 亿元新台币,其中由"农委会"和"台北政府"投资的公股占 45.5%;三是免税减费政策。台湾对农产品的交易实行免税,农产品进场交易的费用也很低。按照有关规定,批发市场只能收取交易额 5% 以下的手续费,在现实的运行中几个市场实际执行只有 2%~3%;四是市场建成运营后,明确由独立的市场法人统一进行市场管理,其他部门和机构不得入场干预,避免多头管理。

建立农产品信息系统也主要是通过管理职能来进行的,这也是宏观调控的一种必要手段。其作用首先是为相关人员提供市场信息资料;二是为决策提供依据。对整个农产品流通来说,正确而适时的资讯,可提高农产品过程中的营运效率,减少产销双方因寻求交易对象所花费的人力、物力,使价格更能反映市场的供需情况。农业产销资讯内容主要有两类:一类是农情报道,主要汇集有关生产、供应、存量及市场需求等信息并加以预测,属中长期信息,按月通过《农情专讯》进行发布。另一类是市场行情信息,主要以报道批发市场行情为主,每日进行汇集发布。主要报道蔬菜、水果、鱼货、家禽、家畜及花卉六大类的信息内容,行情报道系统主要通过网络进行传递。

(三)加强生产过程管理,注重农产品的品牌品质

台湾十分重视农产品的生产过程管理,把推行农产品质量认证作为保证农产品质量安全的源头和关键环节。目前在果蔬方面已经推行了 GAP(吉园圃)、CAS(优良农产品)认证,在畜牧方面推行了 ISO、HACCP 和 GMP 认证。通过质量认证,提高了农产品的安全质量,树立了品牌产品在市场中的信誉。

为解决农产品市场准入的问题,台湾在主要的农产品产地、批发市场和超级

市场均设立了农药残留检测站,对产地及进入市场的农产品实施快速检测,对于快速检测不合格的样品,再用化学分析方法进行准确定量检测。经检测不合格的样品,一律销毁,并通知生产者加强产地管理。目前台湾进入市场的主要果蔬产品均依据标准进行了分级包装,在产品包装上注明农产品名称、产地、生产者(编号)、产品等级、供应市场等。为了鼓励农民生产符合安全标准的蔬菜、水果,从1993年开始,台湾开始推行"吉园圃"标志(Good Agriculture Product),现已成为台湾消费者认可的安全蔬果主要标志。

台湾农产品在生产管理上,特别强调以下六点:一是正确使用农药,强调适时适地适种、病虫害防治和遵守安全采收三个环节;二是推行"吉园圃"标志,以产销班为对象,由各级农会加强对生产班的辅导;三是作物施药要有用药记录;四是产销班提出申请"吉园圃"标志,必须出具每个班员的产品均由检验合格的证明;五是要经过各农政部门、农会、药物所的审查和产品检测后,方可取得标志的使用资格;六是标志的有效期为一年,有关单位不定期对其产品进行抽检,若有一位班员生产的产品不符合标准要求,则取消全班使用标准的资格。目前已取得"吉园圃"标志的产销班约270多个。为进一步提升农产品的品牌和品质打下了良好的基础。

(四)严格商品和客户管理,加强市场的专业性

台湾的农产品市场管理具体而细致,对供货商有统一的编码,有完备的资料,能够清楚供货商的基本情况,并确切地知道商品的来源;对承销人实行严格的资格审查,要求承销人有良好的信用、较大的经营规模和较强的经营能力。在台北市分别有花卉、果菜、水产品的专业市场。台北第一果菜市场与台北水产品市场虽仅一墙之隔,却是两个独立的市场。

台湾的大多数农产品批发市场是以专业市场为主,不盲目求大、求全。市场经营形式依不同农产品运销、交易的不同特点和产销规律决定,便于市场实行专业化运作和现代化管理。台湾的农产品市场管理具体而细致。在商品的管理方面:要求入市商品进行分级、包装,在包装上标明供货商、品名、品级和数量等。这种分级和包装看起来只是对农产品的简单处理,却是提升农产品质量的重大变革,对于农产品大量而快速地集散是非常必要的。在对客户管理的方面:对供货商有统一的编码,有完备的资料,能够清楚供货商的基本情况,并确切地知道商品的来源;对承销人实行严格的资格审查,要求承销人有较好的信用、较大的经营规模和较强的经营能力。

(五)大力发展农业合作组织,促进农产品流通

台湾的农业合作组织在台湾农产品流通过程中发挥了很大的作用,是台湾农

产品流通的一个鲜明的特色。台湾农民组织形式多样，主要有农会、合作社和产销班。县乡两级普遍建立农会，广泛吸收农民参加，具有社区性和综合性特点。合作社是各类从事专业生产的农民自愿合作建立的经济组织，而产销班是各类从事专业生产的农民自愿联合建立的以共同营销为主要目的的小规模合作组织。这些农民组织在台湾农产品市场体系中扮演着带小生产者进入大市场的重要角色。同时加强农民专业合作组织的发展，意义不仅在于可提高农民生产能力和应对市场的能力，还可以为提高农产品卫生质量控制水平，促进下游流通交易主体的健康发展提供基础和支持。

台湾的农会是具有综合性服务功能的农民团体，组织体系在台湾最为完整和普遍。其主要功能是组织农业推广、农用物资供应、农产品运销、农业信贷和保险等事业。由于产量、场地、设施等方面的限制，单户农民进行产品分级包装比较困难。组织起来以后，一般都选择一块交通方便的共用场地，共同出资并接受当局的补助，建立地面设施，购置有关设备，经济有效地实现分级包装，达到进入批发市场的门槛要求。一些集货场还进一步建立了贮藏和初加工设施。农民合作组织办理共同运销，农民不用进城，就能以比较合理的价格将产品卖出去。随着直销方式和超市业的发展，组织起来的农民可以方便地实现批量直接销售。通过直销保证了产品质量，也大大增加了社员所得。

六、大陆农产品流通体系的转型与创新

2011年，我国初步形成了以农产品批发市场和农贸市场为流通主渠道，农超对接等多种产销衔接为补充，周末蔬菜直销市场等直销、直供业态为调剂的农产品流通体系。

目前，经升级改造的农产品批发市场和农贸市场已基本覆盖我国农产品主要产区和主要城市，约80%的农产品经"农户—批发市场—农贸市场"销售，农超对接流通模式优势日益显现。2011年，商务部、农业部联合开展"全国农超对接进万村"行动，搭建对接平台，农超对接取得快速发展势头。

（一）提高农产品流通的组织化程度

袁永康（1995）指出在小的生产与大的市场之间应该架起一座桥梁和中介，而且这个桥梁与中介又必须是农民自己建造的。这样才能与农民休戚与共，结成利益共同体，这样小生产与大市场才会很好地连接起来，减少来自大市场的震荡。所以说建立一个完善的产地中介组织是保证农产品流通的重要途径。目前大陆的农民合作社主要存在两方面的问题：第一，目前的农业合作社规模太低，管理能力较差；第二，农业合作社对农户的管理存在问题。他们更多的是帮助农户卖农

产品,却没有很好地帮助农户如何去种植农产品。所以要提高农产品流通的组织化程度,规范对农民专业合作经济组织的管理,必须完善农民专业合作经济组织的运行机制。对不同类型的农民专业合作经济组织进行规范分类,明确不同类型组织的主管部门,并切实承担起管理、指导的职能。各级政府要引导农民专业合作经济组织坚持自愿原则组建,建立完善内部民主管理制度,真正让农民参与经营管理决策。同时建立有效的监督、约束机制,充分发挥监事会的作用。逐步规范和健全合作组织的运行机制,做到"在发展中规范,在规范中发展"。

一是健全机构设置。除社(会)员代表大会、理事会外,还应设立监事会,负责监督组织章程和社员代表大会决议的执行及经营业务、财务管理情况,建立组织内部有效的监督、约束机制。

二是建立一套严谨的管理制度。包括入社(会)审批制度、组织活动制度、民主管理制度、财务管理制度、利益分配制度、风险保障制度和民主监督制度、工作人员岗位考核制度等,以保障专业合作组织健康发展。

三是建立合理的利益分配机制。凡对社员生产的产品实行收购、销售的专业合作社,均应制订一套完善的利益分配办法,如产品收购价格、质量标准认定、收益分配(包括二次分配)、积累金提取、社员利益保障等,确保社员合理稳定的收入和合作社的发展。

四是积极在实行产品经营的农民专业合作组织内推行股权设置。入社社员必须认购股金,但股权设置要以调动投资者和生产者两个积极性为原则。一般股本结构要与社员产品交货总量的比例相一致,由社员自由购买股份,但每个社员购买股份的数量不得超过合作组织总股份的 20%。其中股金总额的三分之二以上要向生产者配置。社员大会决策时可突破一人一票的限制,而改为按股权数设置,这样既充分体现了合作组织的自治原则,也保护了生产者的积极性和发起人的正当权益。明确不同类型合作社的经济性质,对原定为"合伙企业"性质的必须重新登记,对"集体"性质合作社,通过改制,要以《条例》实施为契机,规范其经济性质。

五是进一步加强农民专业合作经济组织的能力建设。农民专业合作经济组织运营和服务能力的大小直接关系到农民的利益,关系到专业合作组织的有效运作和发展壮大。因此,加强其能力建设极为重要。能力建设包括两方面,一是硬件设施,如储运、检验设施装备,以及信息化平台的建设,实施"百台电脑进百社"活动。二是软件主要指组织成员个人素质的提高,特别是组织负责人各种能力的提高。合作组织经营管理的水平,在很大程度上取决于合作组织的理事会专业人员和监事会成员,特别是理事长素质的高低。政府要通过各种渠道帮助合作组织培养管理人才,提高专业管理人员的素质和管理水平;同时,通过培训,逐步提高广大基层干部和农民的市场经济与发展合作经济等方面的知识,使他们掌握合作组织的原则、管理办法、运行机制,以及市场经济知识;使他们善于处理合作组织与农户的关系、与龙头企业的关系,增强服务意识,提高经营管理管理水平。

（二）培育新型农产品流通主体

目前,我国农业生产的主体是农户,农户由于自身能力的局限性,生产经营模式分散,在经营中竞争地位不高,不能成为真正市场营销主体,也就不能从农产品的市场交易中获取更大利益。只有实现规模化经营,农户才能够在市场售卖中拥有一定的市场地位。因此,农户要改变原有的分散生产经营模式,加强合作,通过成立相应的合作组织进行市场化经营来维护自身的利益。在生产上,可以将土地和生产工具集中,由专业技术人员负责生产管理、生产资料的采购和使用。而在流通上,也要交给对市场比较熟悉、具有一定市场眼光和谈判经验的人专门运作,这样既能降低农产品生产成本,又能提高农产品在市场上的售卖价格,让农户真正得到实惠。

1. 培育高效率的农产品批发市场

今后批发市场的发展趋势主要有以下几个方面:第一,批发市场向城市特别是区域中心城市转移;第二,远程交易和远期交易将逐渐成为批发市场交易的主要内容;第三,市场经营企业化,并且会形成专业的市场经营公司;第四,将产生一定数量的拍卖市场,发展一批外向型市场。在蔬菜产业化过程中,蔬菜批发市场是蔬菜产业化的重要组织形式,也是蔬菜流通的载体,蔬菜从生产者到达消费者手中要经过一系列的流通环节,其中批发市场是流通体系的主体,在蔬菜产销过程中起着重要的作用。

培育高效率的农产品批发市场必须要做到以下几个方面:

第一,应当搞好市场布局规划。应尽快改变目前多头管理,农业、工商、内贸、供销等部门各自为政的局面,对全国重要农产品批发市场要有一个统一的规划。产区批发市场应建在农产品的集中地,既要考虑交通条件,又要顺应原来的农产品的集散规律。销区批发市场应纳入城市建设总体规划,根据可能的辐射范围布局。

第二,重点扶持产区批发市场建设。产区批发市场建设长期以来是一个薄弱环节。按照传统做法,国家农业基本建设投资主要用于农田水利、种子工程等直接增加农产品生产能力的领域,以及植树造林、水土保持等保障农业生产能力的领域,农产品流通基础设施建设一直被排斥在外。产地批发市场具有明显的社会效益,应界定为非经营性农业基础设施,纳入国家农业基本建设投资范围。政府应投资扶持一批重要农产品的国家级产地批发市场。

第三,完善市场基础设施。无论是产区批发市场,还是销区批发市场,目前多数还只是简单地硬化了地面,或建几个大棚,买卖双方进场对手交易,一手交钱,一手交货。因而尽管场地很大,却总是拥挤不堪。今后应当逐步发展市场收购批发商和市场销售批发商等中介组织,发展样品交易和拍卖交易等新的交易方式。为此,需要为批发市场建设配套的仓储设施、配送系统、结算系统和信息系统。

第四,强化市场管理。为确保市场交易公开、公正、有序,必须强化政府监管、行业自律和内部管理。从政府监管看,除了要严格做到"管办脱钩",代表政府对批发市场进行监管的部门不能成为批发市场的经营者;还要加强市场法规建设,使市场监管有法可依。从行业自律看,批发市场之间应有统一的行为规范,做到相互配合而不是互相拆台。从市场内部管理看,应有健全的规章制度,对市场的经营宗旨、服务范围、组织机构、岗位职责等有明确规定和具体要求。继续加强农产品有形市场建设,对产地批发市场给予重点扶持,同时要加强市场法规建设;鼓励发展农村中介组织,使其成为农民进入市场的主要方式;发挥龙头企业的作用,层层开展农产品产销衔接、展销活动,促进农产品定点批发市场、龙头企业与农民签订产销合同,发展订单农业。继续加强市场基础设施建设,提高市场的服务和辐射能力。改造和加强批发市场尤其是产区批发市场的硬件设施,重点加强农产品市场信息网络及农产品标准体系建设。在对区域内辐射能力强、服务面广、对周围其他小市场有带动和影响作用的大批发市场进行倾斜投资的同时,还要引导、扶持、鼓励市场组织进行资本积累,多渠道、多元化的融资。在发达市场经济国家,大型农产品批发市场是非营利性的,很多是由政府进行投资建设的。我国众多的批发市场基本上是在政府的直接投资和扶持下形成的。[①]

2. 普及连锁超市经营

统计局 2012 年发布的《消费品市场繁荣稳定》报告的数据显示,连锁超市通过农超对接采购农产品,流通成本平均降低了 15% 左右。在发达国家,农产品的超市经营是农产品零售的一种主要形式,就整个食品零售业而言,美国超市到 2002 年已经占到了 80% 的份额。日本、西欧等发达国家 80%～90% 的农产品均通过超市进行流通,英国大约有 70% 的农产品均通过 TESCO(特易购)等五大超市进行流通。在拉丁美洲,20 世纪 80 年代的时候这一份额也仅为 20%,到了 2002 年时,迅速达到了 50%～60%,这一增长幅度是美国花了 50 年才获得的。而在我国大部分农产品通过集贸市场进行交易,所以更加应当大力发展连锁超

---

① 金赛美. 现代农产品市场体系构建研究[D]. 华中农业大学, 2006.

市,促进农产品流通的发展。

周应恒等人对南京市超市消费者的购买态度进行了调查分析,显示超市已成为一种购买生鲜食品的普遍接受形式,但农贸市场仍有强大的生命力,超市的优势在质量安全和品牌信誉,劣势在于价格、新鲜度等[1]。因此超市需要寻求一定成本下生鲜经营的突破点来优化其资源配置方式。最近几年,经过不断的演化和发展,逐渐形成了以农贸市场和超市为主导的多元化农产品销售格局。绿色安全性农产品越来越多的占据了生鲜的摊位区,而且各超市无一例外的在农产品经营上向精品化、包装化和规格化方向发展。有的建立自己的生鲜农产品配送中心,在生产加工的同时还从事水果、冷冻品以及南北货的配送任务;有的超市设立了有机、无公害等精品蔬菜专柜来丰富超市蔬菜的多样性;有的采取了定牌经营与基地生产相结合的方式,即定点生产,定量收购,定牌包装,统一加工,统一定价,统一销售。

开展连锁经营首先要积极培育农产品连锁经营主体,可结合龙头企业、专业合作组织建设情况培育连锁经营主体。其次要鼓励龙头企业发展连锁经营。依托农业龙头企业上联市场、下联生产基地和农户,有品牌、有市场的良好条件,通过开设直销店、连锁店等形式不断壮大连锁网络,将更多的名特优新农产品推向市场,打响企业品牌。再次要积极推进工商企业投资农产品连锁经营,引导相同业态或经营内容相近企业通过兼并、联合、合作等方式进行资产与业务重组,发展农产品连锁经营业务,带动连锁经营实现。低成本扩张和跨地区发展"农超对接"最大的特点在于,超市利用其销售网络将农产品销售的后顾之忧承担起来,并且对农产品的种植提供参考意见,让农民的种植不再盲目。从而真正解决"农民卖菜难、群众买菜贵"的问题。家乐福华中区总经理罗素也指出:"农超对接"不仅可以保持农产品价格的稳定,而且能有效地保证相关产品的质量。即使质量出现问题,也便于追根溯源。

全面推进农超对接,有利于搞活流通和扩大消费,促进农产品市场繁荣和居民消费能力提高,有利于减少流通环节、降低流通成本,稳定市场价格和保障市场供应,促进农产品成交价格和数量维持基本稳定。[2]

农超对接的流通模式促进了订单农业发展,保障了农产品稳定供应,稳定了农产品价格,促进了农民增收。建立现代农产品流通体系,必须普及连锁超市的

① 周应恒,卢凌霄,耿献辉.生鲜食品购买渠道的变迁与发展趋势——南京市消费者为什么选择超市的调查分析[J].中国流通经济,2003(4):13-16.

② 新华网.中国全力推进鲜活农产品流通体系建设[EB/OL]. http://news.xinhuanet.com/2011-11/29/c_122353570.htm.

经营,发展"农超对接"的农产品流通模式。

超市正在逐步建立起农产品供应的垂直渠道,这种渠道可以降低流通过程的成本,改善了农产品的流通效率,减小了市场价差,理论上还会使农户和消费者的福利都有所增加,形成农产品流通共赢的局面。

（三）构建绿色农产品流通渠道

构建新型的农产品流通渠道关键是要实施绿色农产品流通。绿色农产品流通兼顾绿色生产和农产品流通两个方面,是实现可持续发展和保证农产品质量安全的重要手段。要做到农产品绿色流通,构建新型农产品流通渠道,必须要建立农产品信息系统,注重农产品的品牌和品质,实施农产品安全机制,保障农产品的安全,构建农产品"绿色通道"。

1. 建立农产品信息系统

在农产品流通的过程中,只有实现在整个流通过程中的信息有效地传递,才能够保障农产品顺畅地流通。农户由于受自身文化素质的制约,很难收集到适应其需要的农业信息,难以避免巨大的市场风险。建立农产品信息系统,对于解决我国农产品"小生产"与"大市场"之间的矛盾,最终保证农产品高效流通具有重要的作用。近几年,农业部门加大对农村经济信息体系的建设,整合已有的农产品流通相关的信息网络资源,构建统一的农产品流通平台,对农产品信息进行全面及时科学的收集加工、分析处理并发布信息。同时也可以通过一系列的科普下乡等活动,培养农民获取信息和利用信息的能力。[1]

加强蔬菜、水果流通环节的信息平台硬件建设,及经营主体间的无缝对接工作,主要负责基地、合作社和批发市场、超市的网上交易服务,提供较好的蔬菜和水果交易信息的网上汇总交易平台。发展为大型批发市场提供大宗蔬菜以及远期现货交易和B2B、B2C等交易模式。通过EDI、ERP等形式,实现供销主体间的对接,提高蔬菜供应的灵活性和及时性,减少缺货损失和库存贮藏费用。[2]

政府有关部门和新闻媒体要加快网络基础设施建设,发展互联网之间的互联互通,实现资源共享,打破农产品流通信息来源有限、信息不流畅的局限。政府有关部门应把有关农产品信息最大限度地向社会公开,利用网络发布本地农产品资源信息,宣传、推介丰富的优质农产品,不断扩大农产品的网上销售,拓宽农产品销售的信息渠道,节约流通的成本。中国果蔬网、农业信息网、农产品批发市场等网站在不断的发展,生产者和消费者都可以通过这些网站来查询农产品信息,销

① 魏国辰,肖为群. 基于供应链管理的农产品流通模式研究[M].北京:中国物资出版社,2009.
② 杨青松. 农产品流通模式研究——以蔬菜为例[D]. 中国社会科学院,2011.

售和购买农产品,这在一个方面促进了农产品流通的发展。2006 年以来,商务部实施了"双百工程",重点对大型批发市场和流通企业的基础设施建设进行投入和支持,取得了显著的经济效果。

2. 注重农产品的品牌和品质

农产品的品牌和品质是农产品绿色流通渠道中不可缺少的一部分,构建新型农产品流通渠道必须加快发展与农产品流通相关的配套产业,如农产品的分级、包装、标准化建设,农产品名牌建设,还要有质量标准的规范与监督机制,使得农产品的品牌具有长期性、连续性和稳定性,从而有利于农业名牌产品的信誉维护和提高。目前我国农产品的标准化建设要进一步与农业的市场化发展紧密结合起来。同时,要加强对具有品牌的农产品的质量进行标准化监督与检查,防止假冒农产品对优质农产品的侵害。最后,需要规范农产品的生产。在我国现有的经济社会条件下,名牌农产品的生产势必涉及到千家万户的生产者,因此,创建并维护农产品名牌的任务更加艰巨,这就要求有更加严格和有效的组织保证。要努力实现一系列的标准化,如产前的种子(种畜)、农资供应标准化,产中的技术、管理标准化,以及产后的加工、保鲜、分级、包装的标准化等。这就需要发挥农民合作社在标准化生产、技术支持和农药农具采购等方面的积极作用,迅速建立起灵敏高效、一体化的农产品储备系统是政府调控市场的核心手段与措施。为此,我们需要做好以下几个方面的工作:

(1) 根据国家和社会经济安全的需要,合理确定实行政府储备的品种和规模。实行政府储备的产品应限于对国民经济全局具有战略意义的品种;(2) 国家应根据农产品生产成本、经营费用及合理利润等情况,制定出农产品价格的安全区,无论价格突破最高限还是低限,政府都需要立即作出反应,或抛售或收购,使市场农产品价格保持在合理限度之内。与灵活吞吐相适应,国家应完善农产品预警预报系统,提高储备农产品决策的时效性与准确性;(3) 储备农产品的运作方式应采用相对独立的垂直专储体系,建立起中央直接管辖的国家农产品储备体系,由中央政府直接管辖一批大型骨干企业,并实行垂直管理,从而有效保证中央农产品政令畅通、吞吐灵敏;(4) 建立制度化、规范化的农产品储备基金、风险基金。农产品储备系统的灵活运作,要求必须有强大工业的财政与金融保证。

3. 实施农产品安全机制,保障农产品的安全

农产品质量安全及物流信息系统管理贯穿生产、加工包装、流通直到消费者的整个过程中,要切实保障消费者对农产品种植、加工运输等过程相关信息的知情权,进一步提升对农产品流通过程的监管和信息可追溯系统的建设。通过对农业生产各个环节的感知和健康做到责任到人,能够有效地防止农产品安全问题的

发生,更加有利于农产品流通的进行。

台湾十分重视农产品的生产过程管理,推行农产品质量认证,认为这是保证农产品质量安全的源头和关键环节。目前在果蔬方面已经推行了 GAP(吉园圃)、CAS(优良农产品)认证,在畜牧方面推行了 ISO、HACCP 和 GMP 认证。通过质量认证,提高了农产品的质量安全水平,树立了品牌产品在市场中的信誉。

我国大多数农产品是散装上市,既无包装,也无标识,更没有商标,消费者无法辨认市场销售产品质量好坏,而一旦发生质量问题,很难溯源追究生产者和经营者的责任;再从检测情况看,大多数农产品检测中心设备尚需完善,很多县级检测机构建设尚未启动,多数农产品生产基地和批发市场无检测设备,尤其缺乏专业检测人员以及专业的检测技术培训,严重制约我国农产品市场准入制度的推进。所以建立可追溯系统,配备电子交易卡十分必要,这样可以跟踪产品从哪儿来,批发到哪儿去了,将品种、价格等信息存入档案。如果农产品出现安全问题,可以及时采取措施。[①]

4. 构建农产品"绿色通道"

我国的农产品流通基本是依靠公路运输。据统计,2005 年通过公路单独运输鲜活农产品 4.9 亿吨,约占鲜活农产品运输总量的 98%,在运输费用中,公路收费占有很大比例,也正是沿途的收费关卡林立,增加了农产品的运输成本,降低了利润,没有形成有效的激励,阻碍了区域间农产品的流通。2003 年,全国允许设立的公路收费站(点)有 3112 个,其中经营收费站(点)705 个,还贷公路收费站(点)2407 个。在美国,已经建成的高速公路基本靠政府税收,因此美国 8.9 万公里高速公路中,只有约 8000 公里是收费路段。而在中国,无论高速公路还是普通收费公路,建设资金主要来自银行贷款。企业必须偿还贷款,所以必须收费。农业本来就是弱质产业,如果流通成本过高,势必会造成一方面农产品价格上涨,需求减少,另一方面农产品滞销,无人收购,导致农民遭受巨大损失。[②] 开通农产品绿色通道成为势在必行的举措。

国家有关部门决定进一步完善鲜活农产品运输绿色通道政策,主要包括几个方面:一是扩大鲜活农产品运输"绿色通道"网络。从 2010 年 12 月起,全国所有收费公路(含收费的独立桥梁、隧道)全部纳入鲜活农产品运输"绿色通道"网络范围,整车合法装载运输鲜活农产品车辆免收车辆通行费。二是增加鲜活农产品品

---

① 倪秋萍. 我国农产品流通体系发展现状及对策[J]. 技术与市场, 2011, (18): 457 - 458.

② 王旭等. 绿色通道与农业信息化——构建农产品全国大市场的基础[J]. 现代农业, 2008(3): 83 - 85.

种。在 2009 年确定的 24 类 133 种鲜活农产品品种目录的基础上,将马铃薯、甘薯(红薯、白薯、山药、芋头)、鲜玉米、鲜花生列入“绿色通道”产品范围,落实免收车辆通行费等相关政策。三是进一步细化“整车合法装载”的认定标准。对范围内不同鲜活农产品混装的车辆,按规定享受鲜活农产品运输“绿色通道”各项政策;对范围内和范围外的其他农产品混装,且混装的其他农产品不超过车辆核定载重量或车厢容积 20% 的车辆,比照整车装载鲜活农产品车辆执行。对超载幅度不超过 5% 的鲜活农产品运输车辆,比照合法装载车辆执行。[①]

5.“农宅对接”的新型流通模式

“农宅对接”又被称为“从农场到家庭”的农产品销售模式,特点是生产者和消费者直接交易。这种新型的农产品流通模式取消了中间环节,减少了流通损耗,可以使菜价直降 30%。“农宅对接”的具体配送方法是由消费者在网上订购蔬菜之后,农民通过专业合作社将蔬菜直接配送到消费者的家中。如果消费者不在家中,那么合作社将把蔬菜先配送到消费者所在小区的“智能柜”,等消费者回家之后可以通过网上交易的密码打开“智能柜”,将蔬菜取回家。

这种新型的农产品流通模式要求消费者所在的小区能够配备智能柜,同时运用电子商务这个平台来进行交易。合作社通过管理平台收集订单,同时系统自动向消费者发送“订单处理中”的信息。收集到订单后,合作社便开始组织采收、包装蔬菜并粘贴网络生成对应客户的条形码,然后将商品运输到智能柜,通过网络生成的条形码打开智能柜后,将蔬菜放入智能柜,同时,消费者会收到取菜密码通知。消费者即可按照密码输入智能柜后,打开智能柜,取走自己所订购的蔬菜。[②]“农宅对接”的运作模式如图 3.10 所示。

(四)完善现代农产品流通政府调控机制

中国与发达国家不同,政府掌握着主要的生产资源,制定相关的土地、金融和经济调整政策,负担着农业基础设施建设和农业服务体系完善的责任。因此,建设新型的农产品流通体系需要政府的宏观调控和引导。各级政府要充分发挥在农产品流通中的积极作用,为农产品流通创造良好的社会、法律环境,保障农产品流通的畅通和高效。

1.统筹协调,促进农产品流通组织的发展

政府有关部门应该科学地制定农产品流通体系的发展规划,并加强监督和实施,增强规划的权威性和约束力,并根据情况的变化,对发展规划中不完善的地方

① 中国物流与采购联合会中国物流年鉴[M].北京:中国财富出版社,2010.
② 王蕾.农产品流通新模式:农宅对接[J].中国合作经济,2011,(7):37-38.

车载终端传输数据

Internet

云端服务器

移动通讯

用户通过手机实时
了解食品运输情况

手持式终端
汇报数据

运货车

保存箱内置
终端传输数据

用户手机

运货人员

商户

图 3.10　"农宅对接"运作模式

进行合理的修订,提高规划的科学性。通过制定规划、标准,引导社会投资按照规划的内容发展农产品流通设施、建设农产品物流配送中心,并加强对冷链物流的建设,统筹协调,从整体上提高我国农产品流通的质量和效率。同时,坚持优化配置资源的原则,根据农产品产销的趋势和整体的发展布局,加强立法管理。对具有规模和影响力较大的批发市场进行升级改造,逐步建成规范的农产品流通中心,另一方面进一步加大农改超的进程,促进超市农产品流通的发展。完善农产品流通的网络,形成结构合理、功能齐全、运转灵活、统一开放、竞争有序的农产品流通组织,疏通农产品的流通渠道,实现产销对接,提高农产品进入市场的组织化程度和农产品流通的效率,加快农产品流通现代化进程,缩小与发达国家农产品流通效率的差距。[①]

2.加强立法规范

政府加强立法规范是建立现代农产品流通体系的基础。到目前为止大陆还没有颁布一部完整的农产品市场流通交易法,特别是对数量、规模庞大的农产品

---

① 魏国辰,肖为群.基于供应链管理的农产品流通模式研究[M].北京:中国物资出版社,2009.

批发市场也未制定相关"农产品市场法",更缺乏对农产品产后处理及卫生质量安全控制方面的相关法律规定。由于缺乏法律规则的约束,在生产、产后处理及市场运销过程中容易出现交易主体庞杂、秩序混乱、产品卫生质量难以保障等不规范的市场现象,甚至难以遏制弄虚作假、投机倒卖等影响流通效率的不法行为。因此,现代蔬果产销物流的发展必须有相关的立法作为保证,才能健康、规范地发展。

3. 政策上加强对农产品流通的支持

根据财政部、国家税务总局 2011 年底出台的《关于蔬菜流通环节增值税有关问题的通知》(财税[2011]137 号),自 2012 年 1 月 1 日起,对从事蔬菜批发、零售的纳税人销售的蔬菜免征增值税。山东是国内蔬菜种植、流通、加工和出口大省,2012 年上半年,全省从事蔬菜流通业务的纳税人达 3396 户,实现销售收入 138.29 亿元,免征增值税 2.79 亿元。此次减税使蔬菜流通领域成本降低,不仅使蔬菜零售价格下降,消费者也因此直接受益。

截至 2011 年底,国家安排专项资金支持 1200 家农产品市场和企业建设了 2135 个项目,带动社会总投资 231 亿元。在全国 29 个省区市的 117 个城市,支持近 1500 个标准化菜市场升级改造,推动试点城市及周边标准化菜市场升级改造。同时,有关部门加强了农村商务信息服务工作,探索建立覆盖全国农村的商务信息服务体系,以信息服务促进农产品流通。新农村商网汇集了全国 700 多个批发市场的各种农产品价格信息。农村商务信息服务试点工作开展以来,共促成农副产品销售 1800 多万吨,销售总额超过 613 亿元。

2010 年,国家发展改革委编制了《农产品冷链物流发展规划》(以下简称《规划》)。《规划》中明确提出,到 2015 年,全国将建成一批效率高、规模大、技术新的跨区域冷链物流配送中心,冷链物流核心技术得到广泛推广,形成一批具有较强资源整合能力和国际竞争力的核心冷链物流企业,初步建成布局合理、设施先进、上下游衔接、功能完善、管理规范、标准健全的农产品冷链物流服务体系。促进果蔬冷链物流进一步加快发展,预计到 2015 年,果蔬冷链流通率提高到 20% 以上,冷藏运输率提高到 30% 左右,流通环节产品腐损率降至 15% 以下。[1]

① 中国物流统计年鉴[M].北京:中国物流与采购杂志社,2010.

第四章

海峡两岸农产品流通效率比较研究

　　2012 年中央"一号文件"把解决好农产品市场流通问题作为一项重大任务，明确提出提高农产品流通效率、切实保障农产品稳定均衡供给的新要求，突出强调抓好设施建设、方式创新、市场调控、主体培育四个方面工作。充分利用现代信息技术手段，发展农产品电子商务等现代交易方式。探索建立生产与消费有效衔接、灵活多样的农产品产销模式，减少流通环节，降低流通成本。大力发展订单农业，推进生产者与批发市场、农贸市场、超市、宾馆饭店、学校和企业食堂等直接对接，支持生产基地、农民专业合作社在城市社区增加直供直销网点，形成稳定的农产品供求关系。

第一节　农产品流通效率概述

　　Raymon 认为，流通效率指"资源的有效配置，达到最大可能的消费者满意度"，影响流通效率的因素包括市场控制力、外部性和信息可获得性[①]。Shepherd 认为，流通效率等于流通产品的总价值与流通总成本比值[②]。李辉华认为，流通效率是衡量流通整体质量的概念，指商品在单位时间内通过流通领域所实现的价值量与流通费用之差。Fred 认为，研究市场流通效率可以从两个视角来进行，一个是从单个企业的角度，一个是从社会公众的角度；从企业角度来看，获取利润的高低或经营成本的大小是评价市场流通效率的一个主要标准；而从社会公众角度来看，评价市场流通效率的高低，一方面要考虑流通服务的水平；另一方面要考虑提供这些服务所需要的成本，如果服务质量高，但成本或价格很高，就不能认为市场是有效率的，同样，服务价格很便宜，但服务质量不能满足消费者的需要，也不

---

　　① 　Raymon V A. Vertical Cooperation and Marketing Efficiency in the Aquaculture Products Marketing Chain: a National Perspective from Vietnam[R/OL]. FAO working paper, 2003.

　　② 　Shepherd G S. *Agricultural Price Analysis*[M]. Ames: University of Iowa Press, 1963.

能认为市场是有效率的[①]。Delima 等用流通差价率和市场一体化程度来评价流通效率。Aida 等用运销成本与消费者价格之比、运销差价与消费者价格之比、运销成本与运销差价之比这三个指标中的一个或几个来评价流通效率。Chahal 等通过调查发现，随着流通成本和流通价差的增加，流通效率呈下降趋势[②]。

姚力鸣从流通生产率、流通毛利率、库存率三个指标对日本和欧美的流通效率进行了对比，认为日本和欧美的流通效率没有明显差距[③]。李辉华等从影响商品流通效率的诸因素中抽象出流通中实现的价值总量及实现这些价值量所经历的流通时间这样两个因素，以单位流通时间内实现的价值量来衡量商品流通效率[④]。宋则认为，流通效率是指流通业的整体运行节奏，是判断流通业竞争力强弱的核心指标，流通效率是一个综合指标，通过流通速度、库存率和社会物流总成本占 GDP 的比重三个指标体现出来[⑤]。宋则指出，流通效率的本质从时间上看是"减少耽搁和停顿"，从空间上看则是"优化资源配置"[⑥]。许文富认为，流通效率一般可以分为两种类型：一是技术效率，也称为营运效率；另一种是定价效率，也称为经济效率[⑦]。

日本学者福井清一认为，对于流通效率，通过对流通结构进行分析是可能的，并从各流通环节的买入和卖出的价格比、流通差价的结构、市场进入的限制和市场信息的传递等四个角度，分析了菲律宾马尼拉首都圈蔬菜市场和泰国曼谷蔬菜市场的蔬菜流通效率的结构[⑧]。罗必良等从交易费用的角度为农产品流通组织制度的效率决定提供了一个理论分析框架[⑨]；徐振宇等认为，新农村建设应促进农村地区的经济内生性增长，必须不断深化农村地区分工和专业化水平，设法降低农村地区交易成本，而所有这些都可以通过提升流通效率实现[⑩]。寇荣认为，

海峡两岸农产品流通体系与合作经济比较研究

---

① Fred E C. Criteria of Marketing Efficiency[C]. The Thirty-third Annual Meeting of the American Economic Association. Atlantic City, 1990.
② Chahal S S. Singh S and Sandhu J.S. Price Spreads and Marketing Efficiency of Inland Fish in Punjab: a Temporal Analysis [J]. *India Journal of Agricultural Economics*, 2004: 487 - 498.
③ 姚力鸣. 现代日本流通结构和流通效率及其与欧美的比较[J]. 日本学刊, 1992; (2): 46 - 56.
④ 李辉华, 何曙. 我国当前买方市场下的商品流通效率分析[J]. 山西财经大学学报, 2005: 58 - 62.
⑤ 宋则, 张弘. 中国流通现代化评价指标体系研究[J]. 商业时代, 2003, (6): 2 - 3.
⑥ 宋则, 张弘. 中国流通现代化评价指标体系研究[J]. 商业时代, 2003, (6): 2 - 3.
⑦ 许文富. 农产运销学[M]. 台北: 正中书局, 1997.
⑧ 福井清一. 菲律宾蔬菜水果流通和顾客关系[J]. 农林业问题研究, 1995, 第 118 号.
⑨ 罗必良, 王玉蓉, 王京安. 农产品流通组织制度的效率决定: 一个分析框架[J]. 农业经济问题, 2000, (8): 26 - 31.
⑩ 徐振宇, 谢志华. 提升流通效率是推进新农村建设的重要途径[J]. 商业时代, 2007, (16): 14 - 15.

农产品流通效率的评价指标体系主要包括社会关注、生产者关注、流通者关注、消费者关注等四个部分的立场指标,并可进一步分为综合效率指标、时间效率指标、成本效率指标和质量安全效率指标[①]。张磊等认为,农产品流通效率特指农产品流通体系的效率,是在农产品流通过程中流通产出与流通成本的比值[②]。农产品流通效率无法用单一指标进行衡量,可以用市场整和度、市场集中度、技术效率、消费者满意度、流通差价、交易费用、流通时间七大指标来综合评价流通效率的高低。欧阳小迅等以产出距离函数为分析框架,利用我国28个省份2000—2009年农村农产品流通相关数据,通过构建非参数的生产前沿面函数模型,对我国各农村地区农产品流通效率进行测算,并分析了影响农村农产品流通效率的决定因素[③]。孙剑根据可操作性和全面性原则,建立了包括农产品流通速度指标、流通效益指标和流通规模指标的农产品流通效率测度体系,并对1998—2009年我国农产品流通效率进行了评价[④]。

Kumar等通过调查各流通环节的差价,分析了北方邦哈密尔普尔地区鹰嘴豆不同流通渠道的流通效率[⑤]。Elias等在分析蔬菜流通效率时考虑了中间商的运销差价和运销成本,认为"生产价格与零售价格的差距是评价流通效率的另一种措施"。周应恒等采用流通层次及费用、损耗率、生产者分得率等指标对南京生鲜蔬菜供应链效率进行了分析[⑥]。张巧云通过流通时间、流通成本和流通差价对北京市的蔬菜流通效率进行了分析[⑦]。

综合上述分析可以发现,目前学术界对农产品流通效率的研究已经比较多,但在如何界定和测度农产品流通效率方面仍然存在较大差异,特别是,研究者对农产品流通效率的界定不同直接影响着相应的效率分析。当然,系统性地解决农产品流通效率问题,是一项复杂而艰巨的研究工作,本章试图在借鉴已有文献成果的基础上,从流通渠道视角对海峡两岸农产品流通效率进行初步分析。一般认

① 寇荣. 大城市蔬菜流通效率研究[D]. 中国农业大学博士论文,2008.

② 姚力鸣. 现代日本流通结构和流通效率及其与欧美的比较[J]. 日本学刊,1992,(2):46-56.

③ 欧阳小迅,黄福华. 我国农产品流通效率的度量及其决定因素:2000-2009[J]. 农业技术经济,2011,(2):76-84.

④ 孙剑. 我国农产品流通效率测评与演进趋势——基于1998~2009年面板数据的实证分析[J]. 中国流通经济,2011,(5):21-25.

⑤ Kumar R R, Husain N. Marketing Efficiency and Price Spread in Marketing of Grain: a Study of Hamirpur District, U. P.[J]. *India Journal of Agricultural Economics*,2002,390.

⑥ 周应恒,卢凌霄. 生鲜蔬菜供应链效率研究——以南京为例[J]. 江苏农业科学,2008,(2):69-72.

⑦ 张巧云. 蔬菜流通效率研究——以北京市为例[D]. 北京:中国农业大学,2002.

为,流通渠道是将产品/劳务由生产者顺畅地移转至消费者并能达成营销目的,其间所涉之所有活动与成员的运作体系。选择流通渠道作为农产品流通效率的分析视角,有助于分析和比较海峡两岸农产品流通渠道的差异对效率的可能影响,进行为提高农产品流通效率提供公共政策设计依据。

第二节　大陆农产品流通效率分析

一、大陆农产品流通渠道

(一)农产品流通渠道概况

目前我国蔬菜流通呈现二元平行发展的特点,即以传统的批发市场为核心,农贸市场、零售企业、机关、餐饮为基础零售端的模式,能够完成将初级、适合不同层次购买能力的农产品输送给消费者,优势表现在强大的集散功能;另一种模式是以现代业态的超市为核心的"农超对接"模式,第三方物流作为农产品流通的手段,将标准化的农产品以透明、统一价格流通到消费终端。

1. 以批发市场为核心的蔬菜流通渠道

批发市场具有很强的集散功能,实现是农产品的"走量",这意味着批发市场不能够也没有条件直接面对千家万户的小生产者和成千上万的消费个体,因此其他流通组织必然会介入其中。以批发市场为核心的蔬菜流通模式可对接零售企业(连锁店、超市等)、农贸市场、标准化菜场、餐饮以及食堂等,承担着约70%的农产品流通任务。进入农产品批发市场的流通商包括合作经济组织、中介组织(个体农产品流通运销公司、运销商、收购商、经纪人、批发商、零售商),以批发市场为核心的蔬菜流通模式是不同流通组织以不同组合形式介入的抽象形式。其中,"农户(合作社、经纪人、代理商、收购商)+批发市场+零售企业(连锁店、超市)+消费者"是比较主要的模式之一。此种模式是流通节点(批发市场和超市)的抽象形式,农产品价值的实现是流通各环节流通商介入协作推动完成的。生产端千家万户的小生产者通过经纪人和合作社将蔬菜等农产品集聚起来,进入流通环节。经纪人或者合作社与批发商在批发市场进行产品交易,批发商将获得农产品与超市供应商进行交易,农产品最终进入零售终端的零售企业,最后进入消费环节,完成蔬菜流通的一个生命周期。

流通商是蔬菜完成生命周期的载体,是其实现了流通的完成。在流通过程中,是运输商完成了蔬菜从点到点的空间位移,但其直接服务于受雇佣的批发商、供应商、合作社等,与雇主是一种相互依附关系。根据中国连锁经营协会对连锁经营企业进行的调查统计,2009年生鲜类商品多数采用总部统一采购方式,蔬菜采购渠道依旧以批发市场为主。2009年42%的连锁零售企业以批发市场为主要采购渠道,16%的企业以固定基地为主要采购渠道,42%的企业从以上两个渠道采购的比例相当。2008年以上指标比例分别为29%、16%和55%。在采购方式上生鲜类商品以总部统一采购为主的零售企业占总企业的67%,以门店自行采购为主的连锁零售企业占比为11%。

2.以超市为核心的蔬菜流通渠道

以超市为核心的"农超对接"模式主要是指连锁超市企业与农户、农业合作社、经纪人直接建立的有固定契约、持续采购的关系,或连锁超市企业直接在农村租用土地,并种植农产品,用于终端市场出售的经营模式。参与主体涉及到农户、合作社、超市、政府、运输商(或者第三方物流),其中政府不参与流通过程中利润的分享,只是作为组织协调、调控者参与其中。政府参与的动机是基于蔬菜流通的正向外部性。以超市为核心的"农超对接"的根本目的是减少流通成本,使利润向生产端和消费端回流。经营理念是市场化取向,企业化运作。目前,亚太地区农产品经"农超对接"模式销售的比重占70%以上,美国高达80%,在中国还不到10%(陈春园,2010)[①]。

2010年中国连锁经营协会选择国内知名连锁超市(北京物美超市)、外资大型连锁超市[TESCO(乐购)超市、Carrefour(家乐福)超市]、自身拥有大型批发份额的连锁超市(京客隆超市、家家悦超市)等具有代表性的连锁超市进行了典型抽样调查,结果发现:自身拥有大型商品批发背景的连锁超市和外资大型连锁超市,通过其自身具备的各方面优势及其全球采购实力,在生鲜食品采购方面80%以上甚至更高与生产厂商直接合作,从而节省了绝大部分代理商或经销商的中间环节和采购成本。国内一些知名连锁超市则相对弱一些,基本上与生产厂家直接合作的比例维持在总体品类采购份额的60%~70%左右。以家乐福为例,2007年家乐福超市尝试农产品流通以超市为核心的"农超对接"的模式,经过近几年的快速发展,截止2010年,家乐福已经在全国23个省、自治区、直辖市与281家农民合作社合作,累计采购金额达4.5亿人民币。

(二)蔬菜流通渠道的发展趋势

在今后的发展方面,蔬菜流通渠道中的三个主体必不可少:专业合作组织、批发市场、龙头企业(加工或零售企业)。首先。因为在土地政策不变的条件下,专

① 陈春园."农超对接"采购模式改变农产品流通方式[J].北京农业,2010,(22):48.

业合作组织（最好是以入股的形式参加）的存在，能有效地解决我国小生产、大流通矛盾，提高农民在蔬菜销售中的谈判地位，提高农户获取信息、科技的能力，通过规模经济减少蔬菜物流或采购生产资料成本，提高蔬菜的标准化程度，从而增加农民收入、促进蔬菜的有效流通，提高市场正确引导生产的能力。其唯一缺点是专业合作组织的内部交易成本问题，在政府的正确引导下这完全可以解决。其次，蔬菜批发市场在我国起着蔬菜集散、平衡需求、引导生产、形成价格、信息发布的功能。其中的形成价格从而引导生产的功能是任何其他主体不能替代的，批发市场可以通过公平公开的拍卖来形成准确的市场价格，然后发布信息，从而引导生产。批发市场有销地批发市场和产地批发市场之分，我国尤以销地批发市场居多，然而产地批发市场除了具有销地批发市场的一切功能以外，还能弥补信息体系不完善的缺陷，产地批发市场更接近农户，农户更易了解市场，从而在引导生产方面比销地批发市场更胜一筹。销地批发市场应有限制的在大城市设置，数目宜少但规模相对较大。龙头企业中的加工企业的存在是必然的，因为它能增加蔬菜的附加值，或通过产销一体化内部化外部交易成本，通过规模经济使厂商和农民受益。而在蔬菜的零售企业当中，主要有集贸市场和超市之分。并且现在我国超市还处于辅助地位，这显然与其价格相对较高和人们的人均收入水平有关。随着我国经济的发展，人民收入水平的提高，人们观念就会发生改变，将更加注重蔬菜的质量，因而，从长远看来超市特别是连锁超市将是蔬菜销售的主渠道。但当前的集贸市场不可能很快消失。大城市比较适应超市，小城市和村镇更适合集贸市场。

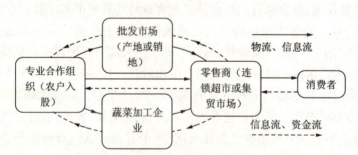

图 4.1 蔬菜主体及渠道未来主要模式

　　蔬菜流通渠道与主体及流通的环节是紧密相关的，从流通环节的多少来考虑，在法律法规健全，保障垄断问题不影响农民和消费者利益的前提下，毫无疑问，环节越少，蔬菜流通的成本就越低，效率就越高；环节越多，主体的搜寻成本增多，装卸次数也会增多，加大蔬菜的损毁，增加蔬菜的流通成本。从流通主体的不同来考虑,专业合作组织、批发市场及龙头企业都是不可缺少的。它们都有其他主体不可替代的作用,专业合作组织具有增强市场谈判地位,提高农民收集信息、传播科技的能力;批发市场具有形成价格、发布信息、引导生产的能力;龙头企业特别是大的龙头企业具有稳定市场,缩短流通环节,提高流通效率的能力。

二、大陆农产品流通效率:以蔬菜为例

(一)批发经营环节费用

蔬菜流通费用在批发经营环节主要包括运输费、包装费、搬运费和损耗等。在零售经营环节主要包括交易费、运输费、包装费、人力工资、摊位费、管理费、损耗等。下面以武汉蔬菜市场为例具体说明①。由于武汉蔬菜批发经营环节与零售经营环节所发生的费用项目存在差异,将其分为两部分考察。在考察武汉市蔬菜的流通费用结构时,基于省外蔬菜和省内蔬菜的运输费用构成的显著差异,将其分开统计,即根据来源将武汉蔬菜分为郊区蔬菜、省内蔬菜和省外蔬菜三种情况考察。对于这三种来源的蔬菜,各选取 5 种蔬菜的数据展开统计分析,结果见表 4.1、表 4.2 和表 4.3。其中,大葱、大白菜、包菜、辣椒、葛芭、番茄、莲藕、冬瓜、黄瓜、土豆 10 种蔬菜在本环节的损耗率分别为 35%、12%、10%、4%～5%、4%～5%、3%～4%、3%～4%、3%～4%、1%～2%、0～1%。

流通费用结构方面,在批发经营环节中,蔬菜运输费占购销差价的比例为25%～30%;包装费和搬运费所占比例均不到 5%;损耗所占比例在 10%以下,叶菜较高。省内蔬菜的包装费、搬运费和损耗的情况差不多,运输费的比例上升到45%左右,与利润的份额基本持平。省外蔬菜的包装费、搬运费和损耗 3 项的比例较前二者有所减少,减幅为 2%～3%;运输费的比例则进一步上升,达到 60%以上,在购销差价中占据绝对主导地位。

表 4.1　武汉郊区蔬菜批发经营环节费用　　　　　(单位:元/50 kg、%)

	收购价	批发价	购销差价	运输费	比例	包装费	比例	搬运费	比例
大白菜	6.25	18.75	12.50	3.50	28.00	0.60	4.80	0.50	4.00
包菜	4.00	16.00	12.00	3.50	29.17	0.60	5.00	0.50	4.17
番茄	31.50	44.50	13.00	3.50	26.92	0.60	4.62	0.50	3.85
莲藕	43.00	55.40	12.40	3.50	28.23	0.60	4.84	0.50	4.03

---

① 熊航,易法海,李争,张新东.武汉市蔬菜流通效益分析[J].农村经济与科技,2005,(8):22 - 24.

	收购价	批发价	购销差价	运输费	比例	包装费	比例	搬运费	比例
黄瓜	45.00	58.57	13.57	3.50	25.79	0.60	4.42	0.50	3.68

注：各项比例均指前项与购销差价的比值．

表4.2　武汉主要省内蔬菜批发经营环节费用　（单位：元/50 kg、％）

	收购价	批发价	购销差价	运输费	比例	包装费	比例	搬运费	比例
大白菜	2.50	15.75	13.25	5.68	42.87	0.60	4.53	0.50	3.77
辣椒	53.00	67.50	14.50	5.68	39.17	0.60	4.14	0.50	3.45
莴苣	13.00	25.50	14.50	5.68	45.44	0.60	4.80	0.50	4.00
白萝卜	11.00	23.50	12.50	5.68	45.44	0.60	4.80	0.50	4.00
冬瓜	8.00	21.50	13.50	5.68	42.07	0.60	4.44	0.50	3.70

注：各项比例均指前项与购销差价的比值．

表4.3　武汉主要省外蔬菜批发经营环节费用　（单位：元/50 kg、％）

	收购价	批发价	购销差价	运输费	比例	包装费	比例	搬运费	比例
大葱	32.00	65.70	33.70	17.10	50.74	0.60	1.78	0.50	1.48
小白菜	15.00	37.80	22.80	17.10	75.00	0.60	2.63	0.50	2.19
辣椒	37.54	67.50	29.96	17.10	57.08	0.60	2.00	0.50	1.67
黄瓜	32.55	58.57	26.02	17.10	65.72	0.60	2.31	0.50	1.92
土豆	19.00	44.50	25.50	17.10	67.06	0.60	2.35	0.50	1.96

注：各项比例均指前项与购销差价的比值．

（二）零售经营环节费用

蔬菜流通费用在零售经营环节主要包括交易费、运输费、包装费、人力工资、摊位费、管理费、损耗等。武汉蔬菜零售经营环节费用情况见表4.4、表4.5和表4.6。[①] 其中，交易费为蔬菜交易额（蔬菜成交量×销售价格）的6％（武汉市各蔬菜批发市场的交易费均按交易额的6％收取）。摊位费、管理费为各农贸市场实际调查的结果的平均水平，二者在零售经营商交纳给农贸市场的总费用中所占比例分别为65％和35％；大白菜、包菜、辣椒、番茄、冬瓜、土豆6种蔬菜的损耗率在本环节分别为12％～15％、10％～12％、5％～6％、4％～5％、2％～3％、1％

① 熊航，易法海，李争，张新东．武汉市蔬菜流通效益分析[J].农村经济与科技，2005，(8)：22-24.

表 4.4　武汉市郊区主要蔬菜零售环节经营环节费用

(单位:元/50 kg,%)

	批发价	零售价	批零差价	交易费	比例	运输费	比例	包装费	比例	搬运费	比例	摊位费	比例	管理费	比例
大白菜	18.50	57.50	39.00	0.75	1.92	4.15	10.64	0.95	2.44	1.00	2.56	1.85	4.74	1.00	2.56
包菜	16.00	56.50	40.50	0.96	2.37	4.15	10.25	0.95	2.35	1.00	2.47	1.85	4.57	1.00	2.47
番茄	44.50	100.50	56.00	2.67	4.77	4.15	7.41	0.95	1.70	1.00	1.79	1.85	3.30	1.00	1.79
莲藕	55.40	102.30	46.90	3.32	7.08	4.15	8.85	0.95	2.03	1.00	2.13	1.85	3.94	1.00	2.13
黄瓜	58.57	103.50	44.93	3.51	7.81	4.15	9.24	0.95	2.11	1.00	2.23	1.85	4.12	1.00	2.23

注: 各项比例均指前项与批零差价的比值. 表 4.5 和表 4.6 同.

表 4.5　武汉市主要省内蔬菜零售环节经营环节费用

(单位:元/50 kg,%)

	批发价	零售价	批零差价	交易费	比例	运输费	比例	包装费	比例	搬运费	比例	摊位费	比例	管理费	比例
大白菜	15.75	63.75	48.00	0.95	1.98	4.15	8.65	0.95	1.98	1.00	2.08	1.85	3.85	1.00	2.08
辣椒	67.50	107.50	40.00	4.05	10.13	4.15	10.38	0.95	2.38	1.00	2.50	1.85	4.63	1.00	2.50
莴苣	25.50	73.40	47.90	1.53	3.19	4.15	8.66	0.95	1.98	1.00	2.09	1.85	3.86	1.00	2.09
白萝卜	23.50	63.50	40.00	1.41	3.53	4.15	10.38	0.95	2.38	1.00	2.50	1.85	4.63	1.00	2.50
冬瓜	21.50	67.50	46.00	1.29	2.80	4.15	9.02	0.95	2.07	1.00	2.17	1.85	4.02	1.00	2.17

表 4.6　武汉市主要省外蔬菜零售环节经营环节费用

(单位:元/50 kg,%)

	批发价	零售价	批零差价	交易费	比例	运输费	比例	包装费	比例	搬运费	比例	摊位费	比例	管理费	比例
大葱	65.70	110.20	44.50	3.94	8.85	4.15	9.33	0.95	2.13	1.00	2.25	1.85	4.16	1.00	2.25
小白菜	37.80	78.60	40.80	2.27	5.56	4.15	10.17	0.95	2.33	1.00	2.45	1.85	4.53	1.00	2.45
辣椒	67.50	107.50	40.00	4.50	11.25	4.15	10.38	0.95	2.38	1.00	2.50	1.85	4.63	1.00	2.50
黄瓜	58.57	103.50	44.93	3.51	7.81	4.15	9.24	0.95	2.11	1.00	2.23	1.85	4.12	1.00	2.23
土豆	44.50	83.50	39.00	2.67	6.85	4.15	10.64	0.95	2.44	1.00	2.56	1.85	4.74	1.00	2.56

~2%。

流通费用结构方面,在零售经营环节,三种来源的蔬菜各费税项目的情况大体一致:运费占批零差价的比例为 10%左右,较批发经营环节大为下降;交易费的比例一般在 5%以下,部分批发价高的蔬菜可达 10%以上;包装费、搬运费的比例在 1%~3%之间;摊位费的比例不到 4%;管理费的比例为 2%左右;损耗的比例在 10%左右,叶菜较高。

总体而言,运输费作为流通费用的主要组成部分,在批发经营环节占三种来源的蔬菜的购销差价的比例,随着蔬菜生产地到武汉蔬菜批发市场的距离增加而上升,武汉郊区蔬菜不到 30%。省内蔬菜 45%左右,省外蔬菜 60%以上,其变化直接导致了净收益的反方向变化;在零售经营环节运输费占批零差价的 10%左右。损耗也是流通费用的重要部分,对于各种蔬菜损耗程度差异较大,一般占销售差价的 10%左右,叶菜的这一比例尤其大。同时不难看出,损耗是引起蔬菜流通费用差异的主要因素。在零售经营环节,交易费在流通费用中的份额较大,对于部分批发价高的蔬菜可高达 10%以上。

专栏　北京蔬菜流通渠道须"减肥"

全国农副产品和农资价格行情系统监测,全国蔬菜均价在 2010 年 5 月 2 日达到高点,之后连续回落。5 月 3 日—9 日,北京蔬菜价格降幅达 19.6%,但同期相比仍处高位,市民感到生活压力加大。记者通过实地调查北京市蔬菜生产流通环节发现,除自然天气等因素外,流通环节层层加价是推动蔬菜价格上涨的主要原因。

中间环节——层层加码,商场售价可达批发价的近 3 倍

"大白菜一块八,萝卜一块五,土豆都两块五 1 斤了,今年的菜价太贵了。"5月初,在北京朝阳区团结湖早市,张先生拎着袋子在市场里转悠半天,也没想好到底要买什么菜。家住延静里附近的一位大妈也抱怨道,她家原来一个月的菜钱现在只能吃半个月。

有业内人士认为,今年春寒期较长,影响了北方蔬菜生长的速度和质量,一些本该在目前大量上市的冷棚或暖棚蔬菜推迟了上市期。但记者调查发现,蔬菜价格居高不下,除了天气异常影响等因素外,更多的是流通环节的因素。

新发地农产品批发市场董事长张玉玺对北京市场的菜价颇知底细。他说:"就以茄子为例,新发地市场的批发价为每斤 1.8 元,到了大洋路批发市场和石门批发市场是每斤 3 元,到了新世界商场是每斤 5 元。"

新发地农产品电子交易中心副总裁牛新亮告诉记者，蔬菜从地头到餐桌，一般的途径是收购商—区域市场—批发市场—二级批发—农贸市场、早市、社区蔬菜供应点、超市蔬菜供应点等5个环节，每个环节层层加价，推动菜价居高不下。

有关专家表示，让市民吃上合理价位的蔬菜，最主要的措施是应该减少蔬菜运输的中间环节。比如超市应该加强"农超对接"，和蔬菜产地签订协议，直接从田间地头把新鲜蔬菜运到超市。另外，多在小区增设便民菜店，直接从一级批发市场进货，也可省去中间环节以降低成本。

生产环节——生产规模小，经营分散，农民在产业链条中处弱势地位

蔬菜价格居高不下，除了流通环节的问题外，一些生产环节的因素也不容忽视。以北京为例，随着建设世界城市的步伐加快，北京周边城市化建设的加快，零星的甚至成片的菜地正在逐步消失，北京的蔬菜供应几乎完全依赖外省市。菜地变高楼，蔬菜的生产者变为消费者。业内人士普遍认为，这也是影响菜价的因素之一。

在商务部及许多流通领域的专家看来，国内农产品利益分配失衡只是问题的表面，而实质上则是农产品生产规模小，经营分散，农民在产业链条中弱势地位的整体折射。

在蔬菜的产销链条中，菜农获得的地头收购价不足零售价的30％，批发价则为零售价的一半左右。终端零售是单位获利最大的流通环节。与批发商、零售商相比，菜农的利润本来就小，但承担的市场风险却最大。一旦某种蔬菜供过于求，批发和零售可以通过调整价格维持利润水平，但蔬菜种植成本是基本固定的，收购价降低就必然使菜农收益受损。菜贱伤农，现在菜贵了，农民的利润仍是最低，利润风险仍最大。

产销模式——"农超对接"可省掉中间环节，实现三方共赢

4月20日，位于北京东城区的天客隆交道口店刚刚开门，上百名顾客涌入店内，抢购莴笋、圆白菜、黄瓜、西红柿、油麦菜等新鲜蔬菜。记者观察，这里的多数蔬菜价格低于早市两三成。

对于超市的低菜价，一值班经理表示，超市的集中采购直接压低了蔬菜的进货成本。据悉，该超市与北京周边几个蔬菜种植基地合作，包括小白菜、黄瓜、西红柿等常见蔬菜都从种植基地内直接采购，从而保证以最低成本购入蔬菜，最终结果是既让蔬菜种植户受惠，也让市民买到了价格更低的蔬菜。而一般菜市场中的菜贩进货，很大程度上要依赖蔬菜批发市场，因此市场价格波动较大。

2008年,国家"农超对接"试点工作启动,确定到2012年,试点企业鲜活农产品产地直接采购比例达到50%以上。去年6月,商务部、财政部、农业部联合发文,确定全国15个省市做"农超对接"试点工作。在采访中记者发现,虽然不是试点城市,北京的一些超市已经在尝试这种模式,并深受市民的青睐。

　　农业部信息中心应用推广处的负责同志介绍,"农超对接"是国外普遍采用的一种农产品生产销售模式,目前亚太地区农产品经超市销售的比重已达70%以上,美国达80%,而我国只有15%左右。

　　"农超对接"省掉中间环节,农产品从田头到货架大大提升了流通速度。通过"农超对接",农户增收,渠道"减肥",消费者也受益,可以实现三方共赢。

　　"农超对接"另一个好处是市场需要什么,农民就生产什么,可避免生产的盲目性,稳定农产品销售渠道和价格,解决农民由于信息不对称产生的难卖、贱卖的问题。与传统农产品各自为政的生产方式不同,"农超对接"模式中,超市指导农民根据市场进行生产,质量有保证,容易形成市场自有品牌。而农产品要实现与超市的顺利对接,必须在质量安全、品种规格等方面达到超市的标准。这就迫使合作社和农户走标准化、规模化、产业化路子,加强自身品牌建设。这一过程,正是农业生产方式嬗变的过程。

　　商务部调查资料显示,我国有66%的农户认为目前农产品销售渠道不稳定。希望通过合同收购的农户比例达35%,希望企业收购的农户比重为27%。而在"农超对接"中,超市直接与农民专业合作社签订购销契约,形成稳固的供销关系;超市将销售信息反馈到生产环节,使农民及时调整生产规模和产品结构,有效降低市场风险。

(资料来源:《人民日报》2010年5月17日)

第三节　台湾农产品流通效率分析

一、台湾农产品流通渠道

　　台湾农产品的运销主要通过批发市场、农贸市场、直销店、产销班(设在农会、合作社等之下的产销组织)等多种形式完成。批发市场是最主要的形式,花卉、果蔬、肉品、鱼货等鲜活农产品主要通过批发市场来交易。目前台湾各镇区域均设有不同种类的农产品批发贸易市场,品种齐全、网络健全。台湾当局鼓励农会建立农产品交易市场,台湾各农会下设有各具特色的农产品产销班,专职负责农产品的收购、分级、包装、运销等各类产后业务,以区域内的骨干农户牵头,以合伙或股份制形式组建而成,使区域内的农业生产经营完全实现产业化运作,支撑和推动了区域农业的发展。此外,台湾当局对产品的交易实行免税。农产品进场交易的费用也很低。市场建成运营后,明确由独立的市场法人统一进行市场管理,其他部门和机构不得入场干预,避免了多头管理。

　　台湾农产品流通渠道的总体情况见下图。为了说明的方便,下面以蔬菜为例具体分析台湾农产品流通渠道的发展情况。

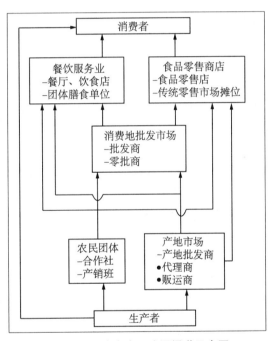

图 4.2　台湾农产品流通渠道示意图

　　概括而言,台湾蔬菜流通渠道主要通过以下具体形式来进行:(1) 农户——批发商——零批商——零售商——消费者;(2) 农户——集货商——批发商——零批商——零售商——消费者;(3) 农户——农民共同运销团体——批发商——零批商——零售商——消费者;(4) 农户或农民共同运销团体——连锁超市——消费者;(5) 农户——消费者。尽管(1)和(2)仍是目前台湾蔬菜流通的主渠道,但作为农会或农业合作社(场)等农民团体共同办理的蔬菜运销,农民团体共同运销是台湾当局积极倡导和鼓励发展的高组织化蔬菜流通形式。(4)为"广义"直销渠道,(5)为"狭义"直销渠道。台湾蔬菜直销流通形式始于上世纪 80 年代中期,旨在减少传统批发市场流通的中间环节,以降低流通费用,从而实现"照顾农民利益,嘉惠消费大众"的经营理念。台大农经系的研究结果表明,台湾蔬菜直销流通形式,农民所得可占零售价的 54.6%,而流通费用仅占 45.4%;但传统批发市场流通形式,农民所得仅占零售价的 30.8%,流通费用占到 59.2%。尽管如此,台湾学者们仍普遍认为,推行蔬菜直销,有赖于现代零售业态——连锁超市网络的形成与运作。

台湾蔬菜流通中的批发市场制度。为建立良好的农产品运销秩序,发展生产,保障供给,实现公平交易,台湾于 1982 年公布实施了"农产品市场交易法"。后经多次修改、补充和完善,逐渐使台湾农产品运销步入法制化轨道。该法对市场主管单位、业务种类、市场组织、交易方式、供应人、承销人、共同运销、管理费用等均做出统一规定。农产品市场的最上级主管单位为台湾行政主管机关"农委会",它既负责农业生产,又负责包括内外贸在内的农产品运销。批发市场仍是台湾蔬菜流通必不可少的中心环节。台湾蔬菜批发市场有产地市场和销地市场之分。前者设在蔬菜的重要产地,一般每乡镇一处;后者则设在人口集中的大中城市。蔬菜市场经营主体包括:农民团体及其出资组织的法人,农民及农产品贩运商出资组织的法人,公股组成的法人,公股和农民团体及农产品贩运商出资合股组成的法人。就蔬菜市场经营主体的构成而言,42% 为农会或合作社经营,58% 为公司经营。市场交易方式以拍卖为主,兼有议价、标价或投标。蔬菜货源,来自农户、农民共同运销团体、贩运商及其他流通主体的比例分别为 45.83%、21.54%、32.03% 和 0.6%(1991)。批发市场经营不以营利为目的,市场管理费蔬菜以 5% 为限。上市蔬菜均由供货人按标准分级和包装。批发市场也提供有关的设施和服务,但使用时需按标准收费。台湾农产品批发市场制度建设 20 余年来,对蔬菜流通而言,因农民团体共同运销而明显地提高了蔬菜流通的组织化程度,实行了蔬菜的分级与包装,推行了蔬菜拍卖等现代交易方式,建立了蔬菜农药残留量的安全检验制度,建成了蔬菜市场资讯系统,流通成本明细下降,流通效率不断提高。

台湾蔬菜流通中的政府行为。上世纪 70 年代初,台湾农业占 GDP 的比重和农业人口占总就业人口的比重开始明显下降,农业生产技术及农产品供给问题已基本得到解决。但该时期农产品价格指数却逐年上升。如 1973—1975 年间农产品批发价格指数平均上涨了 0.9%。为顺应形势,当局的农业政策重点也开始从生产领域转向农产品流通领域。其主要措施有:制定和改进农产品运销方案;组建果菜运销公司;在农政机关设立农产品运销科;颁布实施有关流通法规;坚决处罚扰乱批发市场秩序的极恶势力等。台湾蔬菜流通中的政府行为主要体现在以下几个方面。（1）规划作用。由农政机关或市场处负责蔬菜流通的主管。各级政府都有相应的规划职能。大致包括：长期规划或计划、年度计划、农业政策、制定"游戏规则"。上世纪 70 年代初以来，施行的涉及蔬菜等农产品流通的法规包括："农会法"、"农产品市场交易法"、"农产品批发市场管理办法"、"农民团体共同运销辅导奖励监督法"、"农产品分级标准与实施办法"、"农产品贩运商辅导管理办法"、"取缔农产品市场外交易行为作业要点"、"零售市场管理规则"等，使蔬菜等农产品流通有法可依，促进了市场和市场主体的发育。（2）组织作用。主要是通过高组织化的农民共同运销团体来实现。包括：构筑各方面支持农业、辅导农民的组织体系；辅导农会和农业合作社（场）等农民团体；组织具有一定规模的农产品流通企业，推动流通方式的规范化和现代化。（3）资金支持作用。具体表现在：出资兴建蔬菜集货场、市场及有关流通设施，建立蔬菜安定基金和实行夏季（6 月 1 日—10 月 31 日）重要蔬菜的保价运销制度，对保价运销的蔬菜品种实行契约化生产，并由批发市场与农民团体按月协调，当蔬菜售价低于保证价格时，由当局向农民团体支付差额补助。安定基金则主要用于批发市场蔬菜的购、贮。此外，政府向经营者提供一定规模的低息贷款。

二、台湾农产品流通效率分析：以蔬菜为例

保障台湾蔬菜流通效率的运行机制主要包括以下五个方面：

（一）蔬菜产销履历

产销履历制度是指农产品在生产、处理加工及流通、贩售等各阶段，由生产者分别将产品的产销流程等相关资讯详细地记录下来，消费者可以透过产品包装条码追踪到产品产销的相关流程，了解在各个制作环节的重要资讯，建立农产品产销履历资讯化系统，即从生产到销售到消费者手中有可追踪的记录。2007 年 1 月 29 日台湾省"农委会"公布《实施农产品生产及验证管理办法》后，已陆续完成《产销履历农产品验证管理办法》等 9 项法规及 43 项蔬菜良好农业规范的制定，辅导生产合作社等单位取得履历验证，台湾省已初步建立蔬菜产销履历系统平台。据台湾省"农粮署"统计，至 2008 年 3 月底，已有生产合作社等 26 个单位取得蔬菜产销履历验证，累计验证面积达 360 hm²[①]。建立起公正的第三方认验证制度，目前台湾"农委会"通过了中兴大学、屏东科技大学、台湾检验公司、中华验证、中华绿色、环球等 8 家单位为作物产销履历认证机构。台湾还积极开展产销

---

① 刘绍国. 蔬菜产销履历推动成果与展望[J]. 农政与农情，2008：190.

履历知识的教育培训、宣传及推广工作。台湾致力于蔬菜产销履历制度的建立，以期让消费者吃到安心和安全的蔬菜，创造新的市场契机，使蔬菜产品更具市场竞争力，实现与国际接轨。

（二）蔬菜产销平衡调节机制

台湾由于气候不稳定，易受自然灾害（如台风、干旱等）影响，以及蔬菜生产基础设施薄弱、农民与市场信息不对称等因素，造成生产不稳定，价格波动大，常出现"菜土菜金"现象。近年来，"农委会"为稳定蔬菜价格、提升蔬菜产品质量和形象，以实现蔬菜市场正常供应，积极采取以下措施[1][2]；（1）推广设施栽培：利用人工设施（如温室、网室、大棚、喷滴灌及无土栽培等设备）实现四季栽培蔬菜，稳定蔬菜生产，提升质量，降低自然灾害的危害。至 2009 年已累计推广蔬菜生产保护设施337 hm^2。（2）购置大型冷藏设备：台湾农业合作组织为稳定夏季蔬菜供应，平稳菜价，购置大型冷藏设备以贮备足够的蔬菜，在台风时期市场货源短缺时，配合政策调节市场交易需求，充分发挥市场的调节功能。（3）构建现代化的产销系统：推动、落实农业产销班组织企业化、资讯化、及制度化的进程，发挥产销班的体制与功能，提高蔬菜产销效率；推动异业结盟，保持组织间的持续沟通，推动农业策略联盟的发展，增加销售通路；建立蔬菜生产专区，评估蔬菜产品潜能；建立蔬菜市场资讯系统，每日汇集蔬菜有关生产、供应、存量及市场需求等信息并加以预测，了解蔬菜产、供、销的实时动态，使生产者、运销业者和市场管理者之间形成有序运销体系，改变传统的以产定销，实现以销定产模式。目前台湾已建成了覆盖当地所有农产品批发市场及各地农会、合作社、农民的产销货场的计算机网络，使各市场之间、产地与消费地用户可以及时查询，提高了市场运行的透明度，有利于促进产销均衡发展。（4）加强宣传辅导工作：掌握岛内外市场动向，策划行销策略，构建内外销安全体系；参与主要外销地的蔬菜产品产销活动，设置长期交易平台，加强媒体的宣传工作；研发蔬菜多元化加工产品，提升产品附加值，拓展市场；辅导内外销企业建立蔬菜品牌，注重蔬菜产品的品牌建设和品质提升，改善产品包装，做到产品分级包装规范化、标准化，塑造新品牌形象；结合观光休闲与地方传统文化活动发展特色蔬菜旅游产业；开展农民蔬菜农产贸易培训，培训课程包括国内外销售实务、企业化经营等，同时加强优秀的农产贸易人才培育工作。

（三）蔬菜安全检测与认证

发展健康蔬菜是台湾"农委会"提倡《健康、效率、永续经营之全民农业》施政

---

[1] 台湾农民团体干部联合训练协会. 农产运销及供运销实务[M]. 台北：农训协会，2007.

[2] 台湾行政主管机关农业委员会农粮署. 台湾行政主管机关农业委员会农粮署 2008 年年报[M]. 台北：台湾行政主管机关农业委员会，2008：52 - 63.

方针的重要部分,依据《农产品生产及验证管理法》等相关规范,加强蔬菜安全检测,落实蔬菜的认验证管理,规范健康蔬菜的有序发展,是近年来台湾蔬菜产业发展的方向。(1)建立比较完善的蔬菜检测保障体系。目前,台湾对进入市场的蔬菜实行严格的农产品准入制度,在主要的蔬菜产地、批发市场和超市均设有农药残留检测站,通过快速检测和化学分析相结合的办法,对蔬菜产品进行检测。检测结果不合格的产品就地销毁,并通知生产者加强产地管理。(2)健全的蔬菜安全认证制度。台湾对农产品的生产过程管理十分重视,重点推行农产品认证,这是保证农产品质量安全的源头和关键环节。目前在蔬菜方面已经推行了 GAP(吉园圃)、CAS(优良农产品)和有机认证,通过质量认证提高了蔬菜的质量安全水平,树立了品牌蔬菜在市场中的信誉。另外,积极构建完善的健康蔬菜销售体系,并制定生产和市场销售过程的监督管理制度,使销售体系更加合理和高效,也保证了健康蔬菜生产和销售过程的安全优质。

(四)产学研结合机制

台湾当局鼓励并协助台湾高校和科研机构与产业界合作,充分发挥高校和科研机构人才、技术及实验设备密集优势,鼓励研发有超越性、先导性、实用性的技术和产品,为企业的技术进步做出重要贡献。台湾各级主管部门与生产、科研、教育部门的紧密结合,通过与各大高校和科研机构的专家、教授、博士签订协议,实行协作攻关,共同承担利益风险,实现了理论和实践相结合,这一方面为高校和科研机构提供了充分的实验经费和广阔的试验平台,另一方面使科学技术迅速地转化为生产力,取得了显著的经济和社会效益。世界(亚洲)蔬菜研究中心设在台湾,促进了台湾蔬菜生产及科技的发展,同时台湾已建立了科研、教育、推广相结合的多元化技术推广体系,包括经费充分保障的"农委会"下属的农业改良场(所)推广体系("农委会"每年都拨付专项推广预算)和农会自上而下农事推广体系(农会规章规定农会收入的 60% 以上必须用在农业技术推广),还有大学的农业推广体系,使蔬菜新品种和新技术迅速的推广应用到生产中。[①] 台湾农业科学研究、农技推广、教育培训体系健全有效,职责分明,可供大陆学习和借鉴。

(五)精致蔬菜发展战略

台湾的地理条件及政治体制决定了台湾蔬菜生产经营规模小、劳动力价格高,在市场竞争中生产成本高成为台湾蔬菜发展的障碍。20 世纪 80 年代,面对台湾人民生活消费水平的提高、农产品国际市场竞争日益激烈和大量农业劳动力的转移,为了实现城乡均衡发展和提高蔬菜产品的市场竞争力,台湾提出了发展

---

① 上海蔬菜经济研究会赴台考察团. 台湾蔬菜产销考察报告[J]. 上海蔬菜,2001,(6):5-6.

适应市场需求的精致农业。其主导思想就是立足农产品生产市场化,强调农产品生产和销售过程的环保、节约和可持续发展,着力生产高品质、高科技含量、高附加值、具明显地方特色的农产品,在生产、储运、销售过程实现集约化产业经营,达到农产品高效益的目标。2009 年 5 月台湾"农委会"通过了《精致农业健康卓越方案》,精致农业成为未来台湾六大新兴产业之一。尽管精致农业刚刚提出,但是台湾已在适应市场中逐步发展了精致农业,借着推行精致农业的东风,打造更完善的精致蔬菜发展战略成为未来发展的重要策略。[①]

附表:

附表 4.1　台湾冷冻蔬菜产销存情况

	生产量 (公吨)	销售量 (公吨)	销售值 (NT＄千元)	存货量 (公吨)	销售/生产 (100％)	存货/生产 (100％)
2000	78376	84526	3707622	8621	107.85	11.00
2001	71374	72862	3157196	6806	102.08	9.54
2002	58642	47691	2260334	12445	81.33	21.22
2003	57886	63621	3082852	9841	109.91	17.00
2004	57540	57777	2795416	18469	100.41	32.10
2005	43691	43358	2212221	7073	99.24	16.19
2006	41621	40789	2140632	7893	98.00	18.96
2007	39125	41277	2086388	6248	105.50	15.97
2008	39642	44649	2323820	3786	112.63	9.55
2009	46724	42997	2445125	3246	92.02	6.95
2010	48419	46397	2627584	3162	95.82	6.53
2011	34515	34176	1874094	21490	99.02	62.26

注:(1) 2011 年数据为前 8 个月的统计数据;(2) 资料来源:根据历年台湾农业统计年报计算整理.

① 王文壮,范武波. 借助台湾的经验发展海南精致农业[J]. 发展视野,2008,(7):28 - 29.

海峡两岸农产品流通体系与合作经济比较研究

附表 4.2　台北市第一、二果菜批发市场历年果菜批发成交量、成交金额、平均价格

| 区分 | 蔬　菜 | | | | | | 水　果 | | | | | |
| | 成交量 | | 成交金额 | | 平均价格 | | 成交量 | | 成交金额 | | 平均价格 | |
年别	数量	指数	金额	指数	价格	指数	数量	指数	金额	指数	价格	指数
1990	347059	100	5072663	100	14.62	100	212522	100	3351053	100	17.26	100
1991	374105	108	5261747	104	14.06	96	239088	113	3622239	108	16.41	95
1992	375557	108	5751774	113	15.32	105	225493	106	3726972	111	18.71	108
1993	372320	107	5792387	114	15.56	106	250772	118	4112378	123	18.09	105
1994	375528	108	6475517	128	17.96	123	246924	116	4556486	136	21.12	122
1995	387509	112	6740442	133	17.39	119	241948	114	4921770	147	22.72	132
1996	378164	109	6605624	130	17.47	119	234636	110	4878339	146	23.03	133
1997	390026	112	6530518	129	16.74	115	238464	112	4871106	145	23.23	135
1998	377825	109	7965381	157	21.11	144	240519	113	5227771	156	24.84	144
1999	409514	118	6891329	136	16.83	115	250638	118	4829713	144	21.68	126
2000	398380	115	7461344	147	18.73	128	243093	114	6328798	189	26.03	151
2001	389856	112	7139721	141	18.31	125	235565	111	6226812	186	26.43	153
2002	401856	116	6291057	124	15.66	107	250819	118	5684425	170	22.66	131
2003	403562	116	6732539	133	16.68	114	243350	115	5461527	163	22.44	130
2004	408895	118	7248095	143	17.73	121	229483	108	5909637	176	25.75	149
2005	381545	110	9012190	178	23.62	162	195410	92	6475150	193	33.14	192
2006	419116	121	8589388	169	20.49	140	219962	104	6685264	199	30.39	176
2007	414393	119	9160272	181	22.11	151	225453	106	6769268	202	30.03	174
2008	426875	123	9711338	191	22.75	156	206098	97	7013505	209	34.03	197
2009	455573	131	8991168	177	19.74	135	209869	99	6828020	204	32.53	188
2010	467979	135	9900981	195	21.16	145	209812	99	6929495	207	33.03	191
2011	476361	137	9925400	196	20.84	143	219839	103	7230587	216	32.89	191
2012	302657	87	8001986	158	26.44	181	146012	69	5172753	154	35.43	205

注：基期年度：1990 年＝100；基期月份：1 月＝100；单位：公吨、千元、元/公斤、%.

资料来源：台北农产运销股份有限公司[EB/OL]. http://www.tapmc.com.tw/tapmc_new16/index.html.

附表 4.3　台北农产运销股份有限公司批发成交量与成交平均价

		一市蔬菜	二市蔬菜	合计(公斤)	一市蔬菜	二市蔬菜	合计(元)
2001 年	合计	28635327	7051698	35687025			
	平均	1245014	306596	1551610	15.82	13.85	15.43
2002 年	合计	31159988	8197450	39357438			
	平均	1154074	303609	1457683	12.32	10.46	11.93
2003 年	合计	32627197	7991790	40618987			
	平均	1165257	285421	1450678	20.78	16.80	20.00
2004 年	合计	29688259	7670134	37358393			
	平均	1237011	319589	1556600	14.38	12.05	13.90
2005 年	合计	29807698	7586240	37393938			
	平均	1146450	291778	1438228	17.26	14.87	16.78
2006 年	合计	31689442	8784639	40474081			
	平均	1320393	366027	1686420	17.41	15.00	16.88
2007 年	合计	30139794	8705665	38845459			
	平均	1159223	334833	1494056	19.52	17.51	19.07
2008 年	合计	34061024	10599715	44660739			
	平均	1261519	392582	1654101	14.87	13.34	14.51
2009 年	合计	31139058	9781138	40920196			
	平均	1353872	425267	1779139	18.74	16.89	18.30
2010 年	合计	33644394	12060342	45704736			
	平均	1246089	446679	1692768	16.60	16.10	16.47
2011 年	合计	36165822	12865395	49031217			
	平均	1339475	476496	1815971	18.15	17.78	18.05
2012 年	合计	28350556	9984185	38334741			
	平均	1288662	453827	1742488	28.15	27.58	28.00

资料来源：台北农产运销股份有限公司［EB/OL］. http://www.tapmc.com.tw/tapmc_new16/index.html.

海峡两岸农产品流通体系与合作经济比较研究

第五章

海峡两岸农业合作经济比较研究

　　农业家庭小规模经营的局限性与家庭经营的普遍性构成农村合作经济产生的两个最基本的前提。农业合作经济组织是处于弱者地位的广大农民为了维护自身利益而自愿联合起来经济合作组织。"在一个基本社会里,所有能想到的组织形式都能找到自己的位置,问题在于哪种形式最适用于已确定的任务和社会为达成这一任务的活动范围。"①农业合作经济组织作为保障农民利益、维护社会稳定的组织形式,只有根据人文地理环境的变化而变化,随着时代的发展而发展,才能保持其强大的生命力,从而发挥其积极作用。本章重点研究了海峡两岸农业合作经济的发展演变、特征和趋势,试图从对其发展轨迹的对比分析中提炼出农业合作经济的一般发展规律和基本制度安排。

第一节　大陆农业合作经济演进与发展

　　新中国成立后,国家积极推进各种合作事业。但是改革开放前我国所实行的农业合作化,属于公有化程度很高、靠国家行政手段来维持和巩固的集体合作经济组织,与体现着自愿、民主、互利关系的合作经济原则相背离,成为执行国家政策的工具,完全失去了合作的性质,其结果是大大挫伤了农民的生产积极性,使农业经济效益一直低下。改革开放后,家庭联产承包责任制的实行大大激活了农民的生产积极性,农业生产得到了很大的发展。但是,随着改革开放的深入,农村商品经济和市场经济不断发展,小规模农业家庭经济在市场经济条件下面临许多困难,诸如产品销售不畅、交易费高、信息不灵、难以实现生产发展所需的必要融资等,由此造成农民利益得不到有效保障。市场经济的发展呼唤着能够真正代表农民自己利益的合作经济组织体系。

---

①　奈特. 风险不确定性与利润[M]. 安佳译. 北京:商务印书馆,2006.

一、大陆农业合作经济体制的演变

（一）改革开放前我国农业合作经济的建立和变迁

1. 农业合作化运动（1949—1957）

新中国成立之初,我国在完成了土地改革、废除了封建主义的土地所有制之后,开始组织个体农民实现合作化,引导个体农民走上合作化的道路。从 1951 年山西等老解放区试办初级农业合作社,到 1955 年 12 月基本实现农业的初级合作化,再到 1956 年底完成向高级农业生产合作社的过渡,我国的农业合作化大体上可分初级农业合作化和高级农业合作化两个阶段。

（1）初级农业合作化阶段

土改后的农村,生产力发展很快,农村经济得到了迅速的恢复和发展,进一步发展生产的条件已经具备,这为提高农业互助合作奠定了基础。与此同时,农村的阶级关系开始发生新的分化,一些农户因天灾人祸或经营不善失去土地等生产资料,少部分农民则因基础较好和善于经营而迅速致富。使绝大多数农民摆脱贫困,组织起来走互助合作的道路,在当时成为绝大多数农民的要求。随着国家大规模、有计划、按比例经济建设的开展,分散、落后的小农经济难以适应大工业和现代化建设的需要。所有这些新情况和新问题充分说明,寻求一种新的互助合作方式,以适应生产发展的需要,已成为当时我国农村工作的一项根本任务。

1953 年 12 月 16 日,中共中央通过的《关于发展农业生产合作社的决议》强调指出,为了提高农业生产力水平,党在农村工作的最根本任务,就是要逐步实行农业的社会主义改造,使农业能够由落后的小规模生产的个体经济变为先进的大规模生产的合作经济。1954 年初,在开展过渡时期总路线宣传教育的基础上,农村很快掀起了大办农业合作社的热潮。截止 1955 年底,全国基本实现了农业的初级合作化。

以土地入股、统一经营为特征的初级农业生产合作社,实行统一计划、统一管理、统一分配的管理体制,坚持劳动分红为主,土地分红为辅的分配制度,是农业互助合作的初级形式。初级农业生产合作社的生产资料,虽然仍属小农私有,但是,主要的生产资料,包括土地、畜力和大、中型农具,都由合作社统一管理使用,劳动力基本上属合作社统一指挥调配。小农经济的个体经营,已转变为合作社的统一经营。

由于发展过快,各地合作化过程中出现了诸多问题。1955 年 1 月,中央《关于整顿和巩固发展农业生产合作社的通知》提出了"停、缩、发"三字方针,放慢了合作化发展的速度,同时减少了粮食统购统销的征购量,采取了"三定"方法,农村紧张形势得到缓和。到1955年7月,全国原有67万个合作社,经过整顿,巩固下来的有65万个。

（2）高级农业合作化阶段

1955年10月,中共七届六中全会通过的《关于农业合作化问题的决议》提出:要重点的试办农业生产合作社;在有些已经基本实现半社会主义合作化的地方,根据生产需要、群众觉悟、经济条件,从个别试办、由少到多。会后,高级社就由个别试办转向重点试办。1956年1月,中央进一步"要求合作化基础较好并且已经办了一批高级社的地区在1957年基本完成高级形式的农业合作化。其余地区,则要求在1956年,每区办一个至几个大型（100户以上）的高级社。在1958年基本上完成高级形式的农业合作化"。[①]

高级社是以土地公有制为特征,耕畜、农具折价入社,取消土地分红,贯彻"按劳分配,多劳多得"的分配原则,实行统一计划、统一管理、统一核算的合作生产的集体经济组织。实质上,是在初级社的基础上,农村生产关系的又一次变革。

从所有制关系看,高级社已经不再实行土地入股,耕畜农具私有公用,变成了土地、耕畜、农具完全公有制的农业合作经济组织。

从分配形式看,高级社贯彻按劳分配,多劳多得,不劳动者不得食的原则,已经取消土地分红,社员主要靠劳动工分吃饭。具体分配方法,现金分配以劳动日多少为依据;粮食按人劳比例分配,人口分基本口粮,劳动工要以工带粮。

从经营管理看,高级社的经营管理,同初级社相比,基本上没有什么实质性的突破,就当时的计划、劳动、财务三大管理来看,只是在初级社基础上的继承和完善。由于高级社的规模较大,为了便于管理,方便生产,一般又划分为若干个生产队,在以社统一计划,统一管理,统一核算的前提下,社对各生产队实行"四固定",即:土地、耕畜、农具、劳力固定在生产队,常年管理和使用。在"四固定"的基础上,社对生产队实行"三包一奖",即包工、包产、包成本和超产奖励。

从积累机制看,高级社注重扩大公共积累,一般以社积累,统一管理,统一使用,除按比例提取一定的公积金、公益金和管理费外,每年还要提取总产5%的储备粮和1%的生产专用粮。

正是在不断升级的要求下,导致各地高级社的发展速度不断加快,到1956年9月,只用了短短几个月的时间,我国农业的高级合作化就已经基本实现。到1956年10月底,全国已有高级社31.2万个,入社农户占农户总数的63.2%。到11月底,全国有高级社38万个,参加农户占总农户的72.7%。到1956年12月

[①] 陈吉元等. 中国农村社会经济变迁[M]. 太原:山西经济出版社,1993.

底,高级社再增加到 54 万个,入社农户的比重也上升到 87.8%。[1] 高级农业合作化的实现,标志着农民土地私有制改造的成功和农村集体所有制的确立。

高级社的并社升级,要求过急,转变过快,带来了许多问题。全国不少地区是刚建社就"并社升级"转为高级社;还有少数是未入初级社而"一步登天"直接进入高级社。在这样短的时间内,不允许农民有任何选择,匆忙地对生产关系实行如此重大的改革,而又对许多政策缺乏具体规定,社与社之间的差别问题根本没有来得及处理,打乱了农业合作经济运转的正常秩序,损害了部分农民的利益。

2. 农村人民公社时期(1958—1962)

(1) 农村人民公社的普遍建立

1958 年 8 月,北戴河中共中央政治局扩大会议上通过了《中共中央关于在农村建立人民公社问题的决议》,要求全国各地尽快地将小社并成大社、转为人民公社。《决议》认为,人民公社是我国经济社会发展的必然产物,是实现从社会主义向共产主义过渡的最好形式,是中国农民的伟大创造。《决议》主要内容:一是确定人民公社实行政社合一,工农兵学商相结合。二是强调小社并大社的方法,首先由原来的各小社联合选出大社的管理委员会,把人民公社的架子搭起来。三是在并社过程中,要以"共产主义精神"去对待各个小社的公共财产和债务方面的差别。四是指出人民公社目前是集体所有制,以后可以变为全民所有制,并为向共产主义过渡作准备。

由此,全国上下正式广泛开展兴办人民公社的高潮,"只用了一个多月的时间,就把全国 74 万多个农业合作社组成为 26500 多个人民公社,参加人民公社的各族农民共 1.269 亿户,占农民总数的 99%,平均每个公社 4750 多户,这样就基本上实现了人民公社化"的目标。[2]

(2) 人民公社初建时的主要特征

农村人民公社的建立,使农村生产关系的各个方面发生了极大的变化,和高级社相比,有很大差别。其主要特征是:

一大二公的组织形式。大,指规模大,人民公社一般相当于几个乃至几十个高级社的规模;公,指公有化程度高,建社初期实行单一的公社所有制,原来属于各个高级社的生产资料都无偿归公社所有,社员私有的一些生产资料也收归公有,带来了极其消极的影响。

"政社合一"的管理体制。人民公社把国家基层政权机构和农村的合作经济

① 陈吉元等. 中国农村社会经济变迁[M]. 太原:山西经济出版社, 1993.
② 王贵宸. 中国农村合作经济史[M]. 北京:中国经济出版社, 2006.

组织合二为一,公社管理委员会亦是乡人民委员会,实行"一套人马,两块牌子"。而事实上,人民公社的一切重大问题,都由党委来拍板,存在党政不分、党社不分、政社合一的状况。

工资制加供给制的分配制度。人民公社用于社员的分配总额中,一部分采用工资的形式分配,一般采用平均工资加奖励的办法;一部分则按人口平均供给,一般实行伙食供给制。在社员分配中,供给部分占的比重很大,造成人民公社分配中的"大锅饭、一拉平"的弊端。

军事化的劳动管理。人民公社的劳动力按照军队编制,组成班、排、连、营、团,由公社统一领导,统一调配,统一指挥,采用大兵团作战的方式从事农业生产,开创了农村合作组织劳动管理高度集中的先例。

集体化的生活方式。人民公社普遍建立公共食堂、托儿所、幼儿园、敬老院,把社员都组织到集体生活中去。也就是说,农户不仅不是一个生产经营单位,而且已经不是一个生活单位了。

(3)人民公社体制的调整

由以上几个特征可以看出,人民公社体制明显超越了当时的社会现实与生产力状况,不仅违背了农村合作经济的原则,而且背离了农村发展的既定目标,结果造成农业连年减产,农村经济大幅度的下降。人民公社建立不久暴露出的各种问题和矛盾,迫使对它进行调整和完善。调整工作从 1958 年冬开始到 1959 年夏季,一直在反对"左"的指导思想下展开。这次调整只是对管理权限过分集中在公社的状况作适当改变,试图用分权的办法协调公社的内部关系,并没有触及生产资料所有权。因而,这次调整只是初步的,人民公社的体制亦未作根本改变。1959 年 7 月以后,由于贯彻了在庐山召开的党的八届八中全会精神,在全国各地开展了反右倾运动,以致中断了对"左"的错误的批判,人民公社的调整工作无法继续。人民公社体制的初步调整,虽然遇到了大的反复,也很不彻底,但因为它开始纠正错误,在当时也曾经起了积极作用。

到 1960 年冬,在"左"的错误造成更严重的危害时,中共中央发出《关于农村人民公社当前政策问题的紧急指示信》,重申了一系列农村政策规定,从"反右倾"开始转向了继续纠"左",使人民公社体制转入了重新调整的轨道。1961 年 4 月,《农村人民公社工作条例》草案发出后,农村人民公社体制进行了进一步的调整,确立了"三级所有,队为基础"的制度。基本核算单位"放到脚下"后,规定生产队范围内的土地、耕畜、农具、劳力归生产队集体所有,生产队对它的生产经营管理和收益分配有自主权。这种以生产队的所有制为基础的"三级所有,队为基础"的制度,在 1962 年 9 月党的八届十中全会通过的《农村人民公社工作条例》(修正草案)中得以确认,并明确规定"至少 30 年不变"。这使当时和以后相当一个时期人民公社的生产管理、社员分配以及社员家庭副业等方面,都和初建社时的公社有很大不同。而且,随着《六十条》的进一步贯彻落实,党的各项农村经济政策相对稳定下来,调动了农民的积极性,农业生产得到逐步恢复和发展。

（二）改革开放以来我国农业合作经济的变革历程

1. 农村合作经济发育的制度环境变迁

党的十一届三中全会以来,我国农村经济体制经历了两大变革,一是在农村实行家庭联产承包责任制;二是在大力发展商品经济的过程中,改革农产品流通体制,引入市场机制。农村经济体制的变革直接催生出了合作经济组织赖以存在的经济制度环境,即私有财产制度和市场经济体制。由此,我国的农村合作经济进入了一个新的发展阶段,新型农村合作经济蓬勃兴起。

（1）家庭承包经营制度的确立是农业合作经济产生的直接因素

中国的改革是从农村开始并率先取得突破的,而农村改革最重要的举措是推行了家庭联产承包责任制。家庭联产承包责任制是指农户以家庭为单位向集体组织承包土地等生产资料和生产任务的农业生产责任制形式。其基本特点是在保留集体经济必要的统一经营的同时,集体将土地和其他生产资料承包给农户,承包户根据承包合同规定的权限,独立作出经营决策,并在完成国家和集体任务的前提下分享经营成果。一般做法是将土地等生产资料按人口或劳动力比例根据责、权、利相结合的原则分包给农户经营,承包户和集体经济组织签订承包合同。

以家庭承包经营为基础的统分结合的双层经营体制,一方面坚持了作为农业基本生产资料土地的公有制,另一方面实行所有权与经营权分离,使农民通过承包掌握了充分的自主权,实现了生产资料与劳动者直接的结合,从而可以自负盈亏,可以自行安排生产,支配劳动时间,可以对家庭成员按男女老少的特点进行适当分工,发展家庭副业和多种经营,大大提高了每个人的积极性和农业的劳动生产率。家庭联产承包责任制以农户家庭作为农村的基本生产经营单位,使农户成为拥有私人生产资料的独立小生产者,具备了独立的市场主体地位,在客观上为农业合作经济组织在我国农村的发展奠定了微观经济制度基础。[①]

联产承包责任制,把合作经济与商品经济结合起来,搞活了农村经济,家庭这个市场经济的细胞,开始发生裂变。农民不再按计划任务而是市场需求来安排自己的经济活动,从而逐步突破本乡本县的局限,走向市场,参与市场竞争,追求更

---

① 国鲁来. 农村基本经营制度的演进轨迹与发展评价[J]. 改革,2013,(2):98-107.

高的经济效益,造成生产要素的流动和优化组合,促进了横向联系与非农产品的发展。农民为应对商品经济的激烈市场竞争,获得平等的市场地位,就必须扩大生产和经营规模,农村合作经济组织是在家庭承包经营基础上,按照"民办、民管、民受益"原则,自愿组织起来,在技术、资金、信息、生产、加工、仓储、购销等方面实行互助合作的经济组织。通过各种联合扩大生产经营规模,因此,为了在以家庭为独立生产单位的前提下,实现共同经营,农村合作经济组织成了自发的、合理、正确的必然选择。

(2)商品经济的发展是农业合作经济产生发展的根本原因

商品经济的发展不但提出了合作的要求,而且为各种合作提供了可能。只有发展商品经济,合作经济才会有发展的动力,合作经济才会不断发展壮大。合作经济组织是商品经济发展到一定阶段的产物,合作经济必须建立在商品经济发展的基础之上,并与商品经济发展的客观要求相适合,通过农村合作经济组织的联合,可以降低交易成本,可以降低市场风险。

党的十一届三中全会以来,我们充分认识到商品经济的发展是生产力发展过程中不可逾越的阶段,逐步恢复了商品生产和商品交换。商品经济的发展使农民的农业生产由自给自足,自己使用,转向商品交换,由于"小而全"的生产模式不能满足商品交换的要求,因此,农民走上了生产专业化的道路。与之相适应,专门为农民生产服务的社会化服务体系也应运而生,一批以提供技术、信息服务为主,具有合作制萌芽性质的专业合作组织产生了。

随着我国农村经济体制改革和市场经济的发展,农民有了进入市场的客观要求,专业合作组织涉及的领域从果蔬业、畜牧业、林业,发展到农机服务、运输、粮油作物、资源开发、手工业品生产等诸多方面。随着生产的日益专业化和社会化,市场的引领作用逐渐增强,在资源配置中逐渐起到了基础性作用,因此,市场农产品的生产经营都要服从市场。面对市场竞争,家庭经营的小生产和社会化的大市场之间的矛盾出现了。单家独户参与市场的成本较高,对市场的影响力也很小,农业生产者要想在市场竞争中生存和发展,就必须实现由被动适应市场向主动影响市场的转变,发展各种农业经济合作组织,使农民个体成为农民集体,提高农民的组织化程度,改变农民在市场上的弱势地位。由此可见,商品生产和商品交换推动了劳动分工,而劳动分工又促进了合作经济的发展。因此,商品经济的发展是农村合作经济产生和发展的根本原因。

2. 农业合作经济的变革历程

改革开放以来,我国农业合作经济组织的发展,大体经历了三个阶段:

(1)农民自发起步阶段(1978年至90年代初)

随着农户私有财产权制度和商品生产的恢复,农民具有了自主经营权和对村集体的独立权,并通过农产品流通改革积累了一定的财富,这为农民开始进行个体意义上的联合提供了条件和基础。但另一方面,改革又把分散、弱小的农民卷入了竞争日益激烈的市场中。改革开放初期,农产品市场是卖方市场,农户遇到的主要困难是生产技术缺乏、市场信息不畅、生产经营规模过小和对外经济联系渠道不畅。为了规避上述风险,一些农民在当地技术能手、当地科协等的带领下,自愿联合起来,以技术交流、技术服务为主要业务内容、自发组成各类民间技术协会,具有合作制萌芽性质的专业合作组织应运而生。农民专业技术协会最早出现在 1970 年代末,安徽天长县成立了中国第一个农民科学种田技术协会。1980年,四川和广东等省出现了养蜂协会、杂交稻研究会等一批专业技术协会,主要为农户提供信息、技术服务,着重于农业生产技术的推广、研制和开发。① 初期的农民合作经济组织基本上处于摸索状态,数量少、规模小、组织程度松散、运行规范化程度低。

对于农民的组织创新,1983 年以来中央连续出台的 5 个一号文件中明确了对发展农民合作组织的支持态度。1983 年中共中央 1 号文件中已提到地区性合作经济组织应发挥的作用。1986 年中共中央 1 号文件进一步明确指出:近几年出现了一批按产品或行业建立的服务组织,应当认真总结经验,逐步完善。各地可选择若干商品集中产区按照农民的要求,提供良种、技术、加工、储运、销售等系列化服务。中央这些文件的颁布,为农业合作经济组织的改革、创新营造了良好的政策环境。1986 年,国家科委、中国科协联合提出把支持推动合作组织的发展和提高作为农村科普工作的重要内容,中国科协组织成立了中国农业专业技术协会,全面指导农民专业技术协会的具体工作。

1990 年代以前,农民合作组织已取得了可喜的发展。据统计,到 1990 年,全国各类专业合作组织 123.1 万个。其中,生产经营型 74 万个,占总数的 60%;服务型 41.4 万个,占 33.6%。② 这一阶段的农业合作经济组织具有以下三个特点:

从产生过程看,大部分是由民间自发产生的互助合作组织,是改革开放后农民面对不断发展的市场经济形式的一种自发行为。

从组织形式来看,形式比较单一,农民专业技术协会成为主流,多依托基层农业技术服务部门发展,以技术服务为主,少量办有经济实体。

① 李资资. 中国农民专业合作组织研究——基于国家与社会关系的视角[M]. 北京:中央编译出版社,2011.

② 侯保疆. 我国农民专业合作组织的发展轨迹及其特点[J]. 农村经济,2007,(3):123-126.

从产业分布来看,主要局限于生产服务领域,大部分集中在农业的种植业和养殖业,流通领域很少,与其上下游经营活动的相关性还不大。[①]

（2）推动发展阶段（20 世纪 90 年代初至 21 世纪初）

20 世纪 90 年代初,我国农业和农村经济进入新的发展阶段,农产品供求关系发生根本变化,从过去长期短缺到总量基本平衡、丰年有余,出现部分农产品结构性过剩。农产品流通的市场机制初步建立,随着市场化的纵深发展,分散农户与大市场的矛盾更加尖锐。为了解决农产品难卖和农民收入增长缓慢的问题,各级政府和有关部门引导农民自愿建立专业合作社和专业协会,农民合作经济组织的发展开始由民间自发、零星、松散为主的技术互助组织,逐步向产前、产后的其他农业生产领域扩展、一批以经济实体为主的农业生产资料购买和农产品销售专业合作社涌现出来,农业合作经济逐步进入推动发展的新阶段。

这一阶段各级政府特别是农业部门对于农村合作经济日益重视,出台了一系列政策措施,极大推动了农民专业合作组织的发展,改善了其外部发展环境。1991 年,国务院颁布《关于加强农业社会化服务体系建设的通知》,将农业专业技术协会、专业合作社作为农业社会化服务的形式之一。1993 年,国务院明确以农业部门为指导和扶持农民专业合作与联合组织的行政主管部门。1994 年 1 月,农业部和国家科委联合下发了《关于加强对农民专业协会指导与扶持工作的通知》,要求各地为专业协会发展创造一个良好的外部环境。同年,农业部门还与有关部门协作起草了《农民专业协会示范章程》,部分省市组织的相关试点工作陆续展开。1995 年,中共中央、国务院《关于深化供销合作社改革的决定》把发展专业合作社作为供销合作社改革的重要措施。财政部和税务总局等部门也出台了相关扶持政策,1994 年规定对农民专业协会和农民专业合作社暂免征收所得税。1997 年,财政部文件又规定,对专业合作社销售农产品免征增值税。

在相关政策的积极推动下,在解决"小农民大市场"的矛盾、大力发展农业产业化经营的过程中,农业合作经济由生产领域向流通领域发展,涌现出了一批农产品销售专业合作社。农产品销售专业合作社的领办人是那些拥有稳定市场销售渠道和资源的农村能人、龙头企业、基层供销社以及其他社会组织。领办人在收购销售农产品的同时,有时还为成员提供市场信息、生产资料购买、技术指导、流动资金协调等关键环节服务,在一定程度上保证了农民成员获得相对稳定的农产品销售收入。但是在合作社内部,领办人与普通成员并未形成风险共担、利益均沾的利益分享机制。

---

① 胡振华. 中国农村合作组织分析[M]. 北京:知识产权出版社,2010.

与此同时,在 80 年代作为合作组织主流的农民专业技术协会也开始向符合时代发展要求的方向转变。进入 90 年代后,农民在农业生产上对技术的需求相较于改革开放初不那么突出,而随着农产品市场的开放,农民对其他方面的合作需求日益增强。与此相适应,已有的农民专业技术协会在满足会员技术服务要求的基础上,向产前和产后领域延伸,由松散联合向利益均沾、风险共担的紧密型联合体发展[1],专业技术协会首先转变为专业协会,不再突出技术合作的性质,并进一步演进成为共同购买农资、共同销售农产品的专业合作社。

截止 1998 年底,农村有各类专业合作组织 148 万多个,其中种植业占 63.1%,养殖业占 14.4%,加工运输业占 6.1%,其他行业占 16.4%,全国有跨县的专业合作组织 5240 个,跨乡的专业合作组织 8140 个[2]。这一阶段的农业合作经济组织呈现出以下几个鲜明的特点:

从产生过程看,这一阶段的农业合作经济发展得到了国家各部门的支持与推动,制定了一系列政策和示范章程促进了合作经济组织的发展。这一阶段既有农民完全自发组成的合作组织,也有在政府直接扶持、参与下创建的合作组织,以及政府与农民联办的合作组织。

从组织形式来看,80 年代较为单一的合作组织初始形式开始分化,专业合作社和专业协会共同发展。并在农业产业化经营的"公司＋农户"的基本组织模式基础上,走向与企业或其他社会组织的联合,形成了"协会＋农户"、"合作社＋农户"、"公司＋合作社＋农户"等各种组织形式。

从产业分布来看,突破了 80 年代主要局限于农业生产领域的状况,与农业生产的上下游经营活动相联系,将农业生产、加工、销售相联系。专业合作组织涉及的领域从果蔬业、畜牧业、水产业、林业,发展到农机服务、运输、粮油作物、水利建设、资源开发、手工业品生产等诸多方面。

该阶段我国农村合作经济发展势头良好,但也存在许多问题,如组织规模小、制度安排缺失、官办色彩浓厚、开展业务的局限性很大等问题。其重要原因在于当时对于如何发展农业合作经济还没有形成清晰的思路,更谈不上规范的合作组织经营模式、明确的合作主体法律地位和比较健全的法律保障体系。

(3) 依法规范发展阶段(21 世纪初至今)

进入新世纪后,中国农业发展进入新阶段,面临许多新机遇和挑战,我国国民

① 张晓山. 中国农村改革与发展概论[M]. 北京:中国社会科学出版社,2010.
② 潘劲. 合作社理论与中国农村合作社实践[A]. 中国社会科学院农村发展研究所 2001 年资料[C]. 2001.

经济的持续健康发展,为农业发展带来广阔的发展前景;农村市场经济体制的初步建立,农产品买方市场格局基本形成;加入 WTO 后,我国农业面临国内、国际两个市场的竞争;中央农业政策转向"多予、少取、放活",改善农户的市场竞争环境,增加农民收入。由此,中国农业合作经济的发展出现了新的转机,又掀开了新的一页。广大农村地区、特别是在浙江、山东等农业较为发达、农业产业化、专业化发展较快的地区涌现出一大批类型各异的新型农民合作经济组织,成为农业合作经济组织制度创新的新亮点。

这一阶段的标志是有关农业合作经济方面的立法有了长足的进展,国家支持和保护农业合作经济的政策法律化。2003 年 3 月 1 日,修订后的《中华人民共和国农业法》开始实施,以法律的形式确立了农民专业合作经济组织的法律地位和组织原则,把农业专业经济合作组织和其他从事农业生产经营的组织并称为农业生产经营组织,鼓励农民在家庭承包经营的基础上自愿组成各类专业合作经济组织。

2006 年 10 月 31 日,全国人大常委会第二十四次会议通过了《中华人民共和国农民专业合作社法》,2007 年 7 月 1 日正式实施。这部法律的颁布实施,从法律制度上为农民专业合作社作了框架设计和基本原则规定,标志着农民专业合作组织建设进入依法发展的新阶段。农民专业合作组织将依照《农民专业合作社法》的规定,健全内部管理制度,加强民主管理,开拓农产品市场,发展当地主导产业,不断提高服务功能,其凝聚力、吸引力不断增强。

从此,我国的农业经济合作进入到改革开放以来最活跃的创新、发展时期。2008 年的数据显示,《中华人民共和国农民专业合作社法》实施以来,全国在工商机关依法新登记并领取法人执照的农民专业合作组织法人 26397 家,成员总数350947 人,成员出资总额 159 亿元。[①] 各类农民专业合作经济组织的规范性不断加强,创新步伐开始加速,在产生方式、组织形式、成员关系和参与主体等方面都呈现出多样性。

二、大陆农业合作经济的特征

（一）农业合作经济组织发展模式

农业合作经济组织的相关概念范畴依据内涵范围的大小可分为三个层次。第一个层次,也即内涵最大的层次是"农业合作经济组织"、"农村合作经济组织"

---

① 郭晓鸣,宋相涛. 以制度创新促进农民合作组织可持续发展——"《农民专业合作社法》颁布后中国农民合作组织发展新动向"国际研讨会综述[J]. 中国农村经济,2008,(11):74.

和"农民合作经济组织",这三者在本质上是相同的,即均强调"合作经济组织"的属性,但具体强调的侧重点则略有差异,"农业"强调的是产业范畴,"农村"强调的是地域范畴,"农民"强调的是主体范畴。[①] 第二个层次,包括"专业(性)合作经济组织"、"社区(性)合作经济组织(也有人称为地区性或区域性)"、"新型合作经济组织"、"农民自组织"等概念。第三个层次,是农村合作经济组织的具体形式,包括"供销合作社"、"农村信用合作社"、"专业合作社"、"农民技术协会"、"专业协会"、"专业研究会"、"农村合作基金会"等。[②]

依据合作经济组织是否严格实行国际合作运动的公认原则,可以将合作经济组织的具体形式分为准合作经济组织和典型合作经济组织两类。

1. 准合作经济组织

在我国现实中存在的社区合作经济组织、农村供销合作社、农村信用社、股份合作社等组织,虽然从广义上仍被归为合作经济组织范畴,但却与典型合作组织的组织原则、运作模式存在一定差异,可以称为"准合作经济组织"。

(1) 社区合作经济组织

社区农民合作经济组织是在政府直接主导下,改革传统人民公社体制,以土地集体所有制为基础,在村或村民小组一级建立的社区集体经济组织。它最突出的标志是土地及其生产资料归合作经济组织成员集体所有,实行集体统一经营和农户家庭分散经营相结合的双层经营体制。社区农民合作经济组织按照农民居住的村落形成,并非按照成员自愿原则建立;强调财产的合并,不承认私人产权;管理行为围绕着实现政府利益而非合作经济组织的自身利益,削弱了合作组织的自主权。

(2) 农村供销合作社和农村信用社

农村供销合作社和农村信用社体制形成于建国初期,起初是由农民入股组建的,原始积累来自农民的股金,属于农民根据自愿、平等、互利原则建立起来的合作经济组织。1950年代,农村供销合作社和信用社基本形成了从中央到地方再到基层的组织系统,在满足农村生产和生活需要,促进农村金融体系建设中发挥了重要的作用。但是由于历史的原因,农村供销合作社和信用社经历了一个形成、异化和改革的曲折发展过程,它们的性质慢慢地从农民自己的合作经济组织,演变成了官办、半官办的组织。[③]

① 曾宪影,李钦. 农村合作经济组织是农业领域产业组织的新发展[J]. 农业经济问题,2000,(8):48-51.
② 张学鹏. 我国农村合作经济组织研究综述[J]. 经济学动态,2005,(10):67-69.
③ 程同顺,黄晓燕. 中国农民组织化问题研究:共识与分歧[J]. 教学与研究,2003,(3):42-47.

目前,从农村经济发展的需要,从建立社会主义市场经济体制的要求,从自身改革的迫切需要出发,供销合作社和信用社在规范组织合作性方面进行了积极探索、尝试。规范合作社的股权设置,最大限度地把愿意介入合作社,承认合作社章程,愿意承担责任、义务的农户发展为社员;规范合作社的民主管理,发挥社员代表大会、理事会和监事会的决策、监督和制约作用;规范合作社的服务方向,在农用生产物资和农产品购销方面,在存贷款以及相关的信息咨询方面为社员提供服务。

以农村供销合作社为例,目前,供销合作社已进入联合发展的新阶段,基本形成了符合合作制理念和市场经济取向的供销合作社新体制和新机制。截至 2012年底,供销社全系统有省(区、市)供销合作社 31 个,省辖市(地、盟、州)供销合作社 335 个,县(区、市、旗)供销合作社 2385 个,社有企业 17346 个,事业单位 309个,基层社 19082 个,基层社经营网点 27.47 万个,共有职工 339 万人。①

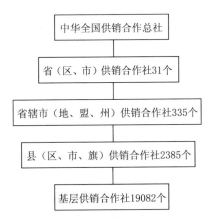

图 5.1　供销合作社组织体系图(截至 2012 年底)

(3)股份合作制企业

股份合作制是在合作制基础上实行股份制的一种新型农民合作经济组织,兼有资本合股和劳动联合的形式,主要是通过资金、技术、劳动、土地等生产要素入股方式进行合作经营。这种股份合作经营组织,多数是由农民出劳务或土地,由城镇工商企业主、科技人员、机关干部出资金或技术,实行按股分红。这种形式具有聚集生产要素,利益直接、分配公平、便于操作等特点,类似于美国的"新一代合作社"。

---

① 全国供销合作社系统 2012 年基本情况统计公报[R]. 北京:中华全国供销合作总社,2013.

（二）典型合作经济组织

典型合作经济组织是农村改革开放后，农民群众为应对商品经济的激烈市场竞争，在家庭承包经营基础上，按照"民办、民管、民受益"原则，在技术、资金、信息、生产、加工、仓储、购销等方面实行互助合作，自愿组织起来的经济组织。典型合作经济组织分为基层专业合作组织和专业联合组织。基层专业合作组织包括专业合作社和专业协会，专业联合组织包括专业联合社和专业联合会。[①]

（1）专业合作社

农民专业合作社是在农村家庭承包经营基础上，同类农产品生产经营者或者同类农业生产经营服务的提供者、利用者，自愿联合、民主管理的互助性经济组织。它是依照《农民专业合作社法》组建的市场主体，在工商行政管理部门登记为合作社法人。成员加入专业合作社可以自愿出资一定数量的股金，专业合作社按照"一人一票"的原则实行民主管理，可分配盈余的60％应当以交易量（额）比例返还给成员。其基本特征是"两在、两先、两自"，即：生产在家，服务在社；先有专业生产后有专业合作，先有群众意愿后有组织建设；自主管理，自由进出。其主要特点是与市场或农产品加工企业相连接。对于不需要深加工的农产品，由专业合作社统一组织产品初加工及包装、运销，形成"市场＋专业合作社＋农户"的生产经营模式，由专业合作社负责组织社员的生产及产品销售，实现产销一体化；对于需要加工的农产品，通过"企业＋专业合作社＋农户"的模式，由专业合作社组织农业生产，由企业加工并销售加工产品，实现产加销一体化。也有少部分专业合作社通过兴办加工实体，组织开展成员产品的加工和销售业务。这种新型合作组织与传统的供销合作社、信用合作社和农村集体经济组织有着本质的区别。

（2）专业协会

农民专业协会是一种比较松散的合作组织形式。目前，多数专业协会在民政部门登记为社团组织，有一部分在农业部门登记，作为农业生产经营组织。专业协会约占专业合作组织总数的55％，广泛分布在农村各地的各个产业中。它一般是按照《社会团体登记管理条例》规定，有相同产业的农户自愿组建，成员每年缴纳一定数量的会费作为协会活动费用，协会主要向成员提供技术、信息、运销等中介服务。由于专业协会是社团组织，不能直接从事经营，一些专业协会成立了公司，公司在工商管理部门注册为企业法人，独立核算，为成员提供农资购买或产品运销等服务。大多数专业协会帮助成员与企业、与农村经纪人建立销售渠道，不直接为成员销售产品，没有销售收入，因此，没有盈余分配。

---

① 冯开文. 合作制度变迁与创新研究［M］. 北京：中国农业出版社，2003.

（3）专业联合组织

专业合作社或专业协会由于业务发展需要，自愿联合成立专业联合组织，包括专业联合社和专业联合会。目前，我国农民专业联合组织主要在地、市、县范围内组建，起到协调基层专业合作组织发展和开拓市场的作用。专业联合社是由3个以上专业合作社为主体，参照《农民专业合作社法》自愿联合成立，在工商管理部门注册登记为合作社法人，开展相关生产经营活动。专业联合会是由3个以上专业合作社或者专业协会为主体，自愿联合成立，在民政部门注册登记为社团组织，开展相关咨询服务、行业协调等活动。

（二）农业合作经济组织基本特征

经过农村改革开放30多年的发展，在政府的大力扶持和推动下，我国农业合作经济组织迅速发展，数量规模不断扩大，覆盖面逐渐拓宽，分布日益广泛，取得了较为显著的成果。但从总体来看，当前我国农业合作经济组织发展仍处于起步阶段，多数合作社规模小、服务带动能力弱、盈利水平低，在农业农村中发挥的作用有限。具体来看，我国农业合作经济组织发展呈现出以下基本特征：

1. 组织发展初具规模，带动效应明显增强

截止2011年底，我国农民专业合作社总数达50.91万个，比2010年底增加15.7万个，增长44.7%，其中，被农业部门认定为示范社的6.5万个，占合作社总数的12.8%。农民专业合作社实有成员达3444.1万个（户），比2010年底增长26.6%，平均每个合作社有近70个成员；通过合作社带动非入社成员5366万户，比2010年底增长26.4%，平均每个合作社带动105户。[①] 我国农民专业合作经济组织在总体上呈现出产业门类日益增多、服务内容不断拓展、组织功能逐步完善、市场竞争能力逐步增强的良好发展态势。但与发达国家相比，入社农户的比例仍较低，绝大多数小农仍游离于合作组织之外。

从合作组织空间分布看，全国并不均衡。山东、江苏、山西、河南、浙江、吉林、黑龙江等现代农业发展较快的省份，也正是农民专业合作社数量增长较多的地区，7省合作社数占合作社总数的54.9%，青海、海南、宁夏、新疆等省份农村合作经济组织发展明显滞后。

2. 合作领域广泛，种养业集中分布明显

农民专业合作经济组织广泛分布在种植、畜牧、农机、渔业、传统手工业等农村各个产业。从产业分布看，种养业集中分布的趋势非常明显。截至2011年底，

---

① 农业部经管司. 2011年农民专业合作社发展情况［EB/OL］. http://www.moa.gov.cn/sjzz/jgs/jggz/njtjyfx,2012 - 05 - 07.

种植业、畜牧业、服务业、林业、渔业合作社数依次为 24.6 万个、14.4 万个、4.6 万个、2.6 万个和 2.0 万个。种植业、畜牧业合作社在全部合作社中占近九成。种植业合作社中,粮食合作社 5.99 万个,占种植业合作社的比重为 24.3%,比 2010 年增长 63.7%,是增长最快的一类合作社(见表 5.1)。

表 5.1　2011 年农民专业合作社产业分布情况

	种植业	粮食	畜牧业	生猪	奶业	服务业	农机	植保	土肥	林业	渔业
总数(万个)	24.6	5.99	14.4	5.05	1.02	4.6	2.6	0.6	0.2	2.6	2.0
比例(%)	48.3	24.3	28.2	35.2	7.1	9.0	57.5	13.1	3.6	5.1	3.9
2010 年同比增长(%)	46.4	63.7	38.3	27.7	39.2	51.8	47.3	66.7	60.9	54.8	30.9

资料来源:农业部经管司. 2011 年农民专业合作社发展情况[EB/OL]. http://www.moa.gov.cn/sjzz/jgs/jggz/njtjyfx,2012 - 05 - 07.

从服务内容看,农村专业合作经济组织已从最初的技术信息服务,拓展到农资供应、农技推广、土肥植保、农机作业、产品加工、储藏和销售等各个环节。其中,实行产加销一体化服务的合作社 26.6 万个,占合作社总数的半数以上,生产服务型合作社持续增加,达到 13.7 万个,占合作社总数的 26.9%。以购买、仓储、运销、加工和其他服务为主的合作社所占比重分别为 3.5%、0.8%、3.3%、2.2% 和10.9%(见表 5.2)。这说明农村专业合作经济组织的经营实体功能已有了明显的提升,使得农民能通过参加合作经济组织获得更加直接有效的经济收益。但需要指出的是,广大农户最急需的合作金融发展缓慢。

表 5.2　2011 年农民专业合作社服务内容情况

	产加销综合	生产	购买	仓储	运销	加工	其他
比例(%)	52.3	26.9	3.5	0.8	3.3	2.2	10.9

资料来源:农业部经管司. 2011 年农民专业合作社发展情况[EB/OL]. http://www.moa.gov.cn/sjzz/jgs/jggz/njtjyfx, 2012 - 05 - 07.

3. 农民精英领办,农民主体地位得到确认

从农民合作经济组织组建情况来看,已经由政府部门推动转为更多的依靠农民自己组建、发展。2011 年底,农村能人牵头领办合作社占合作社的比重为89.9%,达到 45.8 万个,比 2010 年增长 48.1%。其次,是由企业牵头领办的合作社1.5万个,占合作社总数的比重为 2.9%;由基层农技服务组织牵头领办的合作社 1.0 万个,占合作社总数的比重为 2.0%。其余领办者为基层供销社、民间组

织、科技人员等,占合作社的比重为 5.2%(见表 5.3)。

表 5.3　2011 年农民专业合作社领办人情况

	农民	村组干部	企业	基层农技服务组织	其他
比例(%)	89.9	20.1	2.9	2.0	5.2

资料来源:农业部经管司. 2011 年农民专业合作社发展情况[EB/OL]. http://www.moa.gov.cn/sjzz/jgs/jggz/njtjyfx, 2012 - 05 - 07.

农业合作经济组织参与主体的多元化,使成员结构具有高度的异质性。不同参与主体的资源禀赋不同,参与合作经济组织的动机与目的不同,在合作经济组织创建和发展中的作用也不同,从而为合作经济组织的发展提出了一定的挑战。

4. 规范化程度较高,内部治理结构各具特色

目前农业合作经济组织发展基本上都有较为规范的书面章程,章程包含会员的权利和义务,组织的主要任务和功能,组织管理机构的设置及其职权,会员加入和退出的程序,会员的合格条件等各项内容。许多农业经济合作组织有较为健全的各项管理分配制度,允许会员在符合协会规定的条件下自愿加入和自由退出,合作社成员能较好地行使民主选举、民主管理、民主决策、民主监督的权利。但合作经济组织运行过多地依赖于农村能人等领办者,合作组织成员间没有建立起利益共享、风险共担的激励和约束机制。

5. 经营能力较强,带动农民增收明显

农村合作经济组织的经营能力不断增强。22 个省区市的 6800 多家农民专业合作社参与了"农超对接",直接进入二、三产业经营。[1] 2011 年底,农民专业合作社为成员提供的经营服务总值为 6183 亿元。2012 年末,供销社系统组织农民兴办各类专业合作社 77088 个,其中,通过有机、绿色、无公害等认证的专业合作社 17623 个,拥有产品注册商标的专业合作社 9568 个,占全部专业合作社的 12.41%。[2] 但我们也看到,农业合作经济组织要想成为一个能与其他市场经营主体进行有效对抗的经济组织,总体经营规模仍然偏小。

对农民专业合作社抽样调查显示,农民专业合作社成员收入普遍比当地未入社农户收入高出 20% 以上,有的甚至高出一倍以上,[3]合作经济组织带动农民增收效果明显。2011 年,各类合作社当年可分配盈余 491.6 亿元。合作社可分配盈

①　孙建. 首届全国"农校对接"洽谈会将举办[N]. 农民日报, 2010 - 05 - 18.
②　全国供销合作社系统 2012 年基本情况统计公报[R]. 北京:中华全国供销合作总社, 2013.
③　张凯. 农民专业合作社发展现状、问题及解决的对策[J]. 学术交流, 2011, (11):101 - 106.

余中通过股金分配 104.4 亿元,通过按交易量返还 243.4 亿元。采取可分配盈余按交易量返还的合作社 11.5 万个,占合作社总数的 22.6%,其中,依据法律返还比例超过可分配盈余 60% 的合作社近 8.3 万个,占 72.5%。

6. 政府部门积极利用,扶持力度较大

中央和地方政府先后出台扶持农业合作经济组织发展的税收优惠政策、金融支持政策、财政扶持政策等。以中央财政扶持为例,2003 年至 2010 年,中央财政累计安排专项资金超过 18 亿元,主要用于扶持农民专业合作社增强服务功能和自我发展能力。2011 年,各级财政扶持资金总额达 44.6 亿元,共扶持合作社 2.9 万个,平均每个合作社获得扶持资金 15.6 万元,比 2010 年增长 6.4%。

(三) 农业合作经济组织运行机制

决策机制、竞争机制、激励机制、约束机制和发展机制构成了农村合作经济组织运行机制的整体,这一整体,紧密联系,不可分割,相互促进。只有对这一整体的各项因素具体分析,使运行机制充满活力,才能发挥农村合作经济组织运行机制的作用。

1. 决策机制

决策机制主要包括经营决策、投资决策以及其它关系到合作经济组织命运的重大决策。决策机制具有民主性的特点。合作经济组织的决策原则是“一人一票”。凡是关于合作经济组织的重大决策都应由该组织的全体成员集体讨论决定,体现民主原则。

2. 竞争机制

竞争机制包括竞争能力的分析和竞争手段的选择。农村合作经济组织在市场上的竞争力,主要体现在市场需求层面和供给层面两个方面。从市场需求层面看,产品和服务是否具有市场需求力,决定于产品和服务是否被市场认可。从供给层面看,产品和服务是否具有有效的供给能力,竞争手段的选择对能否有效地提高经济效益起着决定性的作用。

3. 激励机制

激励机制是合作经济组织内部以物质利益为基础的劳动者和劳动手段推动能力的总和。劳动者通过辛勤劳动获得生活资料,提高生活水平,这也是农业合作经济组织劳动者的积极性充分发挥的基本条件。按劳分配是农业合作经济收入分配的主要形式,股份分红是合作经济劳动者收入分配的必要补充形式。兼顾劳动者的长远利益与眼前利益,在合作企业生产不断发展的基础上,逐步提高劳动者的物质文化生活水平。股金分红有利于增强劳动者的凝聚力,有利于企业改善经营管理、提高经济效益,有利于巩固和壮大合作经济。

4. 约束机制

由于剩余索取权不能在市场上交易、不允许使用股权激励方式,以及社员缺少明确的角色分工和监督能力不足等因素的存在,合作经济组织的代理问题比其他组织更加复杂、更加尖锐。特别是随着成员异质性程度的增加,委托——代理问题更加严重。约束机制的设计既要约束合作社经营者,以防其过多地侵占其他社员的利益;又要防止合作社内大股东或谈判实力强的个人或团体侵犯其他社员的利益。

5. 发展机制

为保证发展机制的有效运行,农业合作经济组织必须从实际出发,制定出符合实际的发展规划,这一发展规划成为全体合作经济组织成员共同奋斗的目标。

(四)农业合作经济组织实现功能

随着改革开放30多年来农业、农村经济的发展,我国农业合作经济组织取得了长足发展,成就斐然。农业合作经济组织在引导农民进入市场,提高农业组织化程度;创新农村经营体制,推进农业产业化经营;建设农村服务体系,切实保护农民利益等方面发挥了重要作用。

1. 解决了小生产与大市场的矛盾,搞活农产品流通

在市场经济条件下,面对激烈的市场竞争,如何有效地引导农民参与市场竞争,对农民的生产经营起着重要的作用。农业合作经济组织解决了单家独户在资金、技术、营销等方面的诸多难题,将千家万户的小生产与千变万化的大市场连接起来,提高了农业的组织化程度和生产经营水平,增强了农产品的市场竞争力和农民抵御风险的能力,降低了农民进入市场和参与市场竞争的成本,更好地为生产发展,农民增收服务。通过典型示范,指导专业合作组织健全民主管理制度,实行标准化生产、专业化服务、产业化经营,增强合作组织生产、技术、加工、贮藏、运销等方面的服务能力,推动农民专业合作组织的进一步发展。

2. 创新农村经营体制,推进农业产业化经营

农业合作经济组织有效地发展和完善了统分结合的双层经营体制。以家庭承包经营为基础的双层经营体制,"统"与"分"之间存在着相互制约、相互依赖、相互渗透的关系。分户经营在我国已有几千年,农民有习惯。作为合作经济的一个基础层次,一经承包就形成了,并且发展很快。但同家庭经营相比,集体经营层次的形成和发展就慢得多。集体统一经营与家庭分散经营两个层次发展不平衡。集体统一经营的功能难以正常发挥,有的地区集体经营层次有名无实。集体经营中"统"的功能弱化,这不仅影响集体经营自身的发展,也影响到家庭经营能力的提高和整个农村经济的发展(见表5.4)。

表 5.4　按集体年收入分类的社区集体经济组织比重(%)

年份	无收入村	5万元以下村	5万~10万元村	10万元以上村
1990	10.2	65.3	13.5	11.0
1996	22.5	42.9	13.5	12.8
2006	45.1	—	—	—
2011	52.7	27.0	8.4	11.9

资料来源:国鲁来. 农村基本经营制度的演进轨迹与发展评价[J]. 改革,2013,(2):98-107.

农村合作经济组织通过实施标准化生产,开展统一服务,增强了农业市场竞争能力;通过挖掘农业内部潜力,调整农业结构,增加了农民收入;通过开展产业化经营,形成"一村一品"、"一品一社"的产业组织格局;通过进行农业社会化服务,推动基层农业技术推广体系改革,同时在一定程度上解决了引导农民进入市场组织资源不足的问题。农民专业合作组织的功能作用发挥日益显著,凝聚力、吸引力和号召力不断增强。这就为进一步深化农村改革开辟了新的途径。

3. 加快服务体系建设,保护农民利益

农业合作经济组织以服务为宗旨,以利益为纽带,把广大农民组织起来。农业合作经济组织是拓宽社会化服务,支持保护农业的现实渠道。农业合作经济组织为社员统一提供的系列化服务,是现阶段农业社会化服务体系的重要补充。农业合作经济组织强大的、多功能、全方位的社会服务功能是其他组织无法相比的。具体表现在:一是有效的组织功能;二是技术指导和咨询服务功能;三是集成功能。在一家一户分散经营的条件下难以推广的标准化生产、品种更新改良等先进农业技术,在农民专业合作组织中得到有效推广应用。通过"市场+专业合作社+农户"、"企业+专业合作社+农户"等生产经营模式,农业合作经济组织为农民提供产前、产中和产后的一体化服务。

三、大陆农业合作经济的发展趋势

在当前激烈的市场竞争下,我国蓬勃发展中的各种新型农村合作经济组织采取扩大业务范围,提供新的服务,扩大经营规模,改善经营管理等方式,探索合作组织的新模式,激发合作组织的新动力,走出了一条符合我国国情的新型经济合作发展示范道路。我们将从下列两个典型模式中分析我国农村合作经济组织的转型发展与效率提升,并基于可持续发展的视角对其发展趋势做出总结和展望。

(一)转型发展典型模式之一:广东模式

1. 广东农业合作经济组织的多维考量

(1)发展规模

广东省农民专业合作组织发展较早,第一个合作组织是 1980 年恩平县农民成立的牛江镇杂优稻专业研究会。之后,在相当长的一个时期,农民专业合作经济组织发展缓慢,农户覆盖率不高。进入 21 世纪,随着政府重视程度的不断提高,广东农民专业合作经济组织发展迅速。2010 年底,广东省注册登记的农民专业合作社 6715 个,出资总额 61.8 亿元。2011 年底,广东省农民专业合作社社员 29.54 万户,带动非社员农户 111.54 万。截至 2012 年 5 月,全省在工商部门注册登记的农民专业合作社达到 11500 个。[①]

(2)组织模式

广东的农民合作组织创立主体主要有三大类:农民大户、农业龙头企业、政府管理部门。其中,农民大户创立的专业合作组织占全省农民专业合作组织总数的 38.3%,农业龙头企业创立的专业合作组织占比为 12.6%,政府管理部门创立的专业合作组织占比为 49.1%。由此可见,以政府部门外生动力推动创立农民专业合作组织的模式是目前广东农民专业合作组织发展的重要力量。[②]

(3)行业分布

农民专业合作组织的行业分布主要与当地主导农产品呈现高度相关性。总体来说,广东农民专业合作组织以当地优势农业产业为依托,通过建立农民专业合作组织,促进农业产业化的进一步发展,主要分布在种植业中的蔬菜、水果和畜牧业中的养殖。据广东省农业厅的统计,至 2011 年底,全省农民专业合作社中,从事种植业的占 62.1%,畜牧业占 14.2%,渔业占 8.3%,林业占 2.8%,服务业占 7.7%,手工业和其他占 5%。[③]

(4)质量监督体系

据不完全统计,截止 2011 年底,广东省农民专业合作社已有 362 家实施生产质量标准,428 家通过农产品质量证书,248 家通过无公害农产品产地认定,1519 家建立了农产品质量安全追溯制度,21 家获得专利技术,注册"杨柑"火龙果、"皇斋虎嗷"金针菜等商标 333 个。

(5)流通网络体系

广东农业合作经济组织运用现代流通方式和新型经营业态改造提升传统经营网点,加快构建城乡农副产品和日用消费品双向流通网络,对促进农业发展方式转变、农民增收、保障消费者买到更加生鲜安全的农产品发挥了重要作用。例如,广东省供销社以"新供销"为核心品牌,新建和重组了广东新供销商贸连锁股份有限公司、广东新供销天润农产品有限公司和广东新供销丰业农产品有限公司等省级农副产品、日用消费品经营平台,重点发展大中型连锁超市、粮油连锁超市、社区连锁超市以及连锁配送业务,改造提升传统网络,积极参与农超对接平价商店建设(见图5.2)。截至2012年10月31日,全省供销社系统有647家农民专业合作社参与了农超对接,已建成农副产品平价商店1047家,成为广东省平价商店建设的主力军。①

图 5.2 广东省供销社系统网络终端建设主要模式

2. 广东农业合作经济组织的功能定位

围绕广东特色农业发展,大力扶持农业合作经济组织建设,亟须站在新的历史条件下,抓住发展的关键问题,创新经营管理体制机制,对农业合作经济组织功能进行准确定位。

(1)服务与纽带功能

农业合作经济组织发展的动力源泉是追求组织化潜在收益,但同时合作组织也是自助和互助组织,广东农业合作经济组织的服务和纽带功能主要体现在:第一,农产品销售。目前,广东省60%以上的农民专业合作社主要是从事农产品销

---

① 供销社从传统买卖走向现代流通——打造农副产品、日用消费品流通新网络[J]. 广东合作经济,2012,(6):19—20.

售。2011 年,全省农民专业合作社统一销售农产品 4100 亿元。第二,统一购买生产资料。2011 年全省农民专业合作社统一购买投入品总值达到 436 亿元。[①]第三,统一生产技术标准,为农户提供信息和技术服务。第四,成为上情下达和下情上达的重要媒介,协助政府贯彻和落实农业与农村政策,将农民意愿反馈给政府和上级主管部门,为政府施政提供第一手材料。

(2) 保护和教育功能

相对于国外民众较为普遍的合作意识,我国农民对合作经济的认识相当模糊甚至混乱。再加上计划经济时期人民公社制度留下的深刻负面印象,相当一部分人至今还"谈合色变"。农业合作组织应成为广泛意义上农民经济利益、文化权益的代表者,坚持民办,民管,民受益的原则,发挥减轻农民负担、增加农民收入、保护农民权益不受侵害、保护农村资源和农村环境、保障农村可持续发展的功能。同时,无论是推进农业结构调整,还是提高农业科技水平、生产经营和管理水平,都需要具有一定素质的人力资源。农业合作组织的教育职能体现在:加强合作社知识宣传,提高农民文化与科技素质,培养合作社企业家(带头人)和合作社骨干社员,使之拥有现代经营理念和合作精神。

(3) 发展功能

农业合作组织不同于股份制等组织形式,其力量还比较弱小。从发达国家经验看,其内容是非常广泛的,可以从小农业延伸到流通业,从大农业延伸至农工商贸加工一体化的大循环经济体系。从这个角度看,农民合作经济组织肩负着推进农业产业结构调整以及更广泛意义上的经济结构调整的发展功能。[②]

(二) 转型发展典型模式之二:江西抚州模式

1. 抚州市农村专业合作社的发展现状

江西省抚州市素有"赣抚粮仓"之称。如今,在这片红色的土地上,随着农民专业合作社和农村专业技术协会的迅猛发展,抚州市目前已有各类农民专业合作社 1528 家,农村专业技术协会 70 余家,入社入会农户达 20 余万,形成了"建一个组织,兴一个产业,活一方经济,富一方百姓"的良好局面。

2. 抚州市农村专业合作社的发展特征及趋势

(1) 从户与户的自发联合向有组织、规范化合作形式发展

抚州市辖内的农村专业合作社采取了"龙头企业+专业合作社组织+农户"、

---

① 傅晨. 广东省农民专业合作社的发展特点和主要问题[J]. 广东合作经济,2012,(5):14-16.

② 汪前元. 广东特色农业区域内农民专业合作组织的转型发展策略探析[J]. 广东行政学院学报,2011,(12):79-94.

"合作组织＋合作组织所办企业＋农户"、"基地＋合作社＋经纪人＋农户"等多种经营组织形式，以产品为核心、以利益为纽带、以自愿为原则，实行统一品牌、统一标准、统一质量要求、统一技术服务，促进了现代农业发展。如南丰县梦龙蜜橘种植专业合作社采取"龙头企业＋合作社＋农户"的发展模式，在各地建立销售点 11 个。2011 年，该合作社生产的近 1.5 亿公斤的蜜橘销往全国 50 多个大中城市，并出口到东南亚地区。又如宜黄县富民食用菌专业合作社通过推行"基地＋合作社＋经纪人＋农户"的经营模式，年销售额达 1580 万元，带动周边 6 个乡镇 3 万多名农民共同致富。①

（2）从提供单项服务向全面综合服务发展

抚州市农村专业合作社在发展初期，主要从生产领域的合作开始。随着经济实力和经验的累积，逐步向品牌、流通、加工等经营领域发展，并由过去单一的技术、销售单项服务向技术、培训、信息、销售、储藏、加工、贷款担保等多环节、多项目的综合服务转变。目前，全市农民互助合作组织中，提供技术环节服务的有 79 个、农资供应环节服务的 28 个、农户品销售服务的 127 个、技术和管理培训服务的 39 个、信息和经验服务的 32 个。②

专栏　"新庄烤烟专业合作社"实施植保"一条龙"服务

2011 年，江西抚州黎川县潭溪乡新庄村 68 户烟农组成"烤烟专业合作社"，根据入社社员各自特长，成立了育苗、机耕、植保、运输、烘烤、分级等 6 个专业服务队，实行烤烟种植和烤烟生产专业化服务，减少以往烟农生产用工、降低了劳动强度。尤其是烤烟喷药灭虫这一块，由于社员文化程度、生产水平和各自经历不尽相同、同时由于植保器械型号（包括直筒、背负、机动喷雾器）各不相同，因而把不准防治对象、防治适期，选不准农药品种，对配药浓度及用药量更是把握不住，达不到最佳防治效果，甚至出现适得其反的现象。如今有植保专业队在技术人员的指导下，"统一使用机动喷雾器，统一防治时间，统一选择高效低毒低残留农药，统一兑配农药和确定用药量"，从而达到了最佳防治效果，同时还相应节省了不少农药费用，无怪乎烟农们看到烟苗健康成长，脸上总少不了笑容。

（资料来源：黎川县农业局，2011 年 6 月 7 日）

---

① 黎国华. 风正好扬帆，合力去远航——抚州工商促进农民专业合作社发展纪实[N]. 中国工商报，2012-06-21.

② 纪文，陈宇. 农村专业合作社可持续发展问题研究[J]. 武汉金融，2009，(9)：50-51.

（3）从人才自我发展向"一社一会"创新人才示范转变

针对农民专业合作社发展中缺乏带头人的制约瓶颈,为了激发农村实用人才队伍建设的内生动力,抚州市启动实施了"一社一会"市级农村实用人才工作示范点创建活动,即选择部分组织化程度较高、集聚优秀农村实用人才较多、帮带农民群众致富效应较好的农民专业合作社、农村专业技术协会作为市级人才工作示范点。2011年,抚州市已确定了南丰贡桔源蜜桔种植专业合作社、崇仁跃鸣麻鸡饲养专业合作社、资溪毛竹产业协会等29个具有地方特色、实力较强的"一社一会"市级人才工作示范点。在确定的29个示范点中已有96个"孵化器",为380多名各类被帮带者实施了种养、加工、商贸等类实质性的运作。2011年以来,共带动新办企业和经济实体257个,提供项目和致富信息600多项,投入帮扶资金1400多万元,新增就业岗位3500多人次。抚州市初步走出了一条"以大户为核心、以'一社一会'建设为载体、以市场为主导、以利益为纽带"的农村实用人才培养开发新模式。[①]

（4）从本乡本土向跨区域发展

目前,抚州市面向本乡本村服务的农民专业合作组织有101个、本乡跨村服务的89个、本县跨乡的50个、本市跨县的18个、本省跨市的19个、跨省的28个。[②] 以辖区内的"面包之乡"资溪县为例,全县人口仅有12万,从事面包产业的人数就达4万人左右,产值达30亿元。资溪面包商会成立后,把在全国各地建立和健全网络体系建设作为促进面包产业发展的重要载体,使千家万户的分散型生产有机统一起来,做到统一管理、统一服务、信息共享、风险共担。至目前为止,资溪面包商会在全国多数大中城市建立了资溪面包分会,有力促进了面包产业健康快速发展。

（5）从以农民为主向多元参与发展

抚州市通过能人带头、龙头带动、村官领办、部门协办等多种途径发展专业合作社。抚州市对全市717户农民专业合作社的走访调查结果显示,专业合作社的合作模式主要包括四种类型,第一种类型是以农村能人为核心,联络若干专业农户组成的专业合作社,这种类型的有457户,占63.8%;第二种类型是以专业村为基础组成的专业合作社,这种类型的有166户,占23.2%;第三种类型是以有一定规模和影响的龙头企业为龙头,组成一个集生产、加工、销售于一体的专业合作

---

① 江西抚州市依托"一社一会"创建人才示范点凝聚农村实用人才［EB/OL］. http://dangjian.people.com.cn/GB/15439559.html.

② 纪文,陈宇. 农村专业合作社可持续发展问题研究［J］. 武汉金融,2009,(9)：50-51.

社,这种类型的有 29 户,占 4％;第四种类型是以涉农单位技术人员为核心,联络若干专业农户组成的专业合作社,这种类型的有 65 户,占 9％。①

（三）农业合作经济组织发展的新趋势和新动向

综合分析上述农村合作经济组织转型发展的典型模式,我们可以发现目前我国农业合作经济组织发展中值得关注的新趋势和新动向。

1. 突破地缘约束,发展以业缘为纽带的合作经济组织

我国农户经营规模普遍偏小,土地资源难以规模化极大妨碍了合作经济组织发展的空间。随着中国农村市场化程度的不断提高,传统社区内以地缘为纽带联系在一起合作经济组织形式将进一步分化,在更大的范围内配置资源,拓展合作组织的发展空间。而从事相同农产品业务的小农有着更为强烈的、一致的合作要求和合作意愿。这是因为,同业生产者按照专业化、标准化、规模化的方式进行农产品的生产符合现代农业发展的要求。而现代流通业的发展,也为农业合作组织突破地缘界限提供了一定的可能性。可以预见,以经营业务,而非地缘为纽带的组织发展将成为未来农村合作经济组织发展的一个趋势。

2. 由社员需求导向向市场需求导向转变

无论从世界合作社发展的历史,还是从我国农业合作经济组织的实践来看,合作运动的属性逐步由其社会性转变到经济性,合作社由传统的自我服务为主转向开放型的经营服务为主。为应付多变的市场,开拓新的市场活动领域,专业合作社突出主导产业,发展特色产品,以更好地适应市场需求;综合服务社从服务农民生活出发,突出综合服务,在满足农民需要的同时,也启动了农村消费市场。在面向国内市场的同时,我国一些专业合作社也在考虑如何开拓国际市场。此外,在市场调查研究方面,农业合作社也较过去更加专业化,以适应复杂多变的市场变化。

3. 合作经济组织再联合联盟形式大量涌现

合作经济组织的出现本身是弱势小农户从分散走向联合的结果。但从农业合作经济组织发展进程看,普遍会遇到信息不畅、规模不大、功能不强、管理不规范、技术含量不高、缺乏可持续发展能力等问题,迫切需要在更大范围、更高层次上实行再联合、再合作与再提升,发挥其群体规模效应。农业合作经济组织的社与社、合作社与公司、个体户等非合作成员之间的合作不断增多,采取了控股、参股、授权合作等多种方式。在以产权为纽带的新型经济共同体中,农户以土地、资

① 对抚州市农民专业合作社发展情况的调查[EB/OL]. http://xxgk.jxfz.gov.cn/bmgkxx/sgsj/gzdt/tjsj/201009/t20100907_941392.htm.

金、劳力和技术等参股,形成风险共担,利益共享机制。联合表现为横向联合和纵向联合两个方向:一方面,各合作经济组织之间在分工合作的基础上,打破地域限制和条块分割,实现资源共享和效益最大化,通过广泛的交流和沟通,促进信息、知识在水平方向更快地传播。另一方面,面对日益鲜明的以垂直协调为主要特征的农产品供应链管理趋势,重视合作经济组织间的纵向一体化经营,将农业生产合作与农产品营销、深加工合作这一纵向产业链条联系起来。

自从山西永济、河南兰考南马庄合作社等七家合作社成立全国第一家农民专业合作社联盟——国仁绿色联盟,山东枣庄市供销合作社系统率先在全国成立了第一家县级农村合作经济组织联合会以来,农村合作经济组织联合联盟在山东、浙江等地蓬勃发展,而且已开始探索实质性的运作。截至 2006 年底,山东省已有11 个市、60 多个县组建了市、县级农民合作经济组织联合,占市、县供销合作社的65%和 50%。组建合作经济组织联合会等形式的合作社联盟的势头将会继续下去。

4. 合作经济原则和治理模式不断突破与创新

就内部制度安排而言,合作经济组织不仅是一种产权安排,更是一种实现社员民主控制的治理结构。随着我国制度环境和经济水平的深刻变化,合作原则在不断的修正和发展中与时俱进,合作组织治理实践也由失范不断走向规范。

从资金来源看,传统合作社以自有资金为主,现在一些合作社通过多种渠道扩大资金规模,广泛地在合作社外融资进行扩大再生产。从分配方式看,现在一些合作社的盈余分红,既按社员的业务交易量,也注意按社员入股资金进行分配,形成一种按劳分配与按生产要素分配结合的格局。从投票方式看,许多农业合作社在体现一人一票民主精神的基础上,对这一原则采取了较为灵活的做法,设定附加表决权,如通过股金折股,使理事会成员获得更多的股金投票权,以增强理事会成员责任心,提高决策效率。

随着合作经济组织的日益成熟,其规模和业务范围在不断扩大,为克服合作组织在生产上分散进行,管理模式松散,稳定性不强的不足,取得长期发展优势,一些农村合作经济组织开始引入一些现代公司高效、科学的管理方式和治理模式。特别是在那些规模大、综合经营的合作社中,传统的成员控制模式逐渐为专业的管理控制所代替。

第二节　台湾农业合作经济演进与发展

发达的农业合作组织是促进台湾农业发展的重要保证,也是台湾农业现代化的主要特征之一。台湾农业长期以来处于小农经营型态,农户平均占有耕地1.1 hm²,其中72%农户的耕地面积在1.0 hm²以下,农民合作组织在引导小农进行规模化生产经营,提高农产品运销效率,提升农民的政治、经济与社会地位,保障民生福利等方面有许多成功的做法与经验。①

一、台湾农业合作经济组织的演变

台湾农业合作经济组织从1900年成立第一个农会起,经过一个多世纪的演进,已形成一个十分庞大和较为完整的体系,在促进农业生产、增强农民收入、推进乡村建设中发挥了重要作用。台湾农业合作经济组织的发展历程可以分为日本殖民时期、收复后变动时期和新农会法实施后三个阶段。

（一）日本殖民统治官办时期

1895年中日《马关条约》签订后,台湾沦为日本殖民地,直到二次大战结束。在日本殖民政府统治下,台湾的农业组织不得不受其控制和影响,可以说,台湾的合作思想和合作理念是日本侵略后从日本传入的。1900年台湾第一个农会成立于三角涌（现台北县三峡镇）。1902年,澎湖首创妈宫产业组合。1905年,宜兰兴产组合成立,这是台湾最初类似信用合作社的组织。以上台湾最早产生的合作组织均是农民自行组织的结果。台湾著名的农会专家郭敏学认为:"台湾农会运动的初期,系少数农民为了实现某种为个别农民所无法完成的目标而结成小团体,以集体力量求其完成。此一原动力为'确保耕种权及减租'。"

日本殖民政府为强化经济管制,实现殖民政策,1908年公布《台湾农会规则》和《台湾农会规则实施细则》,对台湾农会的经费来源、法律地位、事业组织及会员产生等做了明确规定,标志着日本正式开始控制台湾农会。同年,对民间无力投资的库渠由官方投资,定为"官设库渠",由官方直接经营管理。日本对台湾农会的控制以协助其推行殖民政策为目的,农民会员的需求与意愿并未受到农会重

---

① 杨小萍,曾玉荣,杨军,吴越.台湾农民合作组织的发展经验与启示[J].台湾农业探索,2009,(1):8-11.

视,农会实行强制入会及征收会费制度①,成员组成包括农民及土地所有者,农会组织多被当地权势人士、地主所把持。

日据时期台湾经济以农村经济为主,平民的金融机构极其匮乏。因此,一些来台湾从事中小企业经营的日本移民在部分乡镇率先创办了信用合作社,以解决社员经营中遇到的资金短缺问题。台湾第一家合作社"台北信用组合"创建于1910年9月15日,随后信用合作社逐步扩展到中南部和东部地区。②

1919年,台湾屏东地区渔民为谋求渔民的共同利益,组织"渔业组合",由于成效显著,于是其他地区渔民仿效也成立了这样的组织。在基层乡镇设立"渔业组合",郡、州、厅(县市)及府(省)设立"水产会"等两级制。1922年颁布"水利组合令"将公共库渠和官设库渠改组为"水利组合",全面完成公共化,"水利组合"具有对组合成员收取水租、征用土地及征调役夫的权力。

随着抗日战争的全面爆发,日本对粮食等战略物资的需求日益增加,加强了对台湾农产资源的控制和搜刮。1937年,日本颁布《台湾农会令》,形成台湾农会—州厅农会的二级体制;农会会长由各级政府主管兼任,农会组织"犹如一官方机构"。太平洋战争使日本日益贫困,为集中力量挽救经济危机,日本殖民政府将所有农业团体强制合并为全岛—州厅—市街庄三级制系统"农业会",使台湾农民组织步入一元化阶段,完全成为日据政府御用下的外围经济控制机构。③

日据时期的台湾合作事业的实质是为了配合"日本工业、台湾农业"的殖民政策,通过合作组织控制农民,保证台湾农产品的有效输出。因此,殖民政府只强调合作组织的经济功能,然而,从经营业绩上看,台湾合作事业的确取得了很大进步,这与台湾总督府制定了一系列奖励政策是分不开的。④

(二)台湾收复后合作组织改组和改进时期

1945年,当年的国民政府收复台湾。为了掌控并促进农村稳定发展,国民政府着手对日本殖民时期遗留下来的农会进行改组。改组后新的台湾省农业会延续了日据时期农会与合作社合一的体制。由于受到部分人士反对,很快又分为农会和合作社两大系统。合作社经营经济业务,农会负责技术推广、培训农民。在分设过程中,业务、资产、人事等等矛盾重重,舆论意见较多,严重影响到农会正常运营和整个乡村地区的稳定。

---

① 黄祖辉,邵科,徐旭初.台湾农会的发展经验与启示[J].台湾研究,2010,(5):43-48.
② 何安华.台湾地区的农业合作组织[J].中国合作经济评论,2011,(2):156-180.
③ 毕天云.台湾农会发展中的政府作用[A].//杨团,高鉴国.当代社会政策研究 V:"第五届社会政策国际论坛暨系列讲座"文集[C].北京:中国劳动社会保障出版社,2010.
④ 何安华.台湾地区的农业合作组织[J].中国合作经济评论,2011,(2):156-180.

1949 年受台湾当局邀请赴台的"中国农村复兴联合委员会"农会考察团提交了《台湾省农民组织调查报告》,建议将分设的合作社和农会合并建立多功能的农会,该建议被采纳。据此,1949 年《台湾省农会与合作社合并办法》规定凡原农业会改组之农业合作社,一律并入农会,于当年 12 月底前完成,共计逾 300 农业社并入农会;逾 60 渔业社并入渔会。农会和合作社再次合并,但专营合作社如青果合作社、茶叶合作社不并入农会,仍继续独立存在,从而为台湾农会的发展奠定了基础。

农会与合作社合并后,组成人员异常复杂,往往由非农民把持农会,虽名为农会而不为农民所有。农会事业日趋萎缩,财务日益恶劣,当时全省 340 个农会中有 190 个发生亏损,迫切需要对农会进行改进。[①] 1952 年,根据美国康乃尔大学安德森(W. A. Anderson)的研究报告,台湾当局先后公布了《改进台湾省各级农会暂行办法》、《改进台湾省各级农会暂行办法实施细则》等 8 种法规。整个台湾各级农会的改组工作从 1953 年 10 月开始,至 1954 年 2 月完成。这次改革确立了台湾农会的基本体制,使农会为农民所有。《暂行办法》规定"已成立农会之乡镇,不得再成立乡镇合作社"。从此农业合作社的组设,受到相当大的限制。同时,《暂行办法》还规定:在农林特产经营方面,有些已经依法取得特产产销经营权的合作社目前正在经营的项目,当地农会就不得再经营,这无疑巩固了台湾已有的青果合作社及其他少量农业合作社的地位。

1954 年台湾当局颁布《台湾省各级渔会改进办法》,1955 年实施渔会全面改革,同年 8 月完成。渔会由三级制改为二级制,即省设省渔会,在各地区设基层渔会、市渔会和区渔会,原有的县渔会取消。渔会会员资格分为甲、乙两类,并规定渔会会员代表及理、监事名额。1956 年后,为提高农民地位,维护农民权益,增进农业生产,适应经济建设需求,发展农田水利事业,"水利委员会"经过调整合并为"农田水利会"并延续至今。

在其后的近 20 年时间里,台湾的三大会(农会、渔会、水利会)一直扮演着政府特殊代理人的角色,为当时台湾当局制定"农业培养工业,以工业发展农业"的长期经济发展策略作出了特殊的贡献,奠定了战后台湾经济奇迹的基础。[②]

(三)新农会法实施后合作组织发展时期

1974 年,台湾当局公布实施新"农会法",废止《改进台湾省各级农会暂行办

① 毕天云. 台湾农会发展中的政府作用[A]. //杨团,高鉴国. 当代社会政策研究 V:"第五届社会政策国际论坛暨系列讲座"文集[C]. 北京:中国劳动社会保障出版社,2010.

② 黄祖辉,邵科,徐旭初. 台湾农会的发展经验与启示[J]. 台湾研究,2010,(5):43-48.

法》,将省、县(市)、乡镇三级农会的体制、农会多目标功能和农会会员的区别等内容纳入农会法,成为台湾农会运作的依据。在行政部门的指导下,农会成为治理乡村的重要乡村代理机构,即政治上的权威侍从体、经济上的资源统治代理与发展机构、行政上的农业事务代理机构,以及社会动员上的组织代理机构。[①] 但《农会法》在修订时删除了有关合作经济的基本精神和原则,如股金制,使农会丧失合作组织的性质,衍生出了若干问题与争议。随着经济社会的不断变化,新《农会法》至 2009 年已经修订了 13 次,新《农会法》的颁布、实施和不断完善,使各级政府走上依法治理农会的轨道。

新《农会法》颁布后,各乡镇除信用合作社和保险合作社的设置受到限制外,其余各种合作社都可以自由发展。经过此次改革,农业合作社再次复兴起来,各类合作社蓬勃发展,农会的许多农业经营业务则开始慢慢被农业合作社所取代。

1975 年,台湾修正"渔会法",修正以后,渔会采取渔区制,并由台湾当局主管机关会同有关部门全面勘察渔区,报请"中央主管机关"核定。依据"台湾当局内政部"1976 年公布的"台湾省区渔会合并方案"进行第一阶段合并,除省渔会外,将原有的 67 个市、区渔会及一个办事处合并为 41 个区渔会。1981 年,台湾各级渔会进行第二阶段合并,除省渔会外,将原有的 39 个区渔会合并为 35 个区渔会。

1980 年代中期,台湾发展了新的农业合作组织——农业产销班。农业产销班是台湾生产同类农产品的农民自愿组织起来的最基层的农民合作组织。1992 年,台湾行政院农业委员会颁布《农业产销组织整合实施要点》,规范了产销班的组织和活动范围,明确由农会等组织进行辅导,通过宣传、教育和完善公共服务设备等工作,对产销班进行帮助和引导。2004 年,台湾行政主管机关农业委员会发布《农业产销班设立暨辅导办法》,辅导农业产销组织建立企业化、资讯化及制度化的共同经营方式,以改善农业经营管理,并提高农业竞争力。

近些年来,台湾地区的农业合作经济发展受到经济全球化与台湾进入 WTO 的外在环境变革的影响,也面临着台湾地区内部社会经济整体转型的冲击,台湾农业合作经济组织正在通过不断地调整变革,使其符合社会经济发展的变迁。

① 林宝安. 战后台湾农会变迁与政府之关系[A]. //郝志东,廖坤荣. 两岸乡村治理比较[C]. 北京:社会科学文献出版社,2008. 280 - 294.

二、台湾农业合作经济组织的特征

（一）台湾农会

台湾农会是台湾分布最广、影响最大、功能完善、运行规范的农民组织，既左右全岛农业经济，又在一定程度上左右政治生活，是台湾一个十分重要的社团组织。农会具有经济性、教育性、社会性和政治性四大功能。

1. 农会发展现状

截至 2011 年，台湾全省设有省（市）及县（市）农会 26 个，乡镇市（地区）农会 276 个，下设 4797 个农事小组（表 5.5）。目前台湾全省 99％的农户都参加了农会；经农会销售的农资与农产品在市场上占有份额为：水果、蔬菜 77％，粮食 65％，化肥、农药 54％，家禽 70％，园艺、花卉 83％，水产品 57％，茶叶 73％，农产品出口份额占全台的 50％以上。

表 5.5　台湾农会团体数及会员数

年	省（市）及县（市）农会		乡镇（市）		区（基层）农会			农事小组数（组）
	农会数（家）	会员代表（人）	农会数（家）	会员代表（人）	会员数			
					合计（人）	正会员（人）	赞助会员（人）	
2002	26	1529	278	13441	1959427	1035871	923556	4874
2003	26	1513	278	13226	1950321	1027660	922661	4852
2004	26	1331	277	11141	1925550	1009393	916157	4810
2005	26	1317	277	11141	1928101	1014153	913948	4762
2006	26	1301	276	11062	1949133	1016824	932309	4863
2007	26	1291	276	10882	1961944	1038569	923375	4821
2008	26	1305	276	10704	1943087	1029761	913326	4778
2009	26	1376	276	11215	1952287	1039547	912740	4764
2010	26	1325	276	11030	1959001	1043005	915996	4791
2011	26	1301	276	10932	1873756	972350	901406	4797

资料来源：台湾地区农业统计年报（2011）.

以往台湾在省辖市区内及许多山地乡都曾经设有农会，在 1974 年"农会法"修正时增订农会合并依据，随后主管机关据此将省辖市的区农会并入市农会，同时合并了 57 个经营不善的农会，以扩大营运规模（表 5.6）。在此次大规模合并后，各省辖市内不再有区农会，全省超过一半以上的山地乡农会也与比邻的平地乡镇农会合并成为"地区农会"，其中屏东县八个山地乡全部并入地区农会，不再有山地乡农会。1995 年桃园中坜市农会,隔年屏东县盐埔乡农会先后因严重弊案爆发金融风暴,1996 年 6 月盐埔乡农会由屏东县农会合并,同年 9 月中坜市农会由台湾省农会合并。[①]

表 5.6　台湾历年农会合并案总表

合并时间	参与合并农会	合并后农会名称	合并理由
1972	金门五个乡镇农会	金门县农会	乡镇农会经营条件差
1975	马公市、白砂、西屿、望安、七美	澎湖县农会	乡镇农会经营条件差
1975	中和、永和农会	中和地区农会	都市化下条件不足
1975	金山、万里农会	金山地区农会	农会经营条件等不足
1975	深坑、石碇、平溪三乡农会	深坑地区农会	农会经营条件等不足
1975	瑞芳、双溪、贡寮三乡会	瑞芳地区农会	农会经营条件等不足
1975	新店、乌来农会	新店地区农会	山地乡农会经营条件差
1975	大同、三星乡农会	三星地区农会	山地乡农会经营条件差
1975	南澳、苏澳乡农会	苏澳地区农会	山地乡农会经营条件差
1975	五峰乡、竹东镇农会	竹东地区农会	山地乡农会经营条件差
1975	尖石、横山乡农会	横山地区农会	山地乡农会经营条件差
1975	泰安、大湖乡农会	大湖地区农会	山地乡农会经营条件差
1975	桃源、六龟乡农会	六龟地区农会	农会经营条件等不足
1975	三民、甲仙乡农会	甲仙地区农会	山地乡农会经营条件差
1975	玛家、三地门、雾台、内埔	内埔地区农会	山地乡农会经营条件差
1975	春日、枋寮乡农会	枋寮地区农会	山地乡农会经营条件差
1975	泰武、来义、万峦乡农会	万峦地区农会	山地乡农会经营条件差
1975	牡丹、车城乡农会	车城地区农会	山地乡农会经营条件差
1975	狮子、枋山乡农会	枋山地区农会	山地乡农会经营条件差
1975	卑南乡、台东市农会	台东地区农会	山地乡农会经营条件差
1975	金峰、达仁、太麻里农会	太麻里地区农会	山地乡农会经营条件差
1975	延平、鹿野乡农会	鹿野地区农会	山地乡农会经营条件差
1975	海端乡、关山镇农会	关山地区农会	山地乡农会经营条件差

---

① 台湾地区农会现状之探讨[EB/OL]. http://www.docin.com/p-55018164.html#documentinfo.

合并时间	参与合并农会	合并后农会名称	合并理由
1975	秀林、新城乡农会	新秀地区农会	山地乡农会经营条件差
1975	凤林、万荣乡农会	凤荣地区农会	山地乡农会经营条件差
1975	丰滨、光复乡农会	光丰地区农会	山地乡农会经营条件差
1975	卓溪、玉里乡农会	玉溪地区农会	山地乡农会经营条件差
1975	西屯区、北屯区、东区、西区、南区、南屯区	台中市农会	会员人数减少
1975	东区、东北区、安南区农会	台南市农会	会员人数减少
1975	海端、池上乡农会	池上乡农会	农会经营条件差
1975	信义、七堵、基隆、安乐农会	基隆市农会	会员人数减少
1981	茂林乡、凤山市农会	凤山市农会	山地乡农会经营条件差
1985	香山乡、新竹市农会	新竹市农会	农会经营条件等不足
1996	盐埔乡农会	屏东县农会	被合并农会信用部发生严重弊案
1996	中坜市农会	台湾省农会	被合并农会信用部发生严重弊案

资料来源:台湾地区农会现状之探讨[EB/OL]. http://www.docin.com/p-55018164.html#documentinfo.

说明:1997年深坑农会又分为原来3家农会.

2. 农会组织构成和治理结构

"农会法"第六条规定"农会依行政区域设立,并按村里划设农事小组,分区选举小组长,并配合行政机关层级将农会组织分为省(市)、县(市)及乡镇(市)三级农会,分布遍及台、澎、金、马各城乡。"台湾省农会为统合各级农会业务的最上层主导单位。

农会会员每户以一人为限,被细分为正式会员和赞助会员。凡户口在农村、从事农业、年满20岁以上的人员可加入所在区域农会,成为正式会员,每户限1人参加。以台北市宜兰县农会为例,它现有1万名会员,其中正会员4500名,赞助会员5500名,98%是个体会员,2%是团体会员。户籍在农村的其他人员,可参加所在区域的农会,成为赞助会员。凡依法登记的农业合作组织、公司、工厂可加入当地农会为团体赞助会员。赞助会员无选举权,除可当选监事外无其他被选举权。台湾省农会现有正式会员近 100 万人,赞助会员 81 万人。[①]

农会设理事、监事,分别组成理事会、监事会,理事、监事均从会员(代表)中选举产生。理事会和监事会的负责人由理事、监事选举产生,称为理事长和常务监事,分别负责召集理事会议和监事会议。"农会法"对各级农会理事、监事的名额和组成规定比较详细:乡级理事名额 9 人,县级 9 至 15 人;监事名额为理事名额的三分之一;理事、监事中,应有三分之二是真正从事农业生产经营的自耕农或佃农;上级农会理事及监事不得兼任下级农会理事及监事;农会理事及监事任期均为 4 年,连选可连任一次,但连任人数不得超过理事及监事名额二分之一。农会设总干事一人,人选由主管机关遴选,理事会进行聘任,条件较为苛刻。其他职员聘任,则由其总干事从全台湾农会定期组织统一考试合格人员中聘任。[②]

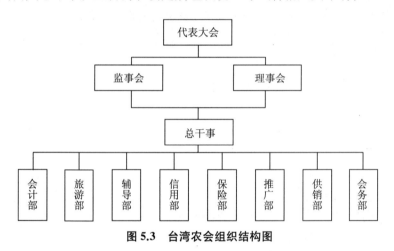

图 5.3　台湾农会组织结构图

3. 农会的宗旨和任务

"农会法"第一条规定"农会以保障农民权益、提高农民知识技能、促进农业现代化、增进生产收益、改进农民生活、发展农村经济为宗旨。"

"农会法"第四条第一项规定,农会的具体任务包括五个方面,涵盖 21 个项目。这五个方面:(1) 保障农民权益,包括政策、法令的宣导沟通等;(2) 农业生产、推广、农场经营及农(畜)产品的贮藏、加工和营销;(3) 农业生产资料、农民生活用品的供销;(4) 农村金融、信贷和保险;(5) 农村文化、社会福利和医疗事

---

① 刘崇高,王劲,王蕾. 农民合作组织在推进农业现代化中不可或缺[J]. 中国合作经济,2012, (1):36－38.

② 台湾地区农会现状之探讨[EB/OL]. http://www.docin.com/p－55018164.html＃documentinfo.

业等。①

由上述农会的任务可知,农会背负着促进农村经济、农业推广与农村社会发展等政治、教育、社会、技术与经济等综合性多元化目标任务,涵盖的 21 个项目包括:

(1) 保障农民权益,传播农事法令及调解农事纠纷。

(2) 协助有关土地农田水利之改良、水土之保持及森林之培养。

(3) 优良种子及肥料之推广。

(4) 农业生产之指导、示范,优良品种之繁殖及促进农业专业区之经营。

(5) 农业推广、训练及农业生产之奖助事项。

(6) 农业机械化及增进劳动效率有关事项。

(7) 辅导及推行共同经营、委托经营、家庭农场发展及代耕业务。

(8) 农畜产品之运销、仓储、加工、制造、输出及批发、零售市场之经营。

(9) 农业生产资财之进出口、加工、制造、配售及会员生产用品之供销。

(10) 农业仓库及会员共同利用事业。

(11) 会员金融事业。

(12) 接受委托办理农业保险事业。

(13) 接受委托协助农民保险事业及农舍辅建。

(14) 农村合作及社会服务事业。

(15) 农村副业及农村工业之倡导。

(16) 农村文化、医疗卫生、福利及救济事业。

(17) 农地利用之改善。

(18) 农业灾害之防治及救济。

(19) 代理公库及接受政府或公私团体之委托事项。

(20) 农业旅游及农村休闲事业。

(21) 经主管机构特准办理之事项。②

4. 农会的收入分配制度

台湾农会的收入来自四个方面:

一是经营盈余。农会推广业务属非盈利性,盈利主要靠信用、供销和资产经营。据统计,农会 90% 以上收益来自信贷服务。同时基层农会还经营农用生产

① 吴小淋. 海峡两岸农民组织比较研究[J]. 台湾农业探索,2010,(2):20-22.

② 杨小萍,曾玉荣,杨军,吴越. 台湾农民合作组织的发展经验与启示[J]. 台湾农业探索,2009,(1):8-11.

资料和生活用品、超市、批发市场、配送中心和休闲观光旅游等项目。在台湾,很多农会都兴办有农产品加工、销售等经济实体,乡镇级农会还都设立了信用部,办理存贷款等各类金融及保险业务,主要服务对象是农户。在台湾农村,最好的建筑往往是农会兴办的超级市场。由于农会信用部成功开展各类金融保险业务,使得其他各类商业银行在台湾农村已基本没有市场。

二是会费收入。分为入会费及常年会费两种,会费的标准由农会自定。入会费在入会时一次缴纳,数目多少由会员大会决定,一般为300元新台币左右,约合人民币75元左右。常年会费一般为20元新台币。

三是募集事业资金。农会为了举办事业可以募集事业发展资金,但必须专款专用。农会可以利用其筹集到的经费兴办经济事业、金融事业、保险事业及农技推广事业等各类实体,但这些实体应独立核算,每年编造年度预决算,报告会员(代表)大会,并报主管机关备查。年度决算后,这些实体除提取本实体公积金外,剩余部分应缴给农会,视为农会总盈余统一进行分配。

四是政府支持。为支持农业发展,台湾地区各级政府每年在编制财政预算时,都安排一定资金用于农会组织建设和工作运行,例如台中市农会2010年获得的政府补贴额达到1200多万元新台币。

台湾法律规定,农会每年财务决算后的盈余除弥补亏损外,按如下顺序进行分配:(1)法定公积金15%;(2)公益金5%;(3)农业推广、训练及文化、福利事业费,不得少于62%;(4)各级农会间有关推广、互助及训练经费8%;(5)理事、监事及工作人员酬劳金,不得超过10%。农会会员在法律上虽然与农会有隶属关系,但与农会的经营成败则没有连带关系,经营运作主要是合作经营。①

(二)台湾渔会

依照台湾《渔会法》第一条的规定,台湾渔会的宗旨是"保障渔民权益,提高渔民知识、技能,增加渔民收益,改善渔民生活,促进渔业现代化并谋其发展"。长期以来,台湾的渔会组织在落实渔业政策,提高渔民福利等方面,处于基层工作的第一线,为台湾渔业的发展作出了重要贡献。

1.渔会发展现状

截止2011年,台湾渔会由台湾省36家渔会,高雄市2家区渔会,金马地区2家区渔会,共计40家渔会组成。各区渔会则以地区渔民入会为会员,其会员分为甲、乙类及赞助会员。2011年,渔会会员总计423027人,其中甲类会员380080,乙类会员19826人,赞助会员23121。从本世纪以来的发展情况看,台湾渔会的

① 广东省供销社赴台考察团. 台湾农民合作经济组织考察报告[J]. 广东合作经济, 2010, (4): 17-19.

总数没有变化,但入会会员总数和甲类会员数表现出持续增长的态势,如表 5.7
所示。

表 5.7　台湾渔会团体数及会员数

年	渔会数(家)	会　员　数			
		总计(人)	甲类会员(人)	乙类会员(人)	赞助会员(人)
2000	39	337064	295185	21523	20356
2001	40	359061	315232	21538	22291
2002	40	372052	332524	18836	20692
2003	40	383893	342316	18507	23070
2004	40	385124	343363	18309	23452
2005	40	389164	347896	18221	23047
2006	40	393324	352041	18513	22770
2007	40	399423	357456	18943	23024
2008	40	399224	356921	18942	23361
2009	40	411922	370270	18677	22975
2010	40	416209	374982	18596	22631
2011	40	423027	380080	19826	23121

资料来源:台湾地区农业统计年报(2011).

2. 渔会组织构成和治理结构

渔会为渔民组织之团体,本会及各区渔会皆为独立的公益社团法人,唯各区渔会财务、业务接受渔会辅导。依照渔会法规定,渔会实行权责划分制度,分为议事机构及执行机构。

议事机构为渔会权力部门,包括会员代表大会、理事会及监事会。渔会以会员代表大会为最高权力机构,每年召开一次会员代表大会,会员代表大会休会期间由理事会(两个月召开一次)按会员代表大会决议策划业务、监事会(三个月召开一次)监察业务及财务。

执行机构为渔会行政部门,总干事为渔会行政主管,秉承理事会决议执行渔会任务向理事会负责:下设秘书及会务、业务、推广、辅导、财务五组和三重示范鱼市场等六个单位。另外为了推展渔船、渔民海难救助、渔会互助、推广及生产建设基金的管理运用等,设置各种不同性质的委员会。①

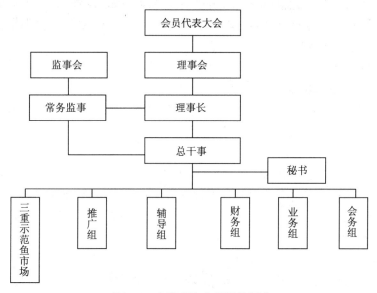

图 5.4 台湾省渔会组织编制表

资料来源:台湾省渔会官方网站[EB/OL]. http://www.tpfae.org.tw/Default.aspx.

3. 渔会的宗旨和任务

渔会以保障渔民权益,提高渔民知识、技能,增加渔民生产收益,改善渔民生活,促进渔业现代化并谋其发展为宗旨。因此,渔会以台湾地区渔民为服务对象,配合国家经济建设规划渔业整体发展,并辅导 39 个区渔会之经营发展,举凡渔业辅导管理、渔事技术、四健、家政改进推广、渔航安全设施、渔业资金融通、渔船渔民海难救助,以及渔民生活改善、渔业保险等有关事项,随时与各区渔会密切取得联系、沟通协调办理。遇有渔会不能解决问题,则反映主管机关或协调有关单位寻求解决。多年来在政府大力辅导下,渔会均能自给自足发展会务,配合时代脉动,适应地区渔业特性,把握重点辅导方向,积极服务渔民,完成肩负任务。

"渔会法"赋予渔会十九条任务,都以配合政府政策,满足渔民需要及服务渔民为依归。目前渔会经营事业项目有经济事业、服务事业及金融事业等三大部门,渔会没有信用部。分述如下:

(1) 经济事业的业务内容

① 台湾省渔会官方网站[EB/OL]. http://www.tpfae.org.tw/Default.aspx.

第一，经营三重示范鱼市场。渔会三重示范鱼市场基地面积共两万平方米，拍卖场、冷藏库等主要建筑面积七千平方米。场地宽敞、设备完善，实施拍卖、分货处理一贯作业，缩短作业时间，保持鱼的鲜度，调节供销，确保鱼价平稳，维护生产者与消费者双方利益。

第二，与各区渔会策略联盟办理生鲜鱼货或加工渔产品网络营销，协助渔民促销鱼货、增加渔民收益。

第三，与台北、台中、嘉义等三个市政府共同投资经营台北渔产运销公司、台中鱼市场股份有限公司及嘉义鱼市场股份有限公司，办理渔产品的收购、运销及鱼货批发等。

第四，与各区渔会办理渔业生态休闲旅游，一方面将渔村、渔港等优美的景观介绍国人了解，让居住在城市的居民亦能体验渔村生活；一方面带动地方繁荣、增加渔民收入、改善渔民生活。

（2）服务事业的业务内容

第一，渔船海难救助渔民服务

渔民海难救助基金：渔民因海难事故死亡、失踪、伤残除得按一般规定向政府申领"灾难救助金"及"保险给付"外，本项基金并发给死亡、失踪者四十五万元，残者十至二十万元并办理遇难者子女的奖助学金。

渔船海难救护互助基金：为鼓励渔民发挥互助精神，接获海上渔船之求救讯息并实施救助，或接受渔会调派前往救助，由渔船海难救护互助基金给予奖励或补偿其损失。

渔业通讯、渔船航行安全服务：辅导基隆、高雄、新竹、苏澳、东港、澎湖、绿岛、花莲、台中等区渔会设立渔业通讯电台，配置高功率之无线电话机及电报机、对讲机；随时收听海上船舶之求救讯息，使遇难渔船能获得最迅速有效之支持，及海上通联服务、鱼市场行情、渔业气象等信息。

第二，渔业推广

配合全省整体经济发展政策与渔民需要，组织渔民并运用组织规划、沟通方法，有系统的将试验改良成果及各项产销信息、渔政措施，以最有效最迅速的方式转介推广给渔民，以提升知识技能、增加生产收益、改善渔民生活、繁荣渔村经济、促进渔业现代化。目前渔业推广工作透过各区渔会全面推广实施，在兼顾渔业生产、渔民生活与渔业生态的均衡发展下，以求渔业永续经营发展。具体如下：

渔事推广教育：辅导区渔会依各地区渔业生产环境及特性，组织渔事研究班及渔业产销班，定期或利用渔闲期举开班会、讲习观摩会、示范教学、咨询巡回联谊座谈等教育活动，灌输渔民产、制、储、销技术与现代化经营管理知识，并透过班组运作,指导教育渔民,提升渔民对环境变化的适应能力,改善产销结构,提高经营效率,增加渔民经济收益。

"四健"作业组织:为培育未来高素质的渔民,以9～24岁之渔村青少年为对象组织"四健"作业组,透过作业组活动,灌输各种专业知识,并利用各项集会倡导生态保育、团康活动与伦理道德观念,以增加青少年对渔业的兴趣与信心,体会从工作中学习的真谛,精益求精、丰富各种生活知识与技能,健全手、脑、身、心发展,以孕育渔村未来接棒领导人才与优秀的现代化公民。

家政推广教育:以渔村妇女为对象,筹组家政班组,加强家庭生活教育,强化渔村家庭功能,如:加强营养保健、亲职教育、婚姻与生活调适、消费教育等知识技能的传授,提供渔村妇女再教育机会,借以提升持家及营渔之工作能力,活络渔村经济;净化渔村生活环境,美化渔村景观。近几年来,随着台湾经济起飞、渔村经济结构改变与渔村人口外移、老化,渔村家政推广工作重点逐渐转向以预防医学之健康教育概念,推动在地养老与健康养老工作,办理高龄者生活改善、节能减碳、资源回收再利用,开创居家照顾服务与建构小区生活支持服务等。近年来,因应渔村地区外籍配偶数量增加,开办外籍新娘知能训练,以降低外籍配偶在语言、文化与生活习惯上的隔阂。此外,在创造渔村妇女就业机会方面,也结合乡土文化、当地食材特色,发展田妈妈特色料理,开发田妈妈产品及地方伴手礼,及配合渔村休闲旅游发展导入商机,推展渔村多元化产业,让渔村展现新风貌,促进渔村繁荣①。

渔村产业文化推广:发展渔村产业文化,传承当地文化特色,凝聚渔民小区意识,重建渔村伦理秩序,借由文化活动推展当地渔产特色、促进产业发展,并筹设渔业文物馆,展示渔村文物,发扬地方文化。

实施电化教育:搜集国内外渔技、渔法、渔具新颖资料,编印各种渔业教材或录制成电影、电视,巡回各渔村放映倡导,扩大推广教育效果。

发行杂志及专刊:搜集各种渔业技术相关资料,编印渔业推广教材,每月定期发行渔友月刊,传播渔业讯息,介绍渔业技术、渔业政策、报道渔业动态、传达渔业预警信息及解答渔业疑难;免费分送渔业各阶层人员参阅,普及推广与倡导。

第三,融通渔业资金服务

设置渔会互助基金:为使各区渔会能健全发展,充分发挥组织功能,各渔会在年度决算盈余项下,提拨2%作为互助金,由渔会统一保管,并成立审议小组,对组织规模较小或财务困难渔会,遇有自然灾害引起之灾损或发展服务经济及金融

---

① 台湾省渔会官方网站[EB/OL]. http://www.tpfae.org.tw/Default.aspx.

事业时,可提出互助经费补助计划,经审议小组审定后给予补助或无息贷款,以发挥互助精神。

生产建设基金:为协助渔会创办各项事业,由渔会代管之渔会生产建设基金贷放给需要之渔会,到期收回循环运用,以促进各区渔会经济发展。

第四,其他服务

办理新进人员或升迁人员考试服务:各级渔会新进人员或在职人员升迁等,依法由本会办理对外公开或对内员工升级考试,成绩公布后,考试及格人员,由各区渔会自行聘用,以提高工作人员素质。

办理政府委办事项服务:补助渔用盐包装运杂费计划,由省渔会统筹拨付补助款交区渔会转发,减轻渔民负担。

反映民情调解纠纷、协助解决渔业困难问题及办理两岸渔业交流与处理两岸渔民海上纠纷等事项。①

(三)台湾农田水利会

1. 农田水利会发展现状

台湾地区根据地理环境及经济利益,按灌溉水系将灌溉农田划分到 17 个农田水利会。目前水利会共有会员 158 万多人,遍布全岛 7 市、16 县(见表 5.8)。17 个水利会中, 2 个水利会由台北市主管机关监督辅导, 15 个水利会由台湾省农田水利行政主管部门监督辅导。嘉南、云林、彰化、台中 4 个水利会是灌溉面积较大的水利会。

表 5.8 台湾农田水利会团体数及会员数

年份	水利会数(家)	会员数(人)	水利小组(组)	班数(班)
2000	17	1167157	3469	13084
2001	17	1163305	3454	13063
2002	17	1117737	3463	13060
2003	17	1299905	3473	12086
2004	17	1274584	3474	12092
2005	17	1327159	3487	12023
2006	17	1397251	3487	12001
2007	17	1423897	3489	11251

① 台湾省渔会官方网站[EB/OL]. http://www.tpfae.org.tw/Default.aspx.

年份	水利会数(家)	会员数(人)	水利小组(组)	班数(班)
2008	17	1450087	3489	11237
2009	17	1534962	3486	11234
2010	17	1573152	3487	11186
2011	17	1582053	3476	11147

资料来源:台湾地区农业统计年报(2011).

表 5.9　台湾各农田水利会概况(2001 年底)

会别	灌溉面积 hm²	会务委员(人)	员工(人)	工作站(个)	水利小组(组)	水利班(班)	会员(人)	会址
宜兰	18477	18	118	10	189	678	53830	宜兰县
北基	5086	16	31	4	60	334	13443	台北县
桃园	25964	21	185	13	339	2092	57660	桃园市
石门	12206	18	95	7	105	366	30737	桃园县
新竹	6452	17	54	4	104	147	32350	新竹市
苗栗	9951	17	77	11	119	560	36400	苗栗县
台中	29944	22	223	23	300	884	133353	台中市
南投	12438	19	95	9	109	432	35816	南投县
彰化	46317	25	297	32	393	1162	170365	彰化县
云林	65727	29	478	54	508	1596	191070	云林县
嘉南	77875	31	615	72	672	1918	201171	台南市
高雄	17570	19	235	16	143	382	51181	高雄市
屏东	25071	20	218	18	202	1093	56403	屏东县
台东	12781	17	81	9	114	973	18931	台东县
花莲	12498	16	73	8	82	436	20665	花莲县
七星	272	15	30	2	13	19	1993	台北市
瑠公	745	15	38	0	17	0	2246	台北市
合计	379641	335	2943	292	3469	13072	1107614	

资料来源:宋实,卓汉文.台湾农田水利会介绍[J].中国农村水利水电,2005,(11):107-109.

截至 2001 年底,17 个水利会管辖的灌溉面积近 38 万 hm²,占总灌溉面积的

79%。辖区内的水渠包括导水渠、干渠、水工构造物等共计约 10.9 万座,可以说有灌溉设施的地方已基本实现灌排自如的水利化,渠系建筑物配套齐全。但随着城市化进程的加快,水利会管辖区域内的灌溉面积比 1999 年底减少了 2169 hm²,并还有减少的趋势。

农田水利会在配合业务主管机关的政策,加强农田水利设施更新改造,推动全省渠道和管道灌溉设施的建设,有效管理控制各灌溉系统水源及水量,并在不同季节里对用水量进行最适当的调配营运和防止灌溉水源遭受污染等方面提供了直接与间接的服务,确保了台湾农田水利基础设施能够较好地为农业生产、农民生活、农村生态环境(简称"三生")服务,为台湾水土资源有效持续利用及生态和谐,维持农业持续发展,对台湾地区的生态环境建设和生活环境改善做出了贡献。

2. 农田水利会组织构成和治理结构

台湾的"水利法"中明确规定"主管机关得视地方区域之需要,核准设立农田水利会,秉承主管机关推行农田灌溉事业"。

农田水利会是台湾唯一的具有"公法人"性质的地方农田水利事业管理组织,即属自治性质的人民团体,其性质类同地方自治行政主体;受业务主管机关的监督和辅导,配合农业政策,推展农田水利业务,随时配合农业生产结构调整;具有独特的属性,即以非营利为目的、具有公益性的机构,有决策和执行双重功能,不缴纳税费。

因地理环境不同,水利会可分为都市型水利会、都市乡村型水利会和乡村型水利会三种类型,见表 5.10。

表 5.10 台湾农田水利会类型

项目类型	名称	灌溉面积比例%	财务状况	经费来源	运营状况
都市型水利会(5个)	七星水利会	19.6	良好	主管机关代缴会费;大型设施更新改造费;重大灾害补助;多角化经营。	依靠都市发展,运营设施及管理投资较多,设施完善,水源充足,营运正常。
	瑠公水利会				
	桃园水利会				
	台中水利会				
	高雄水利会				

项目类型	名称	灌溉面积比例％	财务状况	经费来源	运营状况
都市乡村型水利会（4个）	石门水利会 新竹水利会 苗栗水利会 嘉南水利会	28.0	收支平衡	主管机关代缴会费;大型设施更新改造费;重大灾害补助;多角化经营*	因都市发展,运营设施及管理投资较多,设施完善,水源充足,营运正常。
乡村型水利会(8个)	宜兰 北基 南投 彰化 云林 屏东 台东 花莲	52.4	入不敷出	主管机关代缴会费;主管机关补助;大型设施更新改造费;重大灾害补助;多角化经营*。	靠租售公有土地和主管机关补助来维持运行。

注：多角化经营,即多元化经营、多种经营。经营内容包括会有土地供公共设施使用、会有土地整理出售、兴建房屋出租、结余水使用费、天然资源利用、水库观光游憩及养殖场经营等。

资料来源：宋实,卓汉文. 台湾农田水利会介绍[J]. 中国农村水利水电, 2005, (11)：107 - 109.

农田水利会的行政主管部门为农委会林业处水利科,其中七星和瑠公水利会借由台北市主管机关管理,剩余 15 个农田水利会由农委会水利科直接管理。水利管理机构组织结构见图 5.5。

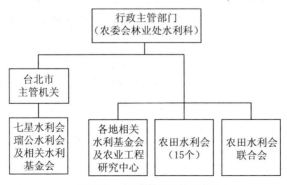

图 5.5 水利管理机构结构

3. 农田水利会的任务

水利会的职责为：按照主管机关的政策，推动农田灌溉排水事业。主要负责辖区内灌溉设施兴建与维护、灌溉计划制订实施、用水配水安排、灌溉水质监控等与农田水利及灌溉有关的所有事务。

依照"农田水利会组织通则"第 10 条规定，其任务有 6 项：

（1）兴建与改善农田水利工程，维护管理农田水利设施。

（2）旱涝等灾害预防与抗灾。

（3）筹措农田水利事业所需资金与设立发展基金。

（4）研究提高农田水利工程之效益。

（5）配合协助主管机关推行土地、农业、工业政策以及农村建设。

（6）上级主管机关依法交办事项：农地重划工程；省及县（市）区域排水的改善和管理工作；转作及休耕的配合工作；农地管理业务；水资源开发管理；水质保护事务；代输送自来水公司的公共供水；代输送工业用水。

4. 农田水利会联合会

台湾农田水利会联合会（后简称：联合会）是台湾全省 17 个农田水利会为促进互助合作共同发展而设立的农田水利会联合机构。在 1944 年以前，曾由水利组合联合会演变为水利协会，在当时的各州厅设支部，经过几十年的变迁，于 1985 年改为现名"台湾省农田水利会联合会"至今，相应职能上也有所调整。

（1）联合会的组织构成

会员大会。各地农田水利会为会员，各水利会会长为会员大会代表，每半年召开一次大会，讨论研究联合会各项业务，必要时可召开临时大会。

会长、副会长。联合会设会长 1 人，副会长 2 人，由全体会员代表（各水利会会长）互选产生，代表联合会行使职权，依据规程管理联合会业务，任期 4 年，连选可连任 1 次。

总干事、副总干事。会内设正、副总干事各一人，协助会长处理会务。

联合会下设行政组、企划组及业务组处理相关业务，另设有业务周转基金管理委员会负责管理基金运作，设台湾水利出版委员会，组织学者专家指导《台湾水利》及《农田水利》杂志出版事宜。

（2）联合会的任务

沟通协调。包括会员的共同性业务及委办事项，讨论、解决会员的共同问题，研究、拟订农田水利会改革等相关政策、法规及方案，有关会员公共利益的共同事项。

互助合作。包括筹措、管理及运用农田水利会基金，水利会员工福利、互助及服务事项，收集、统计及整理农田水利资料，出版《台湾水利》、《农田水利》刊物，水利会员工的训练、培训及表彰。

共同发展。包括协助并推动农田灌排技术，农田水利业务的研究和发展方向，农田水利技术的实验、示范及发展与推广，水利政策、法令的宣传、指导，组织地区间业务及技术研究合作及交流。

主管机关交办或委办事项。

（3）联合会的经费

各水利会缴纳基本会费以及按灌溉面积比例分摊费用，约占正常经费来源的40%。

各水利会财务经管处（土地银行）的补助收入，其占正常经费来源的40%。

联合会本身的资产收入，约占正常经费的20%。

其他收入（委托技术服务费）。

前三项经费往往不能满足联合会的正常运作，联合会需通过承办主管机关交办的事务，来获取经费作为补充，另外，联合会有些活动还需各地农田水利会进行资助。[①]

（四）台湾农业合作社

台湾农业合作的起源可以追溯到日据时代。最早有业务发展的农业合作社是日本人于1924年在高雄组织的"青果运销合作社"。1946年公布"台湾省共有耕地放租办法及实施细则"，积极鼓励农民成立合作农场承租公有土地，以避免土地分割。

1949年有关方面将农业合作社与"农会"合并后，农村只剩农业性合作社200余个，社员约58000余人。到1974年，农业合作社出现了发展的契机，鉴于农业合作组织有助于扩大农场经营规模，台湾当局对农业合作加大了关注和重视，先后订颁"现阶段农村经济建设纲要"、"加速农村建设重要措施"、"农业发展条例"、"改善农村结构提高农民所得方案"、"农业综合调整方案"等，将农业合作列为重要施政措施。

经过近一个世纪的演进，台湾农业合作社已经在农村中形成了一个较为庞大、完整的组织体系，为扩大农产品的营销规模、增强农民市场竞争能力、提高农民收入水平发挥了重要作用。

台湾农业合作社（场）发展很快，1977年只有72家合作社，但是截至2008年合作社数量已经达到461家。同时合作社（场）的营业额也在不断增加，除了

① 宋实，卓汉文. 台湾农田水利会介绍[J]. 中国农村水利水电，2005，(11)：107-109.

2006 年有少许降低,总体趋势还是上升的(如图 5.6 和表 5.11 所示)。如以每一农户以一人参加农业合作社(场)为计量,则参加合作社(场)的农户约占总农户的29.6%。换句话说,台湾约有近 1/3 的农户参与农业合作社(场)活动。

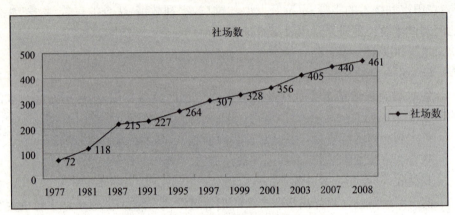

图 5.6　历年台湾合作社(场)数量趋势图

表 5.11　营业总额统计表　　　　　　　　　　　(单位:百万元)

年份	1986	1991	1996	2000	2001	2002
营业额	4191	1416	2492	3777	4132	4194
年份	2003	2004	2005	2006	2007	2008
营业额	5416	5223	5910	5663	6615	6963

资料来源:郑鸿潦.台湾农业合作社的发展[J].新疆农业科学,2010,(47):258-266.

　　台湾的合作社是不以赢利为主要目的、以共同经营谋求社员经济利益的经济组织。农业合作社分为专业和兼业两种类型。专业合作社一般只经营一种业务,目的是降低交易成本,加强市场竞争力;兼业合作社以合作农场为代表。合作社的主要业务有:(1)果菜共同运销业务,合作社的水果和蔬菜的共同运销量已经占农民团体的一半以上;(2)果菜直销业务,供应对象主要是超市、学校、机关;(3)畜禽生产和运销,合作社的肉鸡和鸡蛋营销网络遍布岛内,且毛猪的共同运销已经超过农会。[①]

　　农业产销班是台湾生产同类农产品的农民自愿组织起来的最基层的农民合作经济组织。20 世纪 80 年代中期,台湾基层农民在运销、采购等上的合作逐渐在各类农业生产中涌现,名称不一。如共同运销班、共同经营班、共同作业队、农

①　缪建平.两岸农民合作经济组织发展比较研究的启示[R].首届"两岸乡村座谈"活动,2009.

海峡两岸农产品流通体系与合作经济比较研究

事研究班、精致农业班等等。农业产销班的职能主要是农产品的共同运输、销售和生产资料的共同采购。产销班内的农产品生产基本上由各个农户独立进行。班内各农户间换工协作的事也偶有发生,共同生产的例子则不多见。台湾的农业产销班对促进台湾农业的发展起到了很大的作用。

（五）台湾农业金库

1. 本世纪初农湾农业合作经济组织面临的经济困境

2001 年,全台湾地区各级农会开始出现亏损,之前的统计显示其盈余逐年减少(见表 5.12)。就台湾地区全体农会盈余分析,302 家农会中,有 6 家农会盈余在 1 亿元(新台币)以上,9 家盈余为 5 千万~1 亿元(新台币),101 家盈余在 1 千万~5 千万元(新台币),95 家盈余为 1 百万~1 千万元(新台币),31 家盈余在 1 百万(新台币)以下,2 家农会收支平衡无盈余。其余 58 家农会发生亏损,其中 15 家农会赤字在 1 千万元(新台币)以下,16 家亏损在 1 千~5 千万元(新台币),11 家亏损 5 千~1 亿元(新台币),10 家赤字在 1 亿~2 亿元(新台币),3 家亏损在 2 亿元(新台币)以上,3 家亏损在 3 亿元(新台币)以上。

表 5.12 台湾各级农会盈亏统计表   单位:新台币(元)

年次	盈余	亏损	净盈亏
1994	12021315	388578	11623,737
1995	12735809	3100286	9635523
1996	11772920	943097	10830823
1997	10804845	1731130	9073715
1998	9278836	2318829	6960007
1999	8192628	4216601	3976027
2000	6654150	5463899	1190251
2001	4505343	－4750798	－245455

资料来源:台湾省农会, 2002.

就整体而言,农会总盈亏的增减主要受信用部的影响,当经济景气好,房地产交易热,资本循环频率高,资金需求旺盛时,农会信用部如同金母鸡为农会赚进大量盈余,但经济不景气则造成恶性循环的大量呆账,形成农会经营逐年亏损。尤其从 1991 年起,政府推动金融自由化政策,大量开放新设银行,使得金融商品竞争白热化,商业银行以大型、专业的经营方式,本质上具有活动力高、机动性强的特点,是农会信用部难以抗衡的,从经济环境反映到农会信用部业绩的下降,说明农会在现有规模的营运已失去竞争力,农会的盈余逐年减少。①

农会信用部虽然只是农会的重要部门之一,却担负影响农会整体盈亏的主要关键业务,以往其赖以生存的无非是农村经济发展过程中,因农会提供多元的、完善的、亲近的服务,长久往来培养的互信关系,建立了忠诚客户群。但从金融经营角度而言,信用部非独立法人,组织规模小,专业不足,一直都是处于市场竞争的劣势,自 1991 年以来,面临金融市场自由化的时代,更显现出经营上的困境(表5.13)。

表 5.13　台湾各级农会事业部门盈亏表　　　　　　单位:新台币(千元)

年份	信用部门	供销部门	合计
1994	11721379	−90994	11630403
1995	9681537	−44312	9637225
1996	10578337	−4807	10573530
1997	9167411	−83040	9084371
1998	6869378	83398	6952767
1999	4803105	158755	4961860
2000	1099644	90607	1190251
2001	127328	−420574	−293246
2002	−1406876	−3944	−1410820

2. 台湾农村金融改革的产物——台湾农业金库

由于各级农会出现经营上的困境,加之 20 世纪 90 年代台湾农业基层金融发生坏账危机,2001 年台湾当局为解决基层金融发生的坏账危机,确定农业金融与地方金融分离。2002 年 11 月 23 日,12 万台湾农渔民走上街头,抗议民进党出台台湾农渔会信用部的有关政策;2002 年 11 月 30 日,台湾当局召开农业金融会议,就成立农业金库、健全农村金融体系达成共识;2003 年 7 月 10 日,台湾当局"农业金融法"获得通过;2005 年 5 月 26 日,台湾农业金库开业。台湾农业金库是台湾农村金融改革的产物。

(1)农业金库扮演的角色

农业金库的股东组成包括政府持股 44.5%,农渔会持股 51.4%,其他农业团体机构持股 4.1%。

　　① 台湾地区农会现状之探讨[EB/OL]. http://www.docin.com/p−55018164.html♯documentinfo.

农业金库的法定任务是辅导农渔会信用部的业务发展,办理农、林、渔、牧融资及稳定农业金融。

农业金库为农渔会信用部的上层机构,他们彼此独立,但关系密切。农渔会是农业金库的股东、辅导对象、重要客户和策略联盟伙伴;农业金库对信用部应办理的事项包括:收受转存款、资金融通、辅导与业务评估及财务查核、金融评估及绩效评鉴、信息共同利用。

(2) 农业金库对农渔会信用部的辅导

收受转存款:截止 2012 年 8 月,农业金库转存款 6524 亿元(新台币)①。

资金融通:截止 2012 年 8 月,农业金库融通 4.23 亿元(新台币)。

辅导。农业金库对农渔会信用部的辅导分为一般辅导和项目辅导两方面。一般辅导包括业务经营、内控及稽核、业务训练、报表编制、信息提供、法令咨询等事项。项目辅导包括业务财务改善、授信投资审核、资产负债之监督辅导、财产购置及处分、列席理监事会及授信审议委员会等事项。

业务查核:辅导金融检查缺失改善。

财务查核:配合地方政府,办理信用部变现性资产查核。

金融评估及绩效评鉴:每年对信用部的经营状况、经营前景及业务发展办理评估,并提出建议事项。每年对信用部经营绩效包括资本适足性、资产质量、内部管理、获利性、流动性及成长性等 6 项进行评鉴。

信息共同利用:农渔会信用部信息系统分属 5 家信息共享中心,5 家自建系统,每一单位信息均独立作业,彼此业务讯息无法链接,建置、使用、维护成本高。农业金库联合农渔会信用部共同规划建置"全国农渔业及金融信息中心",目前已至实质建置阶段,预期完成后除可降低成本及使用费率,同时进行业务信息链接及账务清算,提升作业效率及竞争力。

积极办理项目农贷:配合政策办理项目农贷,提供农渔民低利资金,农渔会信用部获得利息差额补贴,创造政府、农渔会信用部、农渔民三赢。截止 2012 年 8 月放贷 1246 亿元(新台币),约占信用部放款总额(7861 亿元新台币)的 16%。

办理业务训练:每年配合农业金融整体业务发展需求,规划办理各项业务训练,提升农渔会信用部人员专业能力。截止 2012 年 8 月底共办理 24 场次,参训人员 2214 人次。

(3) 农业金库与农渔会信用部的业务合作

放款:包括办理县市政府贷款和办理联贷业务两方面。办理县市政府贷款指

---

① 台湾农业金库股份有限公司.

辅导农渔会办理风险较低的县市政府贷款案,2012年至8月参贷余额计14.55亿元新台币。办理联贷业务指协助深耕既有优良客户,提高企业授信能力,辅导联贷管理机构,增加手续费收益。截止2012年8月放贷381件,额度510亿元(新台币),其中农渔会信用部参贷225亿元(占44%),回馈手续费9748万元。

代理收付业务:农业金库与302家农渔会信用部签订"委托代理收付款项总契约书",将分布各地的1161个营业据点整合为完整的金融通路,目前已提供民众包括国民年金、税费、信用卡费、电信费、自来水费等收付服务。至2012年8月底,代付647万笔、代收金额277亿元。今后将持续洽谈业务合作,扩增代收付业务项目,增加手续费收入。

信托:配合农渔会信用部业务需要,共同推展信托业务,包括不动产信托、金钱信托。截止2012年8月,办理不动产信托121件,信托资产金额为169.82亿元,降低农渔会信用部办理土建融资的授信风险;办理金钱信托34件,信托资产金额为9.24亿元,降低农渔会客户买卖不动产交易风险及增加农渔会信用部房屋贷款业务。

保险业务:投资成立保险经纪公司,完成与全体农渔会信用部的签约,针对农渔民需求,规划开发适合的保险商品,共同推展保险业务。截止2012年8月,产险保费收入4.35亿元,寿险保费收入39.95亿元,手续费回馈农渔会信用部金额为1.42亿元。

人民币兑换业务:协同174家信用部及所属221个据点,自2011年7月27日开办人民币现钞买卖业务,提供两岸居民便利服务,并有助农渔产品销售。截止2012年8月底,办理人民币现钞买卖业务172家,其中买汇2018笔,人民币金额1113万元,卖汇8769笔,人民币金额4151万元,交易金额5264万元。

规划开办信用卡业务:农业金库正规划开办信用卡业务,通过农渔会信用部办理发卡、代收业务,以提升农渔村交易便捷性,扩大农渔会信用部业务范围。

表5.14　台湾农业金库资产配置(截止2012年8月底)

单位:新台币(亿元)

项　目	金　额	比率(%)
存放央行(存款准备)	275	3.78
流动资金	1826	25.11
转存央行及同业定存	1579	21.71
放款	1771	24.35

项　　　目	金　　额	比率(%)
金融资产	1799	24.74
其他资产	22	0.31
总计	7272	100.00

资料来源：台湾农业金库股份有限公司.

表 5.15　农渔会信用部经营改善情形　　单位：新台币(亿元)

项　　　目	2012 年 8 月底	2005 年 5 月	差异比较
存款总额	15597	13437	＋2160
放款总额	7887	5645	＋2242
存放比率	47.05％	39.25％	＋7.8％
逾放金额	143	761	－618
逾放比率	1.81％	13.48％	－11.67％
资本适足率	13.70％	10.34％	＋3.36％
净值	1049	805	＋244
逾放比超过 15％以上家数	11 家	107 家	－96 家

资料来源：台湾农业金库股份有限公司.

农业金库未来将继续辅导农渔会信用部的业务发展，并于"全国农渔业及金融信息中心"建置完成开始运作后，有效汇整全体农渔会信用部资金流、信息流，完成农业金融体系垂直整合，透过策略联盟架构，善用农渔会信用部在地优势，发挥其通路价值，增强整体竞争力，同时辅导落实内部管理与风控，确保农业金融体系的安全。

（六）台湾农业合作经济的运行特征

台湾农业合作组织的发展是和农产品流通制度建设紧密结合在一起的，通过农业合作组织引导农产品联合运销，减少中间环节的利益流失，增加农民生产经营的收入。台湾农业合作组织非常突出产品行销、市场拓展的功能，通过产品共同运销使农民增加更多的收益，就此我们总结特征如下：

1. 健全的法律政策，规范的运作机制

台湾农业合作组织之所以能够快速发展，是与台湾当局给予合作组织的法律定位以及各项政策法规的制定分不开的。在 50 年代，台湾当局就颁布了农会暂行办法，规定农村中有关农业性业务统由各乡镇农会经营。台湾各类农民组织的特点不同,运行机制各不相同,但均依据有关法律法规开展活动。

台湾地区所谓"农会法"明确农会是法人,并规定了农会的宗旨和 21 项具体任务及农会的主管部门。"农会法"对农会的设立、会员条件及内部机构、运作程序等都作了详细规定。各级农会有明确的职责分工,县及县以上农会侧重于业务协调与指导,乡镇级农会主要从事具体的经营业务。台湾"合作社法"规定合作社是法人,它不以赢利为目的、以共同经营谋求社员经济利益。合作社遵循以下原则:自愿入社,自由退社;一人一票制;限制股息分红,年息不得超过 10%;盈余按社员交易额返还;发挥合作组织功能,扩展合作经营规模,强化服务。这种运作机制与国际通行的合作社原则相类似,它的最大优点是可以将农产品加工和流通中的一部分利润保留在农业内部,有利于农民增加收益,提高农业整体的活力。法律还规定:从事同一经营业务且 7 人以上,就可申请成立合作社。合作社还可建立联合社,有业务性联合或社务性联合两种。合作社内部有社员代表大会、理事会(董事会)、监事会、社务会。产销班不是独立的法人,它依托于农会、合作社等组织开展活动。农政主管部门引导推动农民合作组织的有效做法:重视立法,资金扶持,培训辅导,组织考评,高效管理,奖励先进、学理研究。①

从台湾的农会、合作社、产销班的经营管理我们不难看出,每个农民团体组织都有其健全的内部管理体系和良好的运作机制,其农民利益的保障机制和不同服务功能之间的利益互补机制,民主管理制度等,使台湾农民组织具有自我管理、自我服务、自我发展的活力②。

2. 民办官助,各施其责

台湾农业资源相对丰富和相对规模化,使台湾农业合作组织得以迅速发展,台湾农业合作组织发源于民间,其显著特点是从农民中产生,逐步向生产面、技术面、市场面扩展,即自下而上的总结和推广。合作社本身在管理和发展上有其盲目性,没有正确的引导。就会走弯路,走下坡路。农业专业合作组织是农民自愿组织起来,开展互助互济的合作经济组织,有一定的公益性,不同于一般的工商企业。因此,从某种意义上说,扶持农民专业合作组织,也就是扶持农业,扶持农民。所以关心和扶持合作经济组织的发展,是政府义不容辞的责任。70 年代以来台湾当局不断出台各项改善辅导合作社发展的计划方略,对合作组织功能的提高和完善十分积极。政府在财政、金融、税收等方面对合作组织发展给予支持,加强对

① 缪建平. 京台两地农民合作组织发展比较研究的启示[J]. 海峡科技与产业,2006,(5):45-48.
② 刘艳,王晓光,田东升. 借鉴台湾农民合作组织建设推动合作组织健康有序发展[J]. 吉林农业,2007,(1):6-7.

合作组织的"引导、扶持、保护、调控",合作组织因此有了优良的生存空间和发展环境。

尤其是近些年,台湾当局对农村的合作事业倍加重视,"农委会"于 1995 年起以专案计划资助"省合作事业管理处"办理训练合作社初选人员,协助改进与扩大业务经营,扩大产销规模,充实运销设施等扶持项目,使台湾农业合作组织得以快速健康发展。台湾农政部门在确立农民主体地位的基础上,进行积极有效的扶持、引导和服务,主要表现在:一是运用财政金融政策,促进农民合作组织的发展,如免征农会、产销班所得税,采取财政拨款和信贷放款的措施,填补亏损,增加农民所得;二是赋予农会开展信用和保险业务的权利,主要是办理牲畜和家禽保险两个方面;三是强化经营管理和科学技术的辅导,通过科研单位发挥教育培训、技术指导、项目评估的功能,无偿服务于农民。[①]

3. 形式多样,兼顾综合性与专业性

在台湾,农民合作组织有农会、渔会、农业合作社(场)和农田水利会等多种形式。通过各种形式的农民合作组织的统一经营,将小规模农户纳入大规模生产经营体系中,引导农户以市场为导向,以利润最大化为目标,进行规模化、专业化、商品化、标准化生产和企业化经营。台湾 99% 的农户加入农会,农会是综合性的农民合作组织。目前,台湾各地都有农会下属的超市、金融机构、办事处、会所等服务组织,农会不仅有培训、推广、供销等业务,还包括金融服务、保险服务和农村文化、卫生、福利服务及农民政治地位和权益保护等功能。[②] 农会已成为台湾当局实施农村农业策略的重要助手,在协调、沟通当局和农民的关系上扮演着重要角色。而农业合作社和产销班是比较单纯的经济组织,虽然没有农会强大的功能和作用,但因具有专业团队,且运行机制灵活、市场应变力强,在日益激烈的市场竞争中,其专业性的优势不可低估。[③]

4. 独具功能的教育推广业务

合作组织是新时期农村的新生事物,它的建立和发展,很大程度上取决于合作组织推动者、带头人以及组织成员的结构和素质。因此,教育、培训对于保障合作组织健康发展,保持组织凝聚力、向心力和社员的团队精神具有重要的意义。在台湾农会组织的各项业务中,最独特的业务为推广教育业务。台湾农业从传统

---

① 曾煜东. 对建设新农村的现实思考——从台湾农会组织作用的视角看[J]. 探求,2007,(1):40 - 43.

② 朱世凯. 台湾农民合作组织发展经验及启示[J]. 社团管理研究,2012,(1):53 - 54.

③ 杨小萍,曾玉荣,杨军,吴越. 台湾农民合作组织的发展经验与启示[J]. 台湾农业探索,2009,(1):8 - 11.

向现代发展进程中,早期就通过农会组织的各种推广教育工作,通过组织各种集会,研讨座谈及观摩等活动,使农民学习到新观念、新方法与新技术,培养现代化农民,倡导共同经营、促进企业化经营,推动乡村综合发展。在 70 年代先后出台了"辅导农业合作社、场改善经营计划"、"辅导合作农场,推行合作经营计划"、"辅导合作社、场加强经营管理计划"等有关方略,开始辅导设立各种专业经营性的农业合作组织,有效地提高了农民的生产技能和合作水平,促进了农业增产的目标。

目前,凡新知识新技术传授、家政指导、农村青少年的组织教育培训,均由农会办理,台湾当局农林机构只负责指导协助;大部分推广教育经费亦由农会业务盈余下拨。这种农业推广教育由农会办理,为台湾农业推广的独特制度,使农会与农民之间建立良好且密切的关系。有效地促进农民合作组织的迅速发展。

三、台湾农业合作经济组织的运作绩效分析

(一)台湾合作社考核制度

台湾合作社考核制度是以国际合作社联盟(ICA)确定的七大合作原则为理论依据,这七大原则体现了合作社的经营原则,也是合作社经济价值和伦理价值的具体表现。台湾合作社的考核制度正是以此为基础拟定的。

台湾地区合作社考核的主要规范是《合作事业奖励规则》。合作社的考核规定为:

(1)考核依据:依"合作社法"第 75 条规定办理。

(2)考核性质:具有考核与奖励之性质。

(3)考核对象:以合作社及合作社联合社为对象,但需经主管机关核准成立登记之日起满一年者为限。

(4)考核办法:以主管机关调查成绩为主,成绩来源有三,即:依各社之各种报告评定后抽查;委托附近合作促进机关查报;指派人员实施调查。

(5)成绩等级:分优等(90 分以上),甲等(80~90 分),乙等(70~80 分),丙等(60~70 分),丁等(50~60 分),戊等(未满 50 分者),计六项等级。

(6)等级分配比例:以所属合作社及合作社联合社之总数为比例,优等者不超过各该总数 5%,甲等者不超过 10%。但情形特殊,可经台湾地区主管机关核准。

(7)奖励方式:优等由台湾主管机关发给奖状,甲等由主管机关发给奖状,乙等由主管机关嘉奖,丙等不予奖励,丁等以下由主管机关辅导改善。

(8)职员考核:以合作社及合作社联合社联社之职员为对象,符合"诚实、勤勉、公正,确为社内外人士所信赖者"及"处理社务有条不紊者,规划业务切实周详,致各社员确实以获得福利者",由主管机关发给奖状;对于合作有深切认识,并

热心扶助提倡,确具事实,足资楷模者及从事合作工作五年以上者,由主管机关详具事实,报请台湾地区主管机关发给奖状。[①]

《合作社成绩调查评定表》如表 5.16。根据考核作业需要,台湾主管机关制定《各级合作社成绩调查评定表》、《合作社市务人员考绩初履核评定等级清册》、《合作社初履核各等级社数统计表》等表格,调查员可据以填报,准以考核。

表 5.16　合作社成绩调查评定表

考核项目	考核标准	考核评分	成绩总分
社务	社员(代表)大会有无按期举行? 记录有无按期报核?	0～6	30
	理事会有无按期举行? 记录有无按期报备? 内容是否充实?	0～3	
	监事会有无按期举行? 记录有无按期报备? 内容是否充实?	0～3	
	社务会有无按期举行? 记录有无按期报备? 内容是否充实?	0～3	
	合作社应登记事项,有无按照规定申请变更登记?	0～4	
	社员出入社有无依照规定办理? 理监事会有无按期改选?	0～4	
	人员编制及工作分配是否适当? 职员任免有无按照规定办理?	0～3	
	各项规章是否完备?	0～2	
	文书处理与保管是否适当?	0～2	
业务	有无依照章程办理业务?	0～6	18
	有无依照规定订定业务计划? 是否适当? 有无报备?	0～6	
	有无达成业务计划?	0～6	
财务	业务经营成效与上年度比较有无进步?	0～4	34
	业务经营是否适合社员需要? 社员对社是否有热心交易?	0～6	
	会计制度是否完备? 有无依照此规定办理?	0～4	
	预算编列是否适当? 有无报备?	0～4	
	盈余分配有无依照规定办理?	0～4	
	财务管理是否适当?	0～4	
	理监事及员工待遇各项费用是否合法适当?	0～4	
	主管机关稽查发现重大缺失、有无依规定改善并报备?	0～4	

---

① 蒋玉珉,刘振宏. 世界合作社形态影响下的台湾合作社考核制度[J]. 中国合作经济, 2009,(8):49-53.

考核项目	考 核 标 准	考核评分	成绩总分
其他	有无办理主管机关交办之合作教育讲习训练?	0～3	14
	有无办理合作教育及宣传工作?	0～3	
	有无办理社员福利及服务工作?	0～4	
	有无办理社会公益及福利事项?	0～4	

资料来源:台湾地区《合作社成绩调查评定》.

有关合作社实务人员成绩调查评定,则依《合作事业奖励规则》第 8 条规定办理,由考核人员填具《具体事项》后,给予初核评定,确定评定分数与评定等级。

台湾合作社考核程序有严格规定,不同等级的合作社都有相应的成绩调查评定要求、各级评定成绩,注明意见,然后由上一级主管机关初核评定等级,加注考语,最后,呈报上一级主管机关。

对于单位合作社,由调查员完成《合作社成绩调查评定表》后,评定成绩,注明意见,然后,由县市主管机关初核评定等级,加注县市主管机关考语,最后,呈报台湾主管机关履核,确认评定等级。

关于合作社考核成绩等级清册等资料之送核规定如下:第一,优等者,以各类合作社(场)该年度总数 5% 核计,未达一名者以一名计,至多以五名为原则。第二,合作社及实务人员的优等奖励分别计算,以两者奖励不重复为原则。第三,甲等及以下者,经主管机关核定后,将评定等级清册送台湾主管机关备查。[①]

(二)台湾农业合作经济组织绩效评价研究

对台湾农业合作经济组织的绩效评价有双重意义,其一是对合作组织过去资源运用的结果进行评价,判断其是否运用得有效果和有效率,其二是通过评价,改进过去的错误行动,指引未来目标的制定及资源分配的方向,对组织具有前瞻性的影响力。

方珍玲和陈怡芬(2009)对台湾地区农会组织绩效进行了定量研究。[②] 她们以平衡计分卡(Balanced Score Card,BSC)理论结合层次分析法(Analytic Hierarchy Process,AHP)的方法来构建台湾农会组织的绩效评价体系。将评价指标分为目标层、准则层和指标层三个层级(如图 5.7 所示)。

---

① 蒋玉珉,刘振宏. 世界合作社形态影响下的台湾合作社考核制度[J]. 中国合作经济,2009,(8):49 -53.

② 方珍玲,陈怡芬.台湾地区农会组织绩效衡量指针系统之研究-分析层级程序法之应用[EB/OL]. http://www.3726.cn/softdown/list.asp? id=246242. 2009.

海峡两岸农产品流通体系与合作经济比较研究

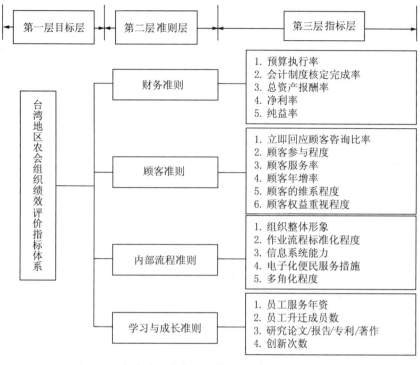

图 5.7　台湾地区农会组织绩效评价指标层级架构图

资料来源：方珍玲，陈怡芬.台湾地区农会组织绩效衡量指针系统之研究－分析层级程序法之应用〔EB/OL〕. http://www.3726.cn/softdown/list.asp? id＝246242. 2009.

针对台湾地区 268 家农会问卷调查分析结果显示（见表 5.17）："财务构面"对农会绩效影响的重要程度为最高，其次依序为"顾客构面"和"学习与成长构面"，而"内部流程构面"程度最低。此外，就"财务构面"下的衡量指标而言，"纯益率"的权重最高；就"顾客构面"下的衡量指标而言，"顾客权益重视程度"的权重最高；就"学习与成长构面"下的衡量指标而言，"创新次数"的权重最高；就"内部流程构面"下的衡量指标而言，"组织整体形象"的权重最高。研究成果为农会改善绩效评估制度时提供了明确的参考方向，将有助于农会整体绩效的提升。

表 5.17　应用 AHP 法台湾地区农会组织关键绩效指标的相对权重

层级	AHP 绩效评估指标				
	绩效评估指标	层级权重	整体权重	层级顺序	整体顺序
1	建构台湾地区农会组织绩效评价指标系统	1	1		

层级	AHP 绩效评估指标				
	绩效评估指标		层级权重	整体权重	层级顺序	整体顺序
2	财务构面		0.284	0.284		1
	顾客构面		0.259	0.259		2
	内部流程构面		0.200	0.200		4
	学习与成长构面		0.257	0.257		3
3	财 务	预算执行率	0.112	0.032	16	
		会计制度核定完成率	0.133	0.038	14	
		总资产报酬率	0.260	0.074	3	
		净利率	0.217	0.062	5	
		纯益率	0.278	0.079	2	
	顾 客	立即响应顾客咨询比率	0.153	0.040	12	
		顾客参与程度	0.166	0.043	11	
		顾客服务率	0.173	0.045	9	
		顾客年增率	0.090	0.023	20	
		顾客的维系程度	0.189	0.049	8	
		顾客权益重视程度	0.229	0.059	6	
3	内部流程	组织整体形象	0.338	0.068	4	
		作业流程标准化程度	0.227	0.045	9	
		信息系统能力	0.174	0.035	15	
		电子化便民服务措施	0.134	0.027	17	
		多角化程度	0.127	0.025	19	
	学习与成长	员工服务年资	0.101	0.026	18	
		员工升迁成员数	0.151	0.039	13	
		新产品开发	0.231	0.059	6	
		创新次数	0.517	0.133	1	

资料来源:方珍玲,陈怡芬.台湾地区农会组织绩效衡量指针系统之研究—分析层级程序法之应用[EB/OL]. http://www.3726.cn/softdown/list.asp? id=246242. 2009.

海峡两岸农产品流通体系与合作经济比较研究

四、台湾农业合作经济组织的发展趋势

在全球经济一体化进程中,台湾农业合作经济组织受到了有史以来最激烈的市场竞争的挑战。竞争既来自同为市场供给者的规模巨大、富有效率的赢利性公司,也来自作为市场需求者的日益庞大的消费群。在强大的市场竞争压力下,台湾农业合作经济组织主要面临着诸如组织与经营管理无效率、人力资源缺乏、资金不足等问题。为了求得生存、更好地服务社员,台湾农业合作经济组织纷纷采取适时改革和创新的发展策略,以保持其生命力。在知识经济的时代里,农业经营也朝向商业化、国际化、企业化及联盟化的方向发展。

(一)运营的商业化趋势

经典合作理论强调合作组织经营"不以盈利为目的",主要是为社员服务,只收回一些必要的费用就可以了,合作社往往自行限制在交易中的利润率。但是从第二次世界大战以后,为了适应市场经济的需要,台湾合作组织开始对传统合作理论加以变通,现在普遍强调"对内服务,对外盈利"。主要原因,一是市场竞争的日趋激烈,较低的利润率既不利于合作组织积聚自身的资本,占领更多的市场份额,又会在竞争对手采取降价措施时失去与之抗衡的能力。二是市场情况瞬息万变,盈亏随时可能发生,合作组织的经营者尽可能追求较高的利润率,以求"以丰补歉"。三是多元化资本进入现代合作社,一般私人资本必然以谋求利润最大化为目标。这些原因使得台湾合作组织的商业经营色彩越来越浓,与普通股份制企业越来越接近。台湾农会虽然是一个集政治、经济、社会、教育、服务等功能于一身的农民群众的民主自治组织,但越来越倾向于经济功能的基础性作用。台湾农业合作社也强调以市场与消费者为导向,重视农产品的附加价值与消费者对产品差异性的需求,并引进农业企业的理念帮助实现农业转型发展。

台湾农业合作经济组织运营商业化主要表现在农业的纵向产业链培育上。传统农业以大批量生产为主要特点,产品品质缺乏统一性,产品类型缺乏多样性,价格、数量是传统农产品的关键信息,从初级农产品的生产到食品被最终消费,处于同一食品生产链上的不同环节的生产者是相互独立的。增值农业则是实现了纵向一体化的生产体系,重点始终放在食品生产链的最终环节,而不是初级农产品大量生产的最初环节,其通过设计农业生产以满足特定客户的市场需求,具体的产品属性是增值农业的关键信息,处于同一食品生产链上的不同生产环节的生产者是相互依存的。由于传统农业产品在食品价值链中所占的份额不断减少,面对不断下降的利润率,发展以纵向一体化为特点的增值农业就成了台湾农业合作经济组织的一种客观要求。纵向产业链包含农产品采收、运输管理、农产品分级

与加工作业整合、国际食品与安全身份认证、外销农产品的品牌规划与在外国市场的行销活动、市场开放以及对于外国消费者的服务等行销与服务功能。

（二）市场的国际化趋势

随着中国台湾于 2002 年正式成为世界贸易组织成员、签订自由贸易协定以及台湾于 2010 年 6 月签订的两岸经济合作架构协议（ECFA），未来地区性的共同市场将扮演越来越重要的角色。台湾地区有不少农产品（尤其是水果、花卉、种苗、种畜等）品质良好，具有外销潜力，但要成功外销必须善用合作经济组织的力量，建立外销供应链，与海外市场建立较好的联系，以达到有效地促进农产品出口的目的。

目前，国际上欧盟、日本等先进国家推动农产品产销履历制度。因此生产履历制度与资料库的规划与实施在台湾农业国际化中扮演着重要角色。2003 年起，台湾地区经济管理部门借鉴日本和欧美经验开始推行农产品"产销履历制度"，并将其列为"台湾新农业运动"和"安全农业"的重要措施。2007 年，台湾当局公布实施"农产品生产及验证管理法"，并行推动包括吉园圃、产销履历、有机农产品等安全农业措施，其中吉园圃、产销履历均为可追溯性标章制度。

台湾农业合作组织是推动农产与食品安全可追溯体系的主要力量。消费者只需在台湾国际行销农业合作社的生产履历资料库建入产品的识别码，即可连入合作社生产履历资料库，获知产品的全部详细资料。这包括生产者资料（包含农户姓名、联络电话、生产者介绍、农场介绍与照片等）、产品资料（包含商品名称、品种、等级、加工过程、与包装出口等）、栽种资讯（包含播种、种植过程、采收、水质检验、化肥检测、新鲜度）、食品安全资讯等。[①] 台湾当局将进一步规划岛内现行推动的农产品产销履历制度与 GLOBALGAP 制度接轨，以降低农民直接申请 GLOBALGAP 验证所需的高额成本负担，并有助于台湾农产品外销市场。

（三）管理的企业化趋势

随着市场经济的发展和完善，合作社的传统理论也发生变异。台湾的许多合作社已开始采用市场型合作社理论，在合作社管理中引入了现代企业管理方式或者社企分开的方式，这些合作社引入资本股份，聘用专家经营管理，社员可以通过其他渠道获得收益，不完全依赖合作社。

管理企业化的一个重点是具有现代企业管理理念的高素质人才。台湾合作组织采取多种方式引进高素质人才，为合作事业注入新鲜血液。所谓高素质人

---

① 郭钰姗，徐世勋. 台湾地区农业合作社发展的现状及趋势[EB/OL]. http://www.card.zju.edu.cn/UserFiles/File/555.pdf.

才,不仅要掌握合作事业的发展动态及合作组织的运作,还应熟练掌握组织的管理技巧或者有较强的外事能力,能拓宽合作组织的市场,为组织创造收益。

管理企业化的另一个重点是科技的应用。例如,台湾斗南镇农会在台大生机系团队的协助下建立生产履历资讯系统。在系统建置上结合全球定位系统(GPS)与 PDA 作为田间输入工具,使用者只需点、选即可完成输入作业;只需将 PDA 放回电脑旁的上传装置,即可完成资料库档案更新。田间服务器(field server)系统可进行自动的田间摄影,自动的田间温度、土壤水分与雨量的检测。此外,在管理者掌控所有农地现状与进度的管理上,结合地理资讯系统(GIS)做图像式管理。① 以上各类科技产品在农业的运用,为农业的企业化管理也提供了极大的便利性。

（四）组织的联盟化趋势

在国际竞争的大环境下,台湾地区农业经营政策从过去以提高生产力为重心转变为以提升竞争力为主轴。小农经营由于缺乏规模经济效果,单位生产成本通常高于大规模商业化生产,在价格竞争上处于不利的地位。为克服规模经济上的劣势,小农经营积极借由产销班、农渔会及各式农业策略联盟的参与,透过农民及农业组织的力量,加强产销合作,以提高产销效率,发挥规模经济及专业分工的效果。

台湾农业策略联盟就是在这一背景下出现的。农业策略联盟是指农民团体及相关专业化组织之间结成盟友,交换互补性资源,保持市场的长期竞争优势,最终实现阶段性互利或双赢目标。农业策略联盟一方面强化了同业联盟,将现有的农业产销组织链接为伙伴关系,整合农民团体关键性资源,提升其核心竞争能力,建构具有竞争优势的产业群聚体系;另一方面增进农业与其他产业间的异业联盟,有效整合农业知识、信息及文化资源等特色,使农业由以往的第一产业,推向第二、第三产业,以建立具有特色、高度竞争力的优势产业。台湾农业策略联盟涉及生产联盟、加工联盟、物流联盟、贸易联盟、休闲农业联盟等不同领域。

台湾农业策略联盟包括四个构面:(1)发展相关产业的产销组织及相关机构,建构具有竞争力的产业群聚体系;(2)整合农民团体关键性资源,发挥整体竞争优势,拓展国内外市场;(3)发展农业知识经济,积累台湾农业知识资产;(4)发展现代化农业企业,建立市场导向的营销通路。② 从运作绩效来看,农业策略联

① 方炜,张有择. 从斗南镇农会转型谈企业化经营管理[EB/OL]. http://www.doc88.com/p-174809734312.html.

② 李一道. 推动农业策略联盟提升台湾农业竞争力[EB/OL]. http://www.doc88.com/p-283362424892.html.

盟减缓了入世对台湾农业的冲击,提高了农业的效益。

第三节　海峡两岸农业合作经济比较与借鉴

一、海峡两岸农业合作经济比较

海峡两岸农业合作经济组织都是为了维护农民这一弱势群体的共同利益而成立的,其基本宗旨是一致的。但是,台湾的农业合作经济组织已经过百年的发展历史,而大陆的合作组织主要发轫于建国初期,且因为特殊的社会经济矛盾走了一条曲折的探索道路。因此,海峡两岸合作组织既表现出一些同质性特征,又在发展时序上表现出阶段性差异,并在产权、契约和组织等方面呈现出不同的特色。

(一)产权基础

产权制度是经济运行的基础,有什么样的产权制度就会有什么样的生产组织及生产方式。大陆农业合作经济组织以家庭联产承包责任制为基础,明确了农户的土地承包经营权,使农户成为拥有私人生产资料的独立小生产者,为农业合作经济组织的发育创造了基本的微观经济制度基础。但是,大陆农户并不拥有作为产权核心权能的土地处置权。农村土地产权的残缺导致农业合作经济组织组建时,农民仅仅能够利用自身的劳动力要素实现与其他要素的组合。农村土地的自由流动受到限制,无法发挥"资本"的功能,极大削弱了农户特别是小农的谈判能力,使之要么被排除在农业合作经济组织之外,要么成为合作经济组织中的弱势群体,无法分享合作经济组织带来的收益。

台湾农业经济组织以土地私有产权为基础,建立了产权明晰的土地私有制度。但是,台湾当局对农地拥有人资格和农地面积予以一定限制,私人取得农地面积的最高限额一般不超过 20 公顷;对农地拥有人资格的限制,早期坚持"农地农有"、"农地农用"。这种产权相对明晰的农地产权制度安排基本上达到了使生产者的边际努力与边际报酬相一致的效果。

(二)契约关系

以契约的方式建立的市场交易关系是维系组织成员的最基本关系。在大陆农业合作经济组织的发展过程中,政府契约的力量大于法律。大陆农业经济合作事业发展主要在政府推动下进行,以政府的引导为依托,一方面接受国家的帮助与支持,另一方面还接受国家的领导和政策影响,从而农业合作经济组织对政府存在着较大的依赖性。

台湾农业合作经济组织的发展更多依赖法律契约的力量维系,一直在明确的法律基础上发生、发展、变化和调整,目前台湾地区已形成比较健全的合作经济法律体系,既包括"农会法"、"渔会法"、"农业合作社法"等专门法律,又包括在其他经济法律中涉及的合作经济组织的有关内容。

（三）组织体系

大陆的农业组织采取相对多元的发展,既有供销、信用、专业合作社等各自独立自主的发展,也有村落以上各个层级的发展,形成多层次、多元化的发展格局。随着政策的推动,各种合作社不断成立,对争取农民福祉产生作用,但也带来了没有秩序、没有整合的问题。从合作内容看,大陆的农业合作经济组织是典型的专业性组织,农业流通、金融保险等业务都是由专业的农业团体分工负责,从不同的方面对实现农民利益发挥作用。但农民专业组织的发展相对不充分,在大陆总体农户的覆盖率较低,且多数为一些管理机构,服务功能并不完善,未能有效地解决农产品的流通等问题。

台湾乡村组织具有一元化的特征,"农会法"予以保障的"一乡镇一农会"赋予农会在其所在区域独占的优势地位,农会集中区域内所有农业、农村与农民资源,与农村、农民形成一对一的关系。任何农民都隶属于一个而且是唯一的一个特定的农会,不会发生不同农业组织为了资源、会员相互激烈竞争的问题。台湾的农会对农业生产经营发挥了很大的服务功能,但从农民收取的费用很少(一般只有3‰～5‰)。由农会集中区域内所有农业、农村与农民资源,对于战后台湾经济发展影响重大。[①] 从合作内容看,台湾农会是一个包含多种业务的综合性团体,兼具政治性、社会性、经济性、文化性与技术性功能于一身。

二、大陆供销合作社和台湾农会的比较分析

考虑到两岸农业合作经济事业发展的多样性和复杂性,下面以大陆的供销合作社和台湾农会为主要着眼点,对海峡两岸农业合作经济模式加以具体比较分析。

（一）组织体系的比较

无论是台湾的农会,还是大陆的供销合作社,在服务农民的过程中,都逐渐形成了自下而上的合作组织体系。大陆供销合作社组织系统包括:中华全国供销合

作总社——省级供销合作社联合社——地市级供销合作社联合社——县级供销合作社联合社——基层供销合作社。在这个系统中,在乡镇建立的基层供销合作社是合作社组织系统的基础,合作社联社是政府管理和指导基层合作社的重要机构。基层社和各级联社按行政区划和行政层次设置,具有明显的行政化倾向。

台湾农会最高主管机关是行政主管部门的农业委员会,下设各级地方农业主管机关。按照行政区划分,农会可分为台湾省农会——省(市)及县(市)农会——乡镇(市)农会——区(基层)农会四级,同一区域内以组织一个农会为原则。各级农会既是独立法人,可独立开展业务,又与上级及其他农会相互配合,下级农会接受上级农会指导,共同组成一个系统的组织网络。

（二）合作内容的比较

大陆的农业合作经济组织是典型的专业性组织。供销合作社首先和主要是农村流通领域的合作社。供,就是向农民社员供应生产资料和生活资料;销,就是为农民社员推销农副产品。目前,为了满足农业产业化和农民需求多样化的要求,供销合作社正在不断拓宽业务经营范围,业务实际上已涉及了合作经济组织除农业保险以外的所有经营内容。供销合作社正从单纯购销经营向生产、购销、服务综合经营型转变。但从总体来看,与台湾农会合作项目的广泛、多样化相比,大陆供销合作社的合作项目整体上还比较单一。由于无法分散风险,无法取得多元化经营和范围经济的优势,造成供销合作社实际市场经营上的困难。

相对而言,台湾地区的农会借鉴发展了日本综合农协的模式,是一个包含农业保险、农业推广、农村金融、农产品和生活用品供销等多种业务的综合性团体。由此,台湾农会形成了一个社会功能与经济功能互相联系和功能互补的功效连环,农民可以透过农会取得各种服务,享受农会立体服务体系带来的方便和实在的收益。

（三）合作运行机制的比较

1. 入社与退社

农业合作经济组织是农民根据自身经济利益的需要自愿联合而组成的合作组织。无论是台湾农会,还是大陆的供销合作社,对社员都严格遵循"入社自愿、退社自由"的原则,反对任何形式的强迫命令与摊派。

大陆的基层供销社一般以集镇为建制单位,凡在该区域范围内的农民、集镇居民户、或生产单位,承认供销合作社章程,缴纳社员股金,均可成为基层供销社的社员。台湾农会归农民所有,只有直接耕作的农民才能成为正式会员,非农民只能成为赞助会员,赞助会员在权力上有所限制,没有选举权和被选举权,以防他们对合作社的控制。

2. 经营方式

农业合作经济组织的经营方式，从总体上讲，是按照所有权与经营权适当分离的原则，根据合作组织的特点、规模、所处经济环境与自身生产经营活动的能力来分别确定的。因此，表现出经营方式多元化的特点。从总体上来看，海峡两岸农业合作的商业化运作程度存在着一定差异。不过，两岸的共同发展趋势是商业经营色彩越来越浓，商业经营不仅体现在合作组织与农户的关系上，而且体现在经营战略、经营运作等方面。

（四）内部治理结构的比较

海峡两岸农业合作经济组织内都设有社员代表大会、理事会、监事会等相似机构，在各自的职能上也基本相似。社员代表大会负责选举产生理事会和监事会；修改合作社制度和章程；确定合作社重大的经营方针和政策等。理事会受社员大会委托，负责制定合作社的长期发展战略、聘用经理、分配利润以及保护合作社财产的职责。监事会负责监督和检查合作社的日常业务。虽然海峡两岸农业合作经济组织的治理结构框架相同，但在实际运作过程中，还是表现出了明显的差异。

1. 管理人员选聘

在管理人员选聘上，从大陆供销合作社的领导干部产生来说，他们一般不是真正由社员民主选举产生的，而多是由地方政府任命，他们首先要对政府负责；台湾农会管理人员倾向于从社会上招聘，实行专家管理。

2. 治理结构功效

在治理结构功效上，大陆的供销合作社虽然在形式上设立了相关的治理机构，但社员大会、监事会常常形同虚设，合作社更多的是依靠行政的权威进行管理，治理结构并没有发挥其应有的功效；台湾农会的社员代表大会、理事会、监事会基本能在一定程度上发挥其职能，保证农会的有效运转。

（五）政府宏观管理的比较

从和政府的关系上看，海峡两岸农业经济合作事业都是在政府推动下进行的，从而合作经济组织对政府存在着较大的依赖性。

大陆现行的供销合作社体制具有强烈的政府体制色彩。供销社实质上具有双重身份，既是政府的职能管理部门，又是农民合作经济组织；一方面接受国家的帮助与支持，另一方面还接受国家的领导和政策影响。因此，供销合作社的发展不仅取决于合作组织本身的运营绩效，还在很大程度上取决于政府所实行的政策是否正确、恰当。纵观新中国成立后供销合作社的 60 多年发展历程，经历了从"民办"到"官办"，再由"官办"回到"民办"的几次转变。但是迄今为止，供销合作社不管在资金、组织还是在运营上，最大的特点仍是具有半官半民的性质。

台湾农会是典型的半官方组织，台湾农会之所以能够演变为具有综合功能的农民组织，政府在其中扮演着重要角色，发挥了关键作用。归纳起来，"政府既是农会的推动者，也是农会的设计者；既是农会的管理者，也是农会的辅导者；既是农会的监督者，也是农会的指导者；既是农会的治理者，也是农会的服务者；既是农会的主导者，也是农会的保护者；既是农会的严父，也是农会的保姆"。[①]

（六）法律保障的比较

在大陆供销合作社发展过程中，直到 2007 年 7 月 1 日《中华人民共和国农民专业合作社法》开始实施，供销合作社长期处于无具体法律保护的状态。由于一直没有相关的合作社立法可以适用，对供销合作社的规范只能依靠行政法规和行政规章。在缺乏法律保护的情况下，政府经常使用行政手段干预供销合作社及其内部事务，结果使得供销合作社的正当权益得不到合法保护。

台湾已形成比较健全的合作经济法律体系，既包括"农会法"等专门规定，又包括在其他经济管理规定中涉及的合作经济的有关内容。合作经济法律体系是完善和发展农业合作社的前提和保证，它以法律形式明确了农民团体的法律地位或法人资格，使其成为平等的市场主体，保证了农民团体的权益不受侵害，也促使了农业合作经济的健康、持续发展。

三、台湾农业合作经济发展模式对大陆的启示

是否简单地把农民组织起来，建立一个合作经济组织，农民就能增收，而且是持续地增收？简单地把农民组织起来，建立一个合作组织，短期来看，即使相对于原来来讲，农民是增收了，但是从长远来看，伴随着农产品规模的增加，价格的下降，农民的收入不增反降。因此，农民合作组织自身的建设、竞争力及可持续发展问题就成为当下一个迫切需要解决的问题。目前大陆的农业合作组织总体上尚处于发展起步阶段，它的发展不仅需要在实践中不断加以探索，同时也有必要吸收其他的国家和地区的有益经验为我所用。

台湾的农业以小农户为主体，如何扩大聚合规模，提高市场竞争能力，是其生存与发展的生命线。鉴于大陆农民与台湾农民在生产经营规模、生产条件和传统文化等方面有较大的相似性，且台湾农业合作组织已有百年历史，对于台湾农民生活、农业经济以及农村建设都产生了积极正面的意义。通过分析台湾合作经济

① 毕天云. 台湾农会发展中的政府作用[A]. //杨团, 高鉴国. 当代社会政策研究 V:"第五届社会政策国际论坛暨系列讲座"文集[C]. 北京:中国劳动社会保障出版社，2010.

建设的历史和现状,借鉴其发展经验,对于推进大陆的农业合作经济事业发展、破解"三农"难题、建设中国特色农业现代化具有十分重要的理论和现实意义。

（一）对农业合作经济组织模式选择的启示

与高度市场化的农业发展趋向相一致,台湾农业合作经济组织显现出多样化、多层次的发展特征。目前,台湾有农会、渔会、农田水利会、农业合作社、合作农场、产销班、策略联盟等多种的合作组织形式,不同的组织形式有着不同的发展背景和功能,构成了与现代农业相适应的产业组织体系。

由于特定的历史背景,大陆的农业合作经济组织既包括社区型合作组织、供销合作社、农村信用社等传统改造型组织,也包括改革开放以来产生的专业合作社等诸多形式的新型农业合作经济组织。在实践中,大陆农业合作经济组织的发展依然较为滞后,农民的合作意愿仍然非常有限。大陆应在借鉴台湾农业合作经济组织的模式经验基础上,创造性地发展我国农业合作经济组织。

1. 对探索综合性农业合作组织的思考

台湾以综合农会为主导的发展模式,满足了小规模家庭经营基础上农户需求的多元化和多样化要求,较好地解决了台湾地区的农村发展问题。目前大陆也出现了效仿台湾构建综合性农业合作组织的实践探索,如浙江瑞安市农村合作协会、湖北省建始县"新农村综合发展与治理试点"、河北邯郸市农业服务协会、山西永济县蒲州镇农民协会等。在大陆发展综合农业合作组织,要充分认识到我国农业组织化的国情基础和时代特征,必须高度重视与认真研究大陆发展综合农业合作组织的制度约束因素,解决好综合型农业合作组织在组织属性、治理结构、业务功能上存在的潜在问题,特别要处理好与所在区域原有专业性合作经济组织彼此间的利益关系。

2. 对专业合作经济组织多元化的思考

随着市场经营的国际化、自由化与多元化,农会的经营事业不再享有优越的独占地位,台湾农民合作组织在探索更多的组织形式。大陆的农业组织化应是以农民组织化为核心、以合作制为基础、以市场为导向、以利益机制为纽带、以产业化经营为基本形式的农业组织化。考虑到大陆区域差异显著、发展阶段各异、产业领域广泛的农业基本国情,目前的农业组织化应采取多元化的发展模式。特别是当农业经营达到一定规模后,农户间在农业生产中的需求将出现相对集中趋势,专业化合作经济组织的运作方式和管理模式在运营成本上可能比综合性经济组织更具优势。

3. 对专业合作经济组织联合的思考

为顺应农业产业化和规模经营的发展趋势,台湾农业策略联盟通过结合农民团体及相关专业化组织团队力量,通过同业与异业之间开展联盟,发挥产销互补的功能,提升农业整体竞争力。大陆也应积极推动专业合作经济组织跨区域、跨专业的联合,构建和完善区域性农民专业合作社联盟或区域性农民专业合作社联合社,使其成为应对国际农产品竞争和农户收入增长的有效途径。

（二）对政府推动农业合作经济模式的启示

合作社成立必须有发起者（强者）,没有发起者,合作社就难以成立。在台湾农会发展的过程中,农会并非一开始就是"自有、自治和自享"的组织,而经历了一个由"官办、官治、官控"到"民办、民治、民有"的过程。在台湾农会的百年发展过程中,农会与政府之间形成了非常密切的关系。台湾农会的变革来自台湾当局自上而下的推行,是台湾当局主导下合并农会与合作社的结果。当农会陷入困境时,也是经过政府的大力推动和财政支持,才得以发展到今天的局面。"台湾农会的发展经验证明,政府与农会之间既不是天然的对抗关系,也不是天生的伙伴关系。政府与农会之间关系性质是在农会与政府的相互适应与互相磨合过程中逐步形成的,既取决于政府如何对待农会,也取决于农会如何对待政府"。[①]

大陆的情况与台湾相似,家庭承包经营形成汪洋大海般的小规模农户经营,在农业商品经济日益发展已具备合作经济组织发育的必要条件下,大陆农民缺乏自主建立自身经济组织的传统、经验和能力。合作组织建立发起者缺位,这是大陆目前合作经济发育缓慢的最重要原因。培育合作组织的发起者是合作经济发展的关键,这种情况下政府介入组建就成了自然选择。根据浙江省农业厅调查,2000年,依托农业部门、科协部门、供销部门及其他政府部门组建的农民专业组织高达74.8%。由此可见,农民合作组织作为弱势产业从业者的互助合作组织,需要得到政府的全方位的推动和介入。尤其是在大陆合作经济组织的初始发展阶段,单纯依靠农民的自发性,合作社显然很难快速发展起来。当然,随着合作经济事业的逐步展开,政府作为重要的发起者的身份应逐渐淡化和退出。2006年,浙江省政府相关部门发起设立的农民专业组织比例已降至13.3%。[②]

虽然农业合作经济组织的发展必须遵循"民办,民管,民受益"的基本原则,但是,有效的政府支持仍是合作经济组织持续发展必不可少的外部条件。借鉴台湾的经验,政府应坚持"支持但不干涉"的原则,在以下方面为合作经济发展提供支持和帮助:一是政府立法,创造良好的外部发展环境;二是政府给予财政支持及补

① 毕天云. 台湾农会发展中的政府作用[A]. //杨团,高鉴国. 当代社会政策研究 V:"第五届社会政策国际论坛暨系列讲座"文集[C]. 北京:中国劳动社会保障出版社,2010.
② 徐旭初,黄圣忠. 走向新合作——浙江省农民专业合作社发展研究[M]. 北京:科学出版社,2009.

贴;三是政府提供服务、指导、协调工作;四是政府帮助引导建立民主管理制度。

（三）对农业合作经济市场战略模式的启示

怎样联结小农户与大市场,将分散弱小的农户组织起来参与到市场经济中,增强农户抵御自然风险和市场风险的能力,是农业合作组织亟待解决的问题。市场经济发达的国家和地区,各类农业合作经济组织普及程度往往很高。这是因为高度市场化的现代农业产业体系,对完善的农民合作组织体系提出了客观的要求。台湾农业是一个高度市场化的产业,农业专业化分工精细,农业生产产前、产中、产后服务环节复杂,正是通过各类农业合作经济把农民组织起来,提高了农民在市场中的经营地位和竞争能力。

1. 对农产品运销体系的思考

台湾农民合作组织的发展,是和农产品流通制度改革和建设紧密结合在一起的。在合作社以前,台湾农户的农产品主要通过中间商进行销售,产销脱节现象严重,有的中间商只注重眼前利益,尽量获取差价方面的利润,导致农产品销售量小,竞争力弱。1979 年起,台湾省农业合作社联合社、台湾省青果运销合作社和台湾省农会就承担了传统果菜的共同运销业务,农联社和青果社的运销量增长迅速,占台湾果菜运输较大的比重。通过农民合作组织引导农产品联合运销,通过产销班、合作社的发展和高效运作,使"小农变大农",减少中间环节的利益流失,增加农民生产经营的收入,台湾的经验很值得我们重视。

大陆农业产业化发展过程中出现分散经营农户与市场之间种种不协调现象,农户生产经营中产后的商品化处理,包括产品分级、包装、冷藏、储运、品牌、产品营销等环节薄弱。在北京已发展的一千多个农民专业合作组织中,真正实行产品联合共同运销的,数量还不很多。[①] 因此,要大力转变思想认识,树立正确的农产品市场运销观念;要鼓励发展流通型农民专业合作社,使其成为农产品市场营销主体。

2. 对延伸农业产业链的思考

台湾农会尤其是基层农会和专业合作社,十分重视农产品加工价值增值,它们根据本地区或本合作社所生产的农产品特点,有针对性地对农产品加工进行可行性研究,然后付诸实行,通过对初级农产品的深加工,使其增值并最大限度地拓展了生产、加工、销售、开发一体化的产业链。例如,林内乡农会服务本地木瓜生产,组建了 13 个产销班,共同使用"红透台湾"品牌商标,不断延长加工链条,从果

① 缪建平. 台湾农民合作组织的经验及启示［EB/OL］. http://www.chinataiwan.org/zt/jmkj/laxczt/yt/ncpyx/200907/t20090716_952913.htm

品鲜食、保鲜存放、干品制炼到提取成分制作面膜膏、护肤美容品、木瓜茶等,极大提高了木瓜的使用价值和附加值,增加了农民收入[①]。

随着我国农业产业化经营的深入发展,农业科学技术进步迅速,终端消费者需求多样化,农业产业开始呈现出鲜明的产业链发展趋势。这就意味着农业合作经济组织必须主动地、积极地延伸产业链条,推进农业产业化经营,让农民分享到加工增值带来的利润。由于对农产品的深加工,增加了大规模的机器设备、厂房、基础设施等的投资,增加了初始资本的需求量,有条件的农业合作经济组织可以和加工增殖能力强的农产品加工龙头企业结成利益共同体。

(四)对提高农业合作经济组织绩效的启示

农村各类合作组织的坚实依托是农村合作金融组织。台湾农会的生存之基就是"信用事业",农会盈利的 90% 来源于此,信用部门按规定将 70% 的存款用于贷款,实现"取之于农用之于农"的目标。农会正是通过金融事业(信用事业)的盈利来支持其他合作的经济活动,从而奠定了可持续发展的经济基础。世界不少国家的经验也表明,那些可能产生规模收益的领域,比如购销、资金互助等,都会对农民合作组织开放。只有农民能够获得农业产业化和农村金融服务的收益和土地金融的收益,农民才能够形成组织起来的经济基础。

而大陆"在农村凡属于有收益的领域,都仍然有政府顽强的身影",被政府垄断性公司控制的涉农行业,效率低且服务差。政府应该放开有收益的涉农领域,把涉农部门控制的赢利领域让给农民,比如,金融、保险、储运、加工、化肥、农药、种子、汽柴油、农机具等的经营,允许农民组织起来进入这些可以通过规模经营产生收益的垄断领域,创造效益,反哺农业。[②] 特别是应该借鉴台湾农会的做法,使合作经济既包括社区合作,也包括金融合作,大胆试办农民合作组织内部的融资机构和保险业务,用以支持农业合作经济组织的发展,帮助农民克服风险,获取外部利润。

(五)对法律保障农业合作经济组织规范运作的启示

美国经济学家布坎南曾经指出,没有适合的法律和制度,市场就不会产生任何体现价值最大化意义的效率。当今世界,法律已经成为市场经济发展的前提条件,台湾在农业合作经济组织发展中实施的许多政策都是以法令形式出现的,保证政府对农业合作经济组织的支持或干预都在法律框架内进行。台湾各类农民

① 刘崇高等. 农民合作组织在推进农业现代化中不可或缺——对台湾农会的考察报告[J]. 中国合作经济,2012,(1):36-38.

② 王秋苹. 温铁军说"三农"[J]. 福建日报,2003-09-08.

组织特点、运行机制各不相同,但都依据有关法律法规规范运作。台湾"农会法"对农会的设立、会员条件及内部机构、运作程序等作了详细规定。"合作社法"规定合作社不以赢利为目的、以共同经营谋求社员经济利益,并规定了合作社遵循的原则。《农业产销经营组织整合实施要点》规范了产销班的组织和活动范围。[①]台湾经验集中到一点,就是由行政部门立法引导、规范农民组织的运作机制。

明确的法律基础,是引导农业合作经济组织发展和保障农民利益的基础,确保合作组织的运作机制较规范地运作。目前,我国已出台了《中华人民共和国专业合作社法》和《农民专业合作社登记管理条例》等主体法律,在法律上承认了农民合作组织的合法地位,规范了合作经济组织的发展,为农民专业合作社的发展提供了强有力的保障。到 2012 年已有 16 个省出台了法律的实施办法和条例。《农民专业合作社法》属于特定领域的专门立法,其法律表现形式为单行法。其调整范畴仅适用于农民专业合作社,而不适用于其他合作性质的组织,并没有完全解决我国所有合作组织的法律适用问题。

同时,部分法律法规没有充分体现农村发展要求,在某些方面滞后于农村发展现实,甚至与农村合作经济组织的转型发展相悖,在一定程度上阻碍了农民合作组织的转型与重塑。可见,虽然《农民专业合作社法》颁布了,但是,我国合作组织全面法制化的进程依然任重而道远。因此,我们应以立法形式对农业合作经济组织进行指导和扶持,着重加强登记管理与财务制度建设等方面的规范,使其以崭新的面貌参与到社会各项事务上来。

---

① 缪建平. 台湾农民合作组织的经验及启示［EB/OL］. http://www.chinataiwan. org/zt/jmkj/laxczt/yt/ncpyx/200907/t20090716_952913.htm

第六章

大陆现代农产品流通体系建构的目标和路径

　　现代农产品流通体系是建设高效农业社会化服务体系的重要内容,是加快农业现代化发展的关键。在国民经济和农业不断发展的新形势下,农产品产量和品类不断增加,农业发展的瓶颈从生产领域逐渐集中于流通领域。因而建构中国大陆现代农产品流通体系成为解决小生产与大市场、大流通之间矛盾的关键,成为加快农业现代化发展的重要支撑,对于增加农民收入、推动农业市场化进程、确保农村经济的稳定增长等都具有十分重要的战略意义。本章以保障农民的基本利益为基本出发点,以推动农产品流通为主线,就建构农产品流通体系的目标、路径和制度保障做一些探讨。

第一节　大陆现代农产品流通体系建构的目标

一、降低农产品交易费用

　　交易费用是新制度经济学最核心的范畴,一般认为交易费用是交易准备阶段的各种费用、交易进行过程中所发生的各种费用以及其他与交易有关的各种费用之和,即市场交易的成本。

　　为了更好地把交易费用的概念用于分析中国大陆农产品流通领域中的问题,有必要对宏观意义和微观意义上的交易费用进行区分[①]。宏观上的交易费用是由于为了实现规模递增收益而产生的费用,微观上的交易费用是指经济主体(企业、个人等)从事交易而产生的费用。目前我国宏观意义上的交易费用比较低,而微观上的交易费用则相对较高,所以这里研究的主要是微观意义上的交易费用,即在市场交易活动中为转让和获取所有权,实现价值形式转换而发生的各种耗费,包括信息收集费用、吸引交易对象的费用、交易谈判费用、交易执行费用、交易

---

① 卢现祥. 流通领域中的交易费用初探[J]. 商业经济研究,1997,(4):47-48.

性物流费用和交易风险费用等。[①] 根据交易费用理论,交易费用由下面几个因素产生:交易场所和交易关系的稳定程度、交易技术的进步程度、交易规则的有效性、交易组织的发达程度以及交易环节的多少。

在我国农产品流通过程中,交易费用过高是一个主要问题,它不仅严重影响农产品从生产领域到流通领域的转换,甚至会阻碍农业以及经济的稳定发展。

第一,高交易费用意味着流通的低效率,阻碍农产品流通。过高的交易费用产生于过于冗余的交易环节,目前我国的交易市场主体呈"多阶段多元化"的畸形状态,以普通的水果蔬菜的流通过程为例:从集体组织(土地所有者),到生产者,产地中间商,市场批发商,市场中间商,零售商,再到消费者,要经过五六个环节。[②] 中间环节复杂众多,经过反复落地倒运,严重影响了流通的效率。同时过高的交易费用也意味着交易方式较单一,在农产品批发市场中,我国目前除了深圳福田、山东寿光等少数农产品批发市场采用拍卖等交易方式外,98%以上是按照"产地收购——产地市场集散——销地市场集散——小商贩零售"的路径进行现货交易,代理结算并不普遍,会员制、竞价拍卖、远期合约交易和期货交易方式仅仅处于萌芽阶段[③],这不仅使得交易费用过高,还降低了流通的效率,影响了农产品的正常流通。

第二,高交易费用会增加流通成本,阻碍农产品流通。我国目前农村交易市场较少,相关配套设施不完善导致了过高的交易费用,也就增加了农产品的流通成本。截至 2008 年我国农村商品市场总数是 36590 个,而行政区划分中属于农村的乡镇却有 40828 个,平均每个乡镇的市场数仅 0.89 个。由于农村面积较大,但是交易市场相对分散,导致了物流交通费用的上升,增加了流通成本。同时我国目前很多市场还处于非常简陋的状态,露天式、大棚式的集贸市场屡见不鲜,农村交通、供水、电力等相关配套措施建设落后,增加了农产品流通中的耗损率,导致农产品流通成本的增加。搜寻信息成本也是农产品流通成本的一个方面,我国农产品市场主体呈现"小规模、多元化、大群体的特征",使得交易关系并不是很稳定,单个农户为了准确把握市场信息,不得不增加信息的搜寻成本;同时较大的生产群体产生了离散性强、聚集性较差、社会组织化程度低的问题,各市场相对独立,缺乏统一的价格信息,信息搜寻成本过高,无形中增加了农产品的流通成本。

① 杜润平. 浅析市场交易费用[J]. 南方经济,1994,(2):14-15.

② 郑素利. 安徽省农产品流通体系建设研究[D]. 安徽农业大学,2007:2.

③ 贾金凤,侯智惠. 发展我国现代化农产品物流体系的制约因素及其对策[J]. 内蒙古农业科技,2005,(7):355-359.

第三,高交易费用会影响流通市场的稳定,阻碍农产品流通。农村市场的制度建设落后,秩序混乱导致了交易的机会成本过高,增加了交易费用;同时交易费用过高使得农民成本较高,反而会滋生哄抬物价、缺斤少两等机会主义行为,影响流通市场的稳定。目前为止,我国尚未颁布一部完整的农产品市场流通领域的法律,对于农产品交易中较为重要的农产品批发市场也未制定有关法律,相关法律建设不健全。同时需要有关部门要加大监督执法力度,规范农产品市场,促进农产品流通。

因此能否降低交易费用,对于农产品的流通乃至整个经济的发展都是十分重要的。综上我们可以看出,农产品交易费用过高不仅会影响农产品的流通,同时也正是由于农产品流通中存在的一系列问题导致了交易费用的增加。推动中国大陆现代农产品流通体系的建构可以合理地解决这些问题,降低交易费用。因此将降低交易费用作为我国农产品流通体系所要追求的目标不仅是必要的,也是切实可行的。

二、降低物流成本

农产品物流是因销售农产品而引起的农产品在供需双方之间的实物流动。其中包括为销售农产品实行的运输和储存,以及为满足农产品的消费需要实施的流通加工等活动。一些学者认为农产品物流主要是指农产品的生产、收购、运输、储存、装卸、搬运、包装、配送、流通加工、信息活动等一系列环节,并且在这一过程中实现了农产品价值增值和组织目标(《中国物流发展报告》)。物流成本是1956年 Lewis,Culhton 和 Steel 三位学者提出的,他们认为物流成本可以分为固定物流成本和变动物流成本。同时他们提出了物流总成本的概念,认为总成本是包括实现物流需求所必需的全部开支[①]。图 6.1 的左边表示较少的仓储成本和较高的运输成本;图 6.1 的右边则恰好相反,而物流总成本是运输成本、存货成本之间的均衡点。

我国农产品流通中的物流成本较高,这会严重削弱农产品的市场竞争力。物流成本在我国一般约占总成本的 20%～30%,鲜活产品的物流成本甚至达到 60%以上,而在国外发达国家,物流成本一般在 10%左右[②]。我国农产品生产者面临着严重的物流成本压力,影响了我国农产品的流通。随着我国农业的市场化程度不断提高,约有 80%的农产品通过批发市场流通,物流对于流通越来越重

---

① 雷蕾. 我国农产品物流成本研究[D]. 北京交通大学,2008:20.
② 戴桂林、杨玉真. 我国蔬菜物流模式的思考[J]. 当代经济,2007,(5):72-73.

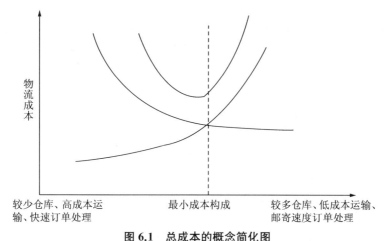

图 6.1　总成本的概念简化图

资料来源:雷蕾. 我国农产品物流成本研究[D]. 北京交通大学，2008：20.

要。但是物流环节的薄弱导致了农产品流通中的耗损增加,水果蔬菜等农产品中间环节损失率高达 25％～30％,而国外农产品运输的损耗率只有 13％。过高的物流成本会导致农产品的无效供给,不但不能对高额的物流成本进行补偿,还会产生额外的物流费用。并且目前我国农产品的国际竞争力较弱很大部分也是由于农产品物流成本过高造成的,物流成本目前是整个供应链中除了原料之外最高的成本。同时由于各流通环节层层加价,逐渐传递至下游终端消费者,形成"叠加效应",推动了农产品终端销售价格的提高,降低了人们的生活水平。总而言之,我国目前农产品物流的整体发展水平还较低,过高的物流成本,已经成为制约我国农产品流通健康发展的瓶颈。

　　我国农产品流通高物流成本的现象是由多种因素共同作用所导致的:从流通的参与主体来看,我国农户生产规模较小,且较为分散,农产品物流过程被人为地分割成若干阶段,农产品被多次装卸、仓储、运输,物流成本大大增加;同时由于农产品具有上市集中、一次性收获量大、不宜久存等特点,加上我国是一个农产品生产大国,农产品供给量较大,导致了对保鲜、运输等处理手段的高要求,间接增加了农产品流通的成本;从流通过程来看,农产品的物流需要一定的设施作为基础,大部分农产品从生产领域到达消费领域过程中需要经过多次储藏,以满足消费者的需求,但是我国目前缺乏对于物流基础设施的专有投资,与发达国家相比,在预冷保鲜率、冷藏能力、果蔬采后损失率、冷藏运输能力等方面存在很大的差距。我国农产品物流大多是以常温物流和自然物流形式为主,导致物流环节浪费严重,诱发了高额的物流成本;从流通的制度来看,我国农产品物流立法滞后,尚未形成公平竞争的物流市场环境;物流价格政策较为落后,易出现恶性和无序竞争;农产品物流管理体制不健全,缺乏科学合理的规划以及政策指导,这些都增加了农产品的物流成本,阻碍了流通。因此,建构中国大陆农产品流通体系过程中,我们必须整合流通参与主体,加强农产品流通基础设施和制度建设,以降低物流成本为目标,实施农产品物流成本管理。

三、保证农产品质量安全

农产品的质量安全是保证一国人民正常生活的基本条件,是保障经济正常发展稳定社会秩序的关键。近些年我国对于农产品安全的重视程度越来越高,农产品的整体质量安全水平得到了大幅度的提升。如 2010 年蔬菜、畜产品、水产品等主要农产品监测合格率总体达到 96% 以上,比 2001 年提高了 30 多个百分点[①]。而《农产品质量安全法》的出台与实施更加表明了我国政府对于农产品质量安全的重视,是我国农产品质量安全管理工作的"里程碑"。《农产品质量安全法》将不符合质量安全的农产品定义为以下五种:一是含有国家禁止使用的农药兽药或者其他化学物质的;二是农药兽药等化学物质残留或者含有的重金属等有毒有害物质不符合农产品质量安全标准的;三是含有的致病性寄生虫微生物或者生物毒素不符合农产品质量安全标准的;四是使用的保鲜剂防腐剂添加剂等材料不符合国家有关强制性的技术规范的;五是其他不符合农产品质量安全标准的。

作为主要流通对象,农产品的质量安全关系到消费者的身体健康,以及消费者购买农产品的信心,只有农产品的质量安全得到了保证,消费者才愿意购买农产品,农产品的流通才得以正常进行;对于流通的主要参与主体(农户)来说,只有生产出高质量高安全的农产品,才不至于被市场淘汰,同时免于法律的制裁;对于农产品流通市场来说,只有保证农产品的质量,才可以使得市场交易有序进行,保障农产品的流通。农产品的质量安全直接影响了农产品的正常流通,因而有必要将保证农产品质量安全作为建构中国大陆农产品流通体系的一个目标,促进农产品质量安全建设,推动农产品的流通。

目前中国农产品质量安全仍然存在着一些缺陷:农产品生产过程中农药、添加剂的大量使用,有害化学物质的污染以及不法奸商的恶意行为,都使得农产品的质量安全受到了严重的影响,威胁到了人民群众的身体健康。在流通过程中,由于市场准入制度的不健全以及监控不力、信息不对称等因素,同样,导致了农产品的质量安全问题。

① 章力建. 中国农产品质量安全现状及展望[EB/OL]. http://news.xinhuanet.com.

在农产品的流通过程中,由于涉及很多环节、渠道以及交易主体,所以影响农产品质量安全的因素十分复杂。从图 6.2 中我们可以看出除了初期环境因素对农产品的质量安全产生影响外,农产品的整个流通过程中均有对农产品的质量安全产生不利影响的因素。在农产品的生产环节中有:环境因素、化肥等添加剂的过量使用、农药兽药等的使用不当;农产品的加工环节有清洁剂、防腐剂等添加剂的过量使用;在分销、零售阶段又会遭受到保鲜剂、分装材料的危害;最后在农产品的仓储、运输过程中,会受到有机物、致病微生物和重金属等污染。

流通环节的每一步都有可能会对农产品的质量安全产生影响,因而如何对农产品的流通过程进行合理有效地监管,约束市场交易主体,创造良好的市场交易环境,对保证农产品质量安全十分重要。我们在建构中国大陆农产品流通体系的过程中,要以保证农产品的质量安全为目标,努力促进农产品生产区域化、供货组织化,推动农产品流通系统质量安全法制化,完善市场准入制度,构建农产品质量安全体系,更好地保证农产品的质量安全。

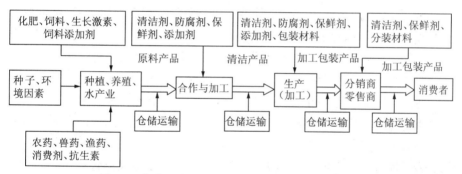

图 6.2　农产品流通过程及各环节质量安全影响因素

资料来源:张伟年等,我国农产品流通环节的质量安全控制问题研究[J]. 物流工程与管理,2012,(3):127 - 148.

第二节　大陆现代农产品流通体系建构的路径

建构中国大陆现代农产品流通体系主要是从参与农产品流通的主体以及农产品的流通入手,对于农产品流通的参与主体即农户,要推动农民合作经济组织的建设,促进农产品流通的畅通性。而商品流通的三项基本内容是商流、物流和信息流,所以要建构农产品流通体系,还需要从这三个方面着手,即优化商品流通渠道、加强物流体系建设以及加快农村信息平台的建设,共同推动农产品的流通。

一、推动农民合作经济组织建设

推动农民合作经济组织的建设是建构中国大陆现代农产品流通体系的重要路径之一,扶持和发展农民合作经济组织能较好地解决"三农"问题,保证农民利益,促进农业发展,推动农产品流通。农民合作经济组织是指在我国农村家庭承包经营和土地承包制度的基础上,农业生产各环节的当事人在技术信息资金购销加工贮运等环节开展互助合作,自愿联合,民主管理的互助性经济自治组织。它的参加者主要是个体农民,代表农民的利益,为合作社成员提供实际业务服务,维护成员利益,增加成员收入是其主要目的[①]。在中国,农民合作经济组织一般指以下四类组织体系:社区合作组织、供销合作社、信用社这三类原有合作组织及改革开放后新出现的农民专业合作组织[②]。

目前各种类型的农民合作经济组织发展迅速,根据农业部有关数据,截止2010年6月底,在工商部门登记的农民专业合作社有31万家,成员有2600万左右,约占全国农户总数的10%。农民合作经济组织在促进农民增收,降低生产风险,增强农民在生产、流通过程中组织化程度,提高产品附加值等方面作用日益显著,已经成为了建设新农村、提高农民生活水平、推动农产品流通的重要力量。具体来看,农民合作经济组织在推动农产品正常流通方面有如下作用:

一是有利于降低农户的交易费用。农产品流通中的交易费用主要是指由于农村市场信息不对称而产生的获取信息费用以及由于交易次数过多而产生的交易加价和摩擦费用。农产品合作经济组织可以为农户提供相关信息,节约单个农户获取信息的成本,降低与交易相关的搜寻、谈判、落实以及监督费用。同时由于交易主体相对分散,单个农户商品交易量较少,增加了交易的次数,也就导致了交易摩擦将极为剧烈,必须支付极高的交易费用才能解决交易摩擦。而建立农民合作经济组织可以将分散的农户组织起来,将分散的经营活动转化为内部的生产经营活动,从而减少交易次数,从根本上解决交易摩擦,减少交易费用。二是有利于保护农户基本利益。由于生产者和消费者数量众多,较为分散,导致了生产者与消费之间的流通必须依赖中间商的活动。但是单个农户过于弱小,对于中间商的依赖较大,在市场竞争中处于极为不利的地位,阻碍了农产品的正常流通。农户如果可以联合起来,建立农民合作经济组织共同进入市场,在一定程度上有利于

①　引自《中华人民共和国农民专业合作社法》。

②　冯开文. 微观经济组织的新思路——关于合作社与乡镇企业比较研究的思考[J]. 农业经济问题,2000,(8):7-12.

农户在市场交易中的地位提高。相比单个农户，农民合作经济组织不管是在生产还是在信息搜寻、谈判、具体交易等方面都具有明显的优势，可以最大限度地保护农民在农产品流通中的利益，从而保障农产品的正常流通。

由以上分析我们可以看出，建立农民合作经济组织对于促进农产品的正常流通有着十分重要的意义。但是由于在我国农民合作组织也只是刚刚建立，并不完善，很多地方还存在着一些问题。一是参与合作经济组织的农民较少，农民合作经济组织普及程度不高。20 世纪 50 年曾开展农业合作化运动，虽然初期运转良好，但是逐渐就转为"一大二公"的公社化运动，严重背离了自愿、公平、互利的原则，其强制性使得许多农民对合作组织产生了不良的印象，造成了很深的消极影响，产生了较为严重的抵触心理。二是农民合作经济组织规模较小，无法产生较高的经济效益。目前的合作经济组织资产规模普遍不大，存在着缺资金、少项目、少技术等问题，抵御风险能力较差，经济效益需要得到进一步的提高。三是农民合作经济组织管理制度不健全，组织内部经营管理水平参差不齐。农民合作组织的相关基建制度不健全，如三会制度、议事制度、财务管理制度以及利益分配制度等尚未完善。另外，农民合作组织的管理者多为农户自身，其综合素质有待提高，加上农村原本就有的"裙带关系"等严重影响农民合作经济组织民主管理的深度和广度。所以我们有必要推动农民合作经济组织的建设，健全相关基本制度，以推动中国大陆现代农产品流通体系的建构。

（一）对农户进行培训，提高农民合作经济组织的整体素质

农户作为农民合作经济组织的主体，其个体素质关系到农民合作经济组织的整体素质。所以有必要对农户进行培训，对未进入农民合作经济组织的农户进行宣传培训，可以提高农民合作经济组织的普及度，从而扩大农民合作经济组织的规模，形成规模经济；对已进入农民合作经济组织的农户进行培训，可以提高农民合作经济组织的整体素质，使得合作经济组织更便于管理，在农产品生产到流通的各个环节更容易按照合作经济组织的要求来执行，提高生产和管理效率，促进农民合作经济组织的规范化。对农户的培训主要集中于以下几个方面：一是宣传农民合作经济组织，对合作经济组织的概念进行讲解，全面解析农民合作经济组织，让农户对其更加了解，克服原有的恐惧心理；二是引入先进的生产技术，合作经济组织通过学习先进的农业生产技术，然后向自身组员进行传播扩散，提高了科学技术的扩散程度，有利于农产品整体生产率的提高；三是农民合作经济组织的高层要学习发达国家成功的合作经济组织，改善自身的管理理念，不断完善农民合作经济组织的民主管理制度，提高农民合作经济组织的生命力和活力。

（二）政府积极引导，建立健全农民合作经济组织的运行机制

农民合作经济组织应该在政府的引导下，逐步建立完善能够体现其生命力和活力的运行机制。第一，要建立提高农户积极性的竞争机制。农民合作经济组织是以每个社员利益最大化为目标的，合作经济组织对外要实现利润最大化，加强市场竞争力，对内则不以盈利为目标，最大限度保证农民的利益。第二，建立科学民主的管理机制。按照现代企业制度的要求将权力分开，保障农户的权力，保证组织的经营方向不以个人为转移，提高组织的经营管理水平。农民合作经济组织管理结构应由三部分组成，即社员大会、理事会和监事会，机构之间既要有联系又要相互独立。第三，建立探索利益分配制度。收益要分配到农户手上才能保证农户的利益，应按照交易额进行利润分配或者以交易额与按股分配相结合的方式进行分配。但值得注意的是，按股分配虽然可以一定程度上调动入股者的积极性，通过融资解决农民合作经济组织资金短缺的问题，但是长久来看会影响农户的积极性，所以按交易额分配仍然应是主要方式，能够更好地体现合作组织"劳动联合"的特征，切实保障每一个农户的利益。

（三）加大资金援助力度，开展农民合作经济组织的多种联合

农民合作经济组织必须具有一定的资金才能够发展起来，目前我国大多数农民合作经济组织都存在资金不足，经营困难的问题，需要我们加大对农民合作经济组织的资金援助，扶持其稳定发展。农民合作经济组织的资金来源一般是社员入股、社会捐助、政府扶持、经营积累和银行贷款。实行股份合作制是目前增加农民合作经济组织资金的一个主要途径，并且社员入股可以有效调动投资的积极性。同时由于农民合作经济组织具有很强的内部性和封闭性，限制了资金和生产要素的流入，从而降低了其获取规模经济的能力。因此在获取资金援助的基础上，合作经济组织要建立一套能够有效开展竞争的组织体系，开展多种形式的合作与联合，建立区域性同行业协会，引导合作经济组织跨地区联合，从而带动农民合作经济组织的发展，促进农产品流通。

二、优化商品流通渠道

商品流通渠道是指商品通过交换完成从生产到消费（包括生产消费和生活消费）领域转移的途径以及伴随转移而发生的经济关系[①]，包括消费者，商品价值实现和实体转移的载体（流通组织）以及货币媒介等。商品流通渠道对于我国经济尤其是流通经济的发展十分重要，在我国农产品流通中，70%～90%的农产品通

---

① 沈泰基. 浅论商品流通渠道[J]. 财贸研究，1982，(2)：56-60.

过流通渠道进入消费市场,实现了从生产领域到消费领域的转换,因此流通渠道的建设在很大程度上影响着我国农产品的流通。但是我国目前的市场经济中流通渠道尤其是农产品的流通渠道过长,导致了交易时间冗长和成本过高、影响农民收入等问题,对中国大陆的农产品流通产生了非常不利的影响。因而如何有效地优化农产品流通渠道,对建构中国大陆农产品流通体系十分重要。

（一）我国的流通渠道模式

优化商品流通渠道首先要了解我国目前的农产品流通渠道模式,主要是以下四种:

1. 农户＋收购小贩＋批发商＋零售商＋消费者

这种模式是目前中国农村应用最为广泛的一种农产品流通渠道模式。单个农户并没有合适的渠道来销售自己的产品,往往会直接卖给一些在农村自发产生的收购小贩,再由他们对农产品进行转卖给高一级批发商来完成余下的流通过程。但是由于目前大多收购小贩是自发形成的,农产品收购并不能得到有效的保障,延长了流通渠道,无形之中增加了农产品流通环节的交易成本;并且由于缺乏相关契约的保障,农产品收购者在收购过程的操作并不是很规范,增加了农户的风险。

2. 农户＋龙头企业＋批发商＋零售商＋消费者

这种模式中,收购小贩由龙头企业替代,龙头企业负责收购农户的产品,再将产品出售给批发商完成整个交易流程。由于龙头企业具有一定的规模,拥有较流畅的销售渠道,能够更快的掌握市场信息,降低交易费用,对于市场的抗风险能力较强。但是龙头企业规模较大也带来了一些弊端,由于农户规模较小且较为分散,而龙头企业一般处于买方地位,在与农户的博弈中一般处于优势地位。一旦市场发生变动,难免会出现企业为了保证自己的利益而损害农户权益的现象。

3. 合作社＋批发商＋零售商＋消费者

在中国农产品流通发展实践过程中,逐渐出现了一种新的流通渠道模式即"合作社＋批发商＋零售终端"。农民合作社将分散的农户集中起来,在合约的保障下由合作社将农产品进行统一收购,然后再组织销售给批发商。相比较而言,由于有较为有力的农村合作社,农户的利益得到了保障。农民合作社作为一个有效的组织,在与批发商进行谈判时,可以为农户争取到更为有力的价格和权益。同时因为由合作社负责搜集市场信息,降低了搜寻成本,缩短了流通渠道,最终降低了交易成本。但是由于目前的我国农民合作社的运作还不是很成熟,相关管理条例不是很完善,农民合作社尚未实现预期的作用,还存在一定的缺陷。

4. 农户（或合作社）＋零售商＋消费者

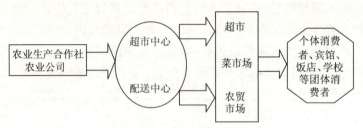

图 6.3 "农超对接"模式下的流通渠道

资料来源：殷延海. 基于"农超对接"模式的农产品流通渠道创新策略[J].改革与战略，2012，(2)：95－97.

　　农超对接是农产品流通渠道模式的一种创新，可以有效地缩短流通渠道，提高流通效率。农超对接模式搭建了农产品直接进入超市的平台，有效缩短了流通环节，保证了农产品从农田到餐桌全过程的监控。对于农户，直接与超市订立合同，减少了不确定性，降低了搜寻成本，保证了种植收益；对于超市，由于实现了农超对接，可以实现农产品质量的有效监测，有利于保证农产品质量安全。同时由于农户与超市直接对接，流通环节的减少，有利于降低交易成本，提高农产品价格竞争力，是一个农户—超市—消费者三赢的模式。

　　综上我们可以看出，除了最后一种流通渠道模式，其他三种模式都存在一定的缺陷，不同程度上影响了农产品的流通。而农超对接模式也只是刚刚发展起来的一种流通渠道模式，很多地方还不成熟，普及度也不是很高。因此我们要建构中国大陆农产品流通体系，推动农产品流通，就必须对我国现有的流通渠道模式进行优化，创造并普及新的农产品流通渠道模式。

　　(二) 优化我国商品流通渠道的路径

　　1. 缩短商品流通渠道长度

　　流通渠道的长度一般指农产品流通过程中所经历的中间环节数目，数目越多，也就意味着农产品到达最终消费者手中的时间越长，价格越高。所以优化商品流通渠道一个方面就是缩短商品的流通渠道，缩减不必要的交易环节，提高流通效率，降低交易成本，促进农产品流通。流通渠道的缩短有利于农产品从生产领域转移到消费领域，促进农产品流通的畅通；流通渠道的缩短有利于交易环节的减少，提高流通效率；流通渠道的缩短有利于降低交易成本和缩短交易时间，增加农民的收入。总的来说，流通渠道的缩短对于农产品的流通以及农业的稳定发展都是大有裨益的。

　　流通渠道模式很大一部分程度上决定着商品流通渠道的长短，因而较短的流通渠道反映着较为完善的流通渠道模式。而对现有的流通渠道环节进行删减，也反映着对流通渠道的优化。所以缩短商品流通渠道,对商品流通渠道进行优化,是推动中国大陆现代农产品流通体系建构的一个重要途径。

2. 推动流通渠道模式创新

我国农产品流通渠道模式比较复杂,流通节点较多,因而整个流通渠道较长。农产品的供应链决定着流通渠道,一般可以把农产品的供应链分为六个节点,即生产者(农户)、经销商(产地批发商)、制造商(农产品流通加工企业)、经销商或物流配送中心(批发市场)、零售商(超市、大卖场、农贸市场等)、消费者(个体消费者、团体消费者)。所以基于农产品供应链的农产品流通渠道模式如图6.4所示。

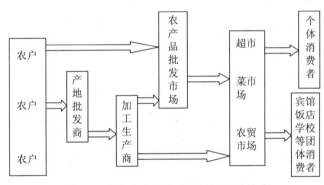

图6.4　当前农产品的主要流通渠道模式

资料来源:殷延海. 基于"农超对接"模式的农产品流通渠道创新策略[J]. 改革与战略,2012,(2):95-97.

根据图6.4再结合中国的农产品流通的实际情况,可以创造出新的流通渠道模式。比如"农超对接模式"就是近些年对农产品流通渠道模式的创新,并已得到了一定的普及。上文中已经提过,农超对接模式可以有效地缩短流通渠道,提高流通效率,是一种农户—超市—消费者三赢的流通渠道模式。但是同时,这种新型流通模式也不免存在着一些问题,所以我们不应局限于这种模式,而应在现有的流通模式上再创新,创造出更有利于农产品流通的新型流通模式。现在已有学者对于"农批对接"这种新模式的应用进行了研究,我们应充分发挥自主创新能力,在结合中国农产品流通实际的基础上,推动流通模式的再创新,更有效地缩短流通渠道,减少交易成本,提高农民收入水平,促进中国大陆现代农产品流通体系的建构。

3. 普及新型流通渠道模式

流通渠道模式创新之后,应当对新型的流通渠道模式进行普及,方能起到优化商品流通渠道的作用。以目前较新的"农超对接"模式为例,这种模式可以极大地减少中间环节,优化流通渠道,提高流通效率。但是目前,第一种模式仍然占据着主要地位,并且前三种模式流通链条都相对较长,并不能促进农产品流通。所以为了更有效地优化流通渠道,我们需要大力推广"农超对接"这一新型的流通模式,但是由于目前中国大部分农户思想过于保守,对于新事物接受能力不高,这一新模式的应用并不广泛。我们应该对这种新型流通模式进行广泛宣传,促使农户接受这一流通模式。同时应规范相应的管理条例,在制度的保障下,保证农超对接模式等新型流通渠道的合理运营。

三、加强农产品物流体系建设

加强农产品物流体系建设也是推动我国建构中国大陆现代农产品流通体系的重要途径之一,物流在我国农产品流通中占据着十分重要的地位。第一,我国自古是一个农业大国,农产品物流影响着整个国民经济的效率,关乎农民的基本利益。第二,农产品与工业品不同,具有易腐易损、生产地域性与季节性、产品异质性较高等特征,而由此产生与消费的普遍性和全年性之间的一系列矛盾就需要靠加强农产品物流体系建设来解决。第三,随着时代的进步,人们的消费观念也在不断改变,对于农产品的多样性和快捷性也提出了更多的要求,这就需要我们加强农产品物流体系建设,推动我国农产品流通经济的发展。而且我国目前的发展实践是,从参与主体到物流渠道再到物流业务都存在一定的缺陷,对于农产品的物流有着不同程度的影响,这些都阻碍了农产品的流通。所以我们更要加强农产品物流体系的建设,对参与农产品物流的主体进行完善,以促进农产品的流通,推动我们建构中国大陆现代农产品流通体系。

(一)提高农户经营的组织化程度

物流主体过于弱小是我国农产品物流落后的一个重要原因,单个农户由于规模过小在市场交易中往往处于弱势地位,但是如果联合起来就可以争取到更多的权益。根据交易成本理论,个体农户在交易中,交易成本必然很高,这就更损害了农户的利益。所以我们要建立农民合作组织,提高农户经营的组织化程度,组织农民进入市场,从而扭转单个农户在市场交易中的劣势地位。农民合作组织代表农民的利益,有着较强的号召力,广大农民联合起来,在市场交易中就更有话语权。同时,建立农民合作组织,和大型采购公司签订相关条约之后,可以更有效地降低双方搜寻市场信息的成本,从而降低市场交易成本促进农产品的流通。

(二)建立农产品物流投资激励机制

农产品物流应是一个增值的过程,但是在我国农产品价值在物流过程中增长较为缓慢,主要原因是农产品流通过程中技术水平低,缺乏相应的设备,物流效益无法得到保障。但是引进相关技术和设备，需要大量的资金支持，所以我们要建立投资激励机制，鼓励对农产品的投资。政府要制定相关信贷政策，扶持一批发展较好的龙头物流企业，从而带动其他的物流企业发展，实现滚动式发展。同时投资激励机制的缺乏也导致了我国农产品物流基础设施落后，制约了农产品的流通。我国农村地区普遍存在交通不畅等问题，导致农产品流通受到不同程度的阻碍。我们应加快公路、铁路等基础交通设施的建设，引进先进的农产品物流技术，提高农产品运输、储藏过程中的技术含量，完善全国农产品绿色通道网络，加强农产品物流体系的建设。

（三）大力发展第三方物流组织

现行的农产品物流体系主要是一体化的规制结构，但其实这并非是有效地制度安排，并影响了物流体系的运行效率。农产品的物流目前大多是由买方或者卖方承担，物流专用性资产严重不足，导致了农产品在物流过程中不仅不会增值还会受到一定的损失；同时由于这种规制结构引起的管理费用也会同样地增加流通过程中的成本，影响农产品的流通。所以我们要建立专业化的农产品物流体系，大力发展第三方物流组织，实现农产品商流过程与物流过程的分离。在图 6.5 中物流过程基本上完全地独立于商流过程，专业的物流组织从农户、合作社或者加工企业中接过农产品，将他们直接送交各零售商。

所谓第三方物流就是农产品流通过程中采用除了供给方和需求方之外的专门从事物流服务的第三方企业，这类企业一般是专业化的物流企业，相比一体化的物流规制结构，可以充分的发挥规模经济效应，提高流通效率，降低交易成本。采用第三方物流可以降低物流成本，扩大企业的盈利能力；可以增加车辆效率，缩短运输时间；更可以对整个物流过程进行监控，保证农产品运输的品质；可以有效地加强农产品物流体系的建设，促进中国大陆现代农产品流通体系的建构。

第三方物流企业一般要求提供除了传统功能性的货物拣配、装卸、集运、仓储、报关、流通加工业务外，还包括运费谈判、运费支付、提供运输、存货管理报表等信息、开发物流策略、应用物流管理软件等业务，可满足不同行业的个性化、多样化物流需求。但是由于我国第三方物流起步较晚，虽然发展较为迅速，但其发展仍然是缺位的、滞后的。第三方物流企业想要得到发展，关键是要提高服务水平，要开拓具有较大增值性的功能，提高物流服务的效率和满意度。同时政府要努力为第三方物流营造出良好的发展环境，促使第三方物流企业得到行业的支持。

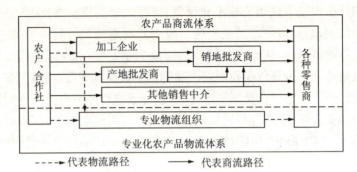

图 6.5 农产品商流体系与物流体系的分流示意图

资料来源：李晓锦. 农产品物流体系的规制及其专业化发展［J］. 农业经济问题，2006，(8)：43－46.

四、加快农产品信息平台建设

良好的信息流动对于农产品的流通是十分必要的。一方面农户只有在知晓市场上对于农产品需求情况的前提下，合理的安排农产品的生产活动，才能够有助于这些产品的销售；否则生产出的产品市场需求度不高，则会造成产品销售不出去或者"贱卖"的情况。另一方面加工商、零售商以及批发商等只有获得一定的信息之后，才能够正确制定相关技术，更好地推动农产品的流通。同时买卖双方如果可以更方便地获取市场信息，则可以有效地降低交易成本，提高流通效率。

信息平台作为信息流动的载体，对于信息的良好传播来说是不可或缺的，对于提高企业利润，推动农产品流通十分重要。如图 6.6 所示，信息平台连接了农产品流通的各个环节，是农产品流通的中心。通过信息平台发布信息，将农民、零售商、批发商、生产企业、物流公司以及政府部门联结起来，对农产品流通的各个环节实现有效地跟踪和全程监管，以促进信息的分享，推动农产品流通体系的建构。

加快建设信息平台是建构现代农产品流通体系的重要途径之一，一个完善的信息平台可以有效地推动农产品的流通。第一，信息平台可以降低交易成本。交易成本很大一部分是由于市场买卖双方由于信息不充分在搜寻信息方面所造成的，信息平台将有关农产品的价格、供需等发布出去，有利于买卖双方寻找对手方，缩短了搜寻卖（买）家的时间，更降低了为了寻找合适的对手方而产生的费用。第二，信息平台可以优化供应链。基于信息平台的供应链体系，通过运用电子商务技术，可以利用网络将生产商、零售商联系在一起，扩大供应链的范围。通过基于信息平台的供应链，农户可以更快地了解产品的销售信息，并且按照所了解的

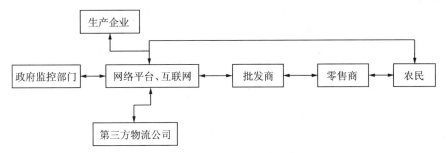

图 6.6　农产品信息平台结构

信息组织产品生产以及对零售商供货;零售商可以通过供应链的有效管理,缩减库存费用,降低商品销售成本。第三,信息平台可以创新销售模式。随着网络技术的不断发展,基于信息平台的现代流通模式,为生产者和消费者提供了及时、高效的流通手段,推动了流通渠道的发展,创造了新的销售模式。比如基于信息平台,我们可以采用面对消费者的直销模式。这种销售模式可以缩短商品流通渠道,合并全部中间销售环节,有效地降低成本。对于消费者来说,可以更加详尽、全面地了解产品信息,从而在选择、购买上处于主动地位。

　　信息流是农产品流通的一个重要组成部分,因而一个完善的信息平台对于农产品的正常流通有着十分重要的意义。随着对农业信息化认识的不断加深,我国逐渐重视对于农村市场的信息体系建设。但在信息体系快速发展的同时仍然有许多不足,如农产品信息传递渠道不畅通;农产品标准信息体系不完善,各地区存在较大差异;农产品信息服务内容不健全以及农业信息服务主体缺乏等,这些问题不仅制约了农产品信息体系的发展,还在一定程度上影响了农产品流通的有效运行。所以必须加快农产品信息平台建设,完善农村市场信息体系,努力推动中国大陆现代农产品流通体系的建构。

　　(一)健全各种农产品标准信息

　　要建立信息平台,首先要健全农产品的各种标准信息,扩充信息平台的内容,主要有农产品质量分级标准信息和农产品质量安全标准信息。随着农业的不断发展,农产品的种类更加多样化,即使是同一种农产品也有优劣之分。除了决定于自身的营养价值,还取决于自身的重量大小等,因此必须给农产品的质量进行分级。而农产品质量安全标准信息则可以全面反映农产品的质量安全水平,便于农产品市场主体之间顺利进行交易,又可以方便进行农产品质量追溯。其次,在健全农产品各种标准信息的同时,要注意国际农产品市场信息内容的引进和丰富,不仅要引进一次性的单项信息,更要注重对信息的加工分析从而产生支持政府决策和农民生产经营的综合性信息内容的建设。

（二）建立农产品信息搜集发布中心

建立一个农产品信息预测发布中心，对农产品的价格信息进行采集和发布。为了保证可以及时准确地搜集发布市场信息，农业部应制定统一的标准并向各地区提供技术支持，在全国范围内应用统一的标准和贸易术语。为了保证信息收集的规范化，信息员应填写统一的表格，将数据输入数据库，并根据收集到的当期信息写出当大的市场报告，将数据和市场报告传送到当地信息办公室，信息办公室可将信息再传至农业部。为了避免虚假信息，信息员要向买卖双方询问同一信息，以确认核实信息是否准确①。

另外，在信息搜集发布时要注意信息的私密性，一方面要保护企业自身的利益，所搜集信息不应涉及企业商业秘密；另一方面，要保证所搜集的信息严格保密，不得泄露，只有在规定的发布时间，才可以将信息统一发布。信息保密措施一定要严格，这样才能保证公平竞争的市场，同时保证信息搜集、发布体系的长期良好运行。

（三）完善农村信息网络基础建设

农村信息网络建设包括硬件建设和软件建设，目前农村信息网络硬件施建设发展滞后且存在区域不平衡现象，因此应有针对性地完善农村信息网络建设。在经济发展较快的农村地区，要大力促进网络技术的发展，建设网络中心，争取与国际接轨；而在经济较为落后的地区，应依托电话、电视和广播，首先发展广播电视和通讯工程，实施"三网"合一工程。在此基础上，政府要对公共信息网络的建设进行投资，努力减少农民获取信息的费用。相关部门出面协调，降低终端设备价格，减少上网维护费用，提高农民接触因特网的积极性，促进农产品电子商务的发展。

同时也要注意农村市场信息网络的软件建设，丰富农产品市场信息资料数据库，方便农产品市场信息管理。健全有关农产品市场信息，在搜集信息后，着重对信息进行分析处理再归入数据库，方便农户及企业进行自主查询。同时因特网作为农产品市场信息体系的主要信息传送渠道，应当注重其软件建设，建设相关网站，方便农产品信息的搜集及查询，满足农产品市场上不同主体的多样性需求。

① 郝鹏. 我国农产品市场信息体系的建设与制度创新[D]. 中国农业大学，2005：40.

第三节　大陆现代农产品流通体系建构的载体

从整个农产品流通的角度来看,农产品流通载体构架包括生产、加工、运输、销售、消费,对农户与农产品流通中介组织、农产品流通中介组织与市场、市场与消费需求之间的关系进行研究。农产品流通载体是农产品流通组织的具体表现形式,它自身是农产品流通的公共性管理主体,同时承担农产品流通的市场运作,包括农业生产资料供给、农产品销售渠道和网络的构建等综合性的工作。在中国,这一综合性的事务由供销合作社承担,因为它已经具备较完善的农产品流通服务网络,是农产品流通的良好载体之一。除供销社外,各类综合性的批发和零售市场和网上交易平台也是农产品流通的重要载体。

一、大陆现有农产品流通载体分析

（一）综合载体——全国供销合作社体系

流通合作是合作社最普遍的组织形式,农产品流通合作社（供销合作社）由于其在农产品流通过程中所发挥的重要功能和作用,而成为一种重要的农产品流通组织形式。关于合作社是否是一种企业组织历来有不同认识,这与现代西方合作社思想分为两派:合作主义学派（The Cooperative Commonwealth School）和合作企业学派（The Cooperative Enterprise School）有着共同的渊源。合作主义学派,也称合作改良主义学派,主张合作社不应满足于提高社员在现有经济制度中的经济地位,而是要作为一个长远目标——消除竞争、资本主义制度,并代之以一个互助合作基础上的经济制度。这一思想对西方早期的合作社运动,尤其对消费合作社运动产生过重要影响。合作企业学派认为合作社是独立的经济个体的自愿联合组织,是社员自有、自治、自享的商业性企业。合作社的主要目标是通过聚集资源,从而达到规模经济来克服自身的经济弱点,进而增进社员的经济福利、保护和维护小业主和农民的经济独立性。[①]

合作社正式的经济学模型是到 1940 年以后才出现的。在模型建立后的 40 年中,经济学家把合作社分成三种模式:一是作为垂直一体化的一种形式;二是作为一个独立的企业;三是作为以集体或联合行动存在的联盟。20 世纪 90 年代以来,把合作社作为一种联盟和作为契约这两个观点的理论有了较大的进展,新制

---

① 刘惠,苑鹏.合作制与股份合作制——制度的分析与比较[M].沈阳:辽宁大学出版社,2003.

度经济学的理论也越来越多地应用到合作社组织问题的研究上。①

陆原指出,从流通功能上看,供销社是农村商品生产发展的重要载体。商品再生产过程是流通过程和生产过程的统一。流通过程为生产过程的顺利进行提供了必要条件。随着商品生产的不断扩大和专业化分工的日益细化,生产对流通的依赖程度就会越来越强。生产决定流通,流通反作用于生产,并在一定条件下起决定性作用。因为商品价值的实现是一次"惊险的跳跃",生产到消费的路线一旦中断,"摔掉的不是商品,而一定是商品生产者"。近年来在一些农产品总量并不是很多的情况下,连续发生区域性、乃至全国性的农产品销售困难的问题,就是流通作用于生产的一种消极表现。它说明生产的发展离不开流通的畅通,离不开流通对生产的服务。发展商品生产必须以发展商品流通为前提,而发展农村商品流通又必须发挥供销社在农村商品流通中的主渠道作用。农村社会化服务体系的完善,客观上要求把流通引入生产过程,使生产建立在流通之上,充分发挥流通对生产的促进作用,使之参与生产、服务生产、引导生产。这表明供销社是促进农村商品生产发展的重要载体。②

无论从什么角度来看合作社,也无论合作社形式发生怎样的演化,其作为合作制经济组织的这一内核是不变的,即合作社是劳动者为了共同的利益组织起来,进行互助合作的经济组织制度。农产品流通合作组织既是农村合作经济组织的典型和普遍形式,也是农产品流通组织的重要载体。

改革开放以来,全国供销合作社坚持为"三农"服务的宗旨,扎根农村,服务农民,用现代流通方式改造传统经营网络,将连锁、代理、超市、专营等经营业态和流通方式融入农村经营服务体系,大力推进"新网工程"建设,全国供销系统已经初步构建起了农业生产资料经营服务、农副产品购销、日用消费品连锁经营、再生资源回收利用等连锁经营网络。自 1995 年中华全国供销合作总社恢复成立以来,坚持改革的市场取向,坚持为农服务的发展方向,实施"四项改造"(即以参与农业产业化经营改造基层社,以实行产权多元化改造社有企业,以实现社企分开、开放办社改造联合社,以发展现代流通方式改造传统经营网络),使供销合作社克服了计划经济时期形成的种种弊端,扭转了连年亏损的不利局面,重现了生机和活力。目前,供销合作社已进入联合发展的新阶段,基本形成了符合合作制理念和市场经济取向的供销合作社新体制和新机制,经济运行质量持续提高,基层组织建设取得新进展,网络建设稳步推进,城市供销合作社辐射带动功能日益增强,为农服

① 郭红东,钱崔红. 关于合作社理论的文献综述[J]. 中国农村观察,2005,(1):72-78.
② 陆原. 供销社在农业社会化服务体系中居于主体地位[J]. 商业研究,1996,(12):21-23.

务成效突出。

　　"十一五"时期,全国供销社系统销售总额保持了较高的增长速度(图6.7),2011年全系统销售总额首次突破2万亿元,达到20255.1亿元,同比增长29.5%。全系统在经济总量大幅度增加的同时,发展质量进一步提高,经营服务水平有了较大提升。通过资产整合、产权联合、业务重组、优化布局,改造建设了一批体制机制更加灵活、服务功能更加完善的新型基层社。此外,全国供销社系统发挥社有企业龙头带动作用和配送中心物流支撑作用,实施"小超市、大连锁"战略,加快推进连锁经营网点向农村延伸。目前,全系统已发展连锁经营服务网点76万个,其中县以下55个,覆盖全国80%以上的乡镇和1/3以上的行政村。因此,全系统的消费品零售总额增长速度高于全社会消费品零售总额的增长速度(图6.8)。

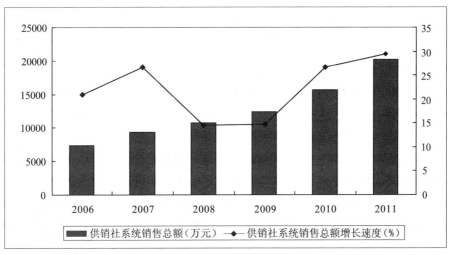

图6.7　2006—2011年全国供销社系统销售总额及其增长速度
数据来源:《全国供销合作社经济运行情况分析报告》(2007—2011年).

（二）专业载体——批发和零售市场体系

　　农产品批发市场作为一种类型的农产品流通组织,在农产品流通中担当着十分重要的作用,这不仅是因为批发市场为供求双方提供了交易的场所、供求信息以及过程管理,从而实现商品交易和集散的作用,更为重要的是它具有价格引导和降低交易费用的功能。批发市场首先是农产品流通的载体,其基本功能为农产品集中批发交易提供有关服务,特别是为农产品流通企业组织提供交易的场所,实现批量交易,其基本特征是服务性、集聚性。其次农产品批发市场作为一种专门的农产品流通组织,由专职人员提供农产品商品流通的系列服务,有专门的管

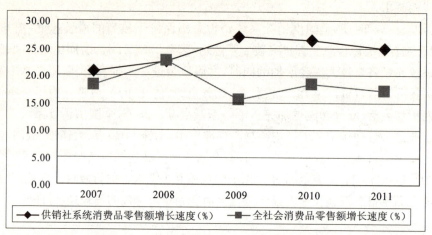

图 6.8　2007—2011 年供销社系统和全社会消费品零售额增长速度

数据来源:《全国供销合作社系统基本情况统计公报》(2007—2011 年).

理人员和管理组织,该组织有严格的交易资格审查制度和交易结算制度,只有经过考核登记,取得法人资格后,才能进场交易。其组织形式、交易范围、辐射范围、市场管理等方面都比仅仅作为交易场所的自发形成的农产品市场有了极大的进步。

我国的农产品批发市场随着大宗农产品购销价格的放开而逐步发展,经历了一个从少到多,从产地市场兴起到产地市场与销地市场并行发展,从民间自发形成到政府推动建设的过程,目前已经形成了庞大的农产品批发市场体系。"十一五"以来,我国农产品批发市场和零售市场规模不断扩张,由 2005 年的 1311.6 亿元和 1100.4 亿元到 2010 年 3874.5 亿元和 1603.3 亿元,见图 6.9。

(三)虚拟载体——网上交易服务平台

市场经济环境下生产信息、供求信息是流通的基本保障,我国农业信息体系建设滞后,没有负责收集、分析、预测和发布信息的专门机构,各部门提供的农业和农产品信息零星分散而且不及时,发布信息的渠道也非常有限。广大农民往往无从获取所需信息,大部分农民按照求稳的原则继续种植粮食,这样就极易出现结构雷同,导致生产过剩和过度竞争。

农产品生产信息、供求信息和信息发布需要专门机构进行管理。组建专门农业信息机构,统一负责农业信息的收集、分析、预测和发布,收集处理的信息不仅包括国际、国内各个农产品市场的产量、库存量、现货和期货的价格、成交额,还要包括农产品产量预测、成本及其构成、新品种、新技术、农业政策,自然灾害及其影

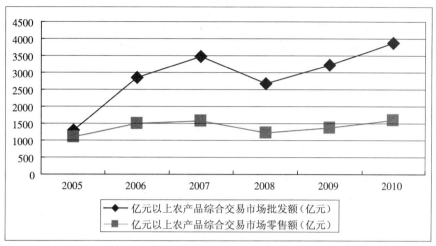

图 6.9 2005—2010 年亿元以上农产品综合交易市场批发和零售额

数据来源:《中国统计年鉴》(2006—2011 年).

响分析等。农业生产、市场信息的收集不仅在各主要批发市场和主产地派驻专门的分支机构和人员负责,而且各基层生产村镇设立农业信息咨询中心,负责向广大农民提供信息咨询服务,保障农民即时获得所需各种信息。

随着现在物流和通讯技术的发展,基于电子商务和现代物流配送体系的农产品网上交易平台逐步成为农产品流通的活跃载体。目前,在局部物流较发达的城市,线上下单、线下配送的农产品销售方式方兴未艾,网上交易已经成为农产品流通新的载体。如,无锡市当家易现代农业科技发展有限公司是为了更好的实施"网上菜篮子便民服务工程",而专门投资成立的新型流通服务型企业。为促优质农产品的供需对接,促进民生消费领域的信息化建设,作为"网上菜篮子便民服务工程"的门户类运营网站——"当家易网超"(www.dangjiae.com)2008 年 8 月试运行,同年 10 月正式运营,其便民特色突破性的体现在"实现了农产品的网上订购,家庭配送,新鲜方便"。所有菜、肉、米、油、禽、蛋、鱼、调味料、南北货、家庭日用品等均可一站式新鲜配送,公司着重致力发展现代新农产品交易的 B2B、B2C 的产业链信息化建设,运用互联网和物联网技术,将"现代农业、现代服务业和现代物流"相结合,打造"电子家务"新概念。

二、国外农产品流通载体及其经验借鉴

(一)美国农产品流通载体

1. 美国农业合作社的发展

18 世纪初,美国农业合作社出现雏形。为了搞好牛奶加工和扩大奶油销售,康涅狄格州的奶牛农场主在 1810 年组建奶牛协会,这是美国诞生最早的农产品流通组织——农业合作社。随后,各种合作社在农业领域的各行业出现,一般都是覆盖较小的范围,内部管理尚不规范,稳定度不高,有的往往维持不了几年就解散。但农业合作社的出现,开创了一条联合起来参与市场竞争的有效途径,这使得美国农场主看到了农业合作组织的力量。

20 世纪 20～40 年代,农民合作社运动掀起高潮。为了逃避中间商和铁路公司盘剥,各种形式的农业流通合作组织大量涌现。1902 年,首次出现了全国性的农民协会。1920 年,美国农场局联盟召集主要的合作社代表,建议成立强有力的高度集中的合作社,使它能够控制农产品的销售,以便控制价格。此后,谷物、棉花、烟草、牲畜饲养等合作社相继成立。美国政府也从多方面采取措施支持农业合作社的发展。1922 年,国会通过了"卡帕——奥尔斯坦德法",把各种合作社从反托拉斯法中豁免出来,并最终确立了美国合作社的基本规范和合法地位。相关法律的制定实施,推动了美国农业合作社健康发展、日趋成熟。

20 世纪 50 年代至今,农民合作组织成为美国农产品流通主体。第二次世界大战后,美国农民合作社进入了现代合作运动的成型阶段,并且走上了规范化、制度化的路子,对美国农业的发展,特别是对农民利益的保护产生了很大作用。美国的合作社具有四个特点:一是以销售加工为主。美国生产环节上的合作社数量很少。在农产品销售、加工、储运和生产资料供应等环节的服务上,合作社数量最多。二是专业性强。一个合作社只围绕一两种农产品展开合作业务。三是跨区域建立合作社。根据经营范围和规模,美国合作社可分为专业合作社和区域性合作社,两者都是跨区域经营的。四是合作社实力雄厚。一些大的合作社已经发展为规模巨大的跨国集团,在北美乃至全世界都占有重要地位。例如兰德莱克奶制品合作社,1996 年销售额占美国黄油市场的 1/3。

2. 美国农产品批发市场的发展

19 世纪初至 20 世纪初,美国车站批发市场发育成长。在西部开拓时代,美国城市郊区的农民用马车把农产品运到城里,直接和消费者进行交易,价格通过个别议价而定,路边货摊和推车小贩是专业零售的早期形式,专门经营批发与货栈的寥寥无几。随着城市化水平提高,大城市需要农村提供食品供应。为了方便收集和整理农产品成批运往消费中心,乡村汇集点产生了。19 世纪后叶,全国铁路网络发展完善后,城市市场里铺设了铁路专用线,它可以直接接收用铁路和卡车从产地运过来的商品,所谓的"车站批发市场"(Terminal Wholesale Market)形成了。乡村汇集点把货物运送到车站批发市场,再重新分配到食品零售商手中。

车站批发市场不仅是收购、储存、展览和分配产品的地方,还是一个制造价格的中心,价格变动的消息通过报纸和无线电传播,生产者根据批发中心的价格确定未来的生产。

19世纪末至20世纪20年代,批发商主导美国的农产品流通。1925年,通过批发市场进入纽约市区的蔬菜、水果占总销售量的85%。随着西方发生第三次"零售革命",美国连锁商店的发展达到极盛,并且出现了新的零售形式——超级市场和购物中心。1930年,美国纽约诞生了世界上第一家超级市场,其后超市在美国迅速发展。开办超市的企业家在城市郊区布置分店,同时也打入了批发领域,开始从产地市场直接进货。

20世纪50年代至今,流通渠道模式发生重大变化。这一时期,逐渐由以批发市场为主导转变为以产销直挂为主导。生产者按照购销合同,将大量农产品直接卖给大型零售商和超市,或者通过集配中心分级包装后出口,经由批发市场流通的农产品比例渐趋下降。目前,美国果蔬产销直挂的比例约占80%,经由批发市场销售的仅为20%左右。流通渠道发生重大变化的主要原因:一是现代零售系统扩大,农户将农产品直接运交零售商。发达的商业网络,使美国农产品生产、流通和消费进入了现代化大规模销售体系阶段,农户生产由自主导向变成了市场导向,大规模销售体系作为市场力量引导着农业生产活动。二是农产品加工地点转移,农产品收购可以绕开车站批发市场。农场经过兼并重组,规模变大了,种植的品种丰富多样,许多加工厂直接搬到产品品种充足的产地附近。三是利用现代高科技成果改造农业,而且现代物流系统发展成熟,农产品可以不拘方向长距离运输。但值得一提的是,尽管车站批发市场成交数量下降了,它们依然发挥着价格中心的功能。

(二)日本农产品流通载体

1. 日本农协同工会的发展

早在明治初期,日本自发形成的农民合作社就已遍布全国。1900年,日本颁布《产业合作社法》。1947年,日本制定《农业合作社法》。作为产地农产品流通经济主体,农协在发展中不同程度承担着收购、计量、挑选(等级规格)、品牌设定、包装、储藏、运输,以及流通信息的收集、分析、市场选择、价格谈判、货款结算、发货指导、广告等功能。日本农协代表着农民、农村的直接利益,具有很强的政治依存性,不仅得到政府政策的支持,还是农业政策的执行机构和准公共机构。这也是日本政府支持农协业务、搞活农协经营的一个重要原因。例如,二战后,日本粮食严重短缺,如何增加粮食产量、确保粮食供应是日本制定农业政策的中心问题。日本政府继续实行了战时的粮食统购制度,农民必须将生产的粮食全部通过农协卖给国家,农协事实上成了农村唯一的粮食销售渠道。此时的农协既是农业服务组织,又是政府粮食统购政策的实际执行者。

上世纪 80 年代以来,日本农业受到贸易自由化的冲击。在农产品销售过程中,农协流通业务的亏损逐年扩大,农协经营对金融、保险业务的依赖越来越大,农协综合经营的特色日益明显。同时,由于农民收入提高,农业生产资金短缺现象减少,新问题是如何有效运用农户的闲钱。因此,农协既要继续围绕农民提供农产品销售和生产资料购买等流通领域服务,又要通过开展信用合作业务,为农户提供产前、产中和产后的资金管理服务,扮演农户经营代理人的角色。目前,日本农协拥有政府职能代理人、农民利益代表、农户经营代理人等多重身份。长期以来,日本农协之所以能保证为农民服务不以盈利为目的,得益于三个基本条件:一是农协经营农村信用保险业,农协利润的 80% 来自金融保险业务;二是政府不仅在法律上保障农协合法地位,还在经济上给予农协各种支持,如政府的支农资金都是通过农协发放的,在税收上也予以农协优惠;三是日本化肥的进口、运输、销售全部由农协经营。

2. 日本农产品批发市场的发展

19 世纪中期至 20 世纪 50 年代是日本农产品批发市场制度形成的重要时期。批发店作为日本早期在农产品流通方面的批发市场,掌握交易及价格形成的主导权,交易方式主要是对手交易,价格形成的可信度缺乏制度保证,欺骗行为横行,不能适应生产力的发展。同时,这种批发店形式的批发市场属于民有、民设,硬件设施条件差,卫生条件难以保证。1923 年,《中央批发市场法》颁布,日本的批发市场制度由此形成。该法明确规定,"鲜活农产品交易采用拍卖制,废除秘密的对手交易"。《中央批发市场法》的制定,是日本农产品流通史上划时代的革命,也是日本批发市场走向现代化的开端。1927 年,京都建成了日本第一家中央批发市场。随后,中央批发市场在日本的其他城市纷纷建立。从德川时代(1600—1868 年)起,日本确立的批发商主导型农产品流通渠道体制,直到二战结束没有发生改变。

20 世纪 60～70 年代,日本农产品批发市场在发展中改造升级。到 1970 年,日本在 29 个都市设有中央批发市场 47 个,由地方公营、团体经营以及私营的中小型批发市场 3587 个。20 世纪 60 年代中期后,日本大型综合超市的股票相继上市。20 世纪 70 年代初到中期,大型超市发展势如破竹,日本超市在 1972 年首次成为最大的零售渠道。为备货及确保批量,使采购价格稳定,大型连锁超市作为采购方,他们也在挑选批发市场。面对激烈的竞争,批发市场是否拥有良好的设施,已成为能否吸引大型连锁超市进场和批发商共同参与买卖的条件。在传统的批发市场上,根据"当天进场,当天销售"的原则,基本上能做到当天全部拍卖销售完。当大型超市迅速发展起来以后,它们对批发市场在硬件设施上提出更多的要求。为了使场内物流更加顺畅高效,保持农产品的高品质,日本批发市场改变了仅有广场和仓库的局面,配备有完善的保管、冷风冷藏、加工、配送等设施,实际上已向农产品物流中心演化。

20世纪70年代至今,日本政府扶持批发市场大型化发展。上世纪90年代,日本经济出现长期不景气,批发商经营恶化情况十分严重。为扭转这种困难局面,日本于1999年对批发市场法律进行了修正:容许商流与物流分离,即票据传递、货款结算可与鲜活农产品实物流转相分离;重视批发公司的经营质量,引入经营不善公司的退出机制,无论是批发商还是中间批发商均可通过业务转让、合并,实现大型化。2001年,日本农林水产省制定了《中央批发市场整改计划》,提出在2001—2010年期间,对全国中央批发市场设施不同程度地改善和增加,其范围涉及批发场地、停车设施、运输搬运设施、卫生设施、信息及办公事务处理设施等。

(三)农产品流通载体建设的经验借鉴

1. 全球化驱动了农产品流通载体发展

经济全球化不断发展,促使国际贸易结构、国际贸易方式、国际资本流动方向发生深刻变化,成为世界农产品贸易稳步增长的新推力。在世界各国日益密切的经贸联系中,农产品国际贸易具有特殊地位和作用。基于比较优势和竞争优势,各国和地区通过采取战略性调整措施,形成了各具特色的农产品贸易政策和市场化、国际化方略,进而引起农产品流通组织的结构性变革,推动流通方式的多元化和现代化。目前,美国是世界上最大的农产品出口国,25%的农业总收入来自于出口。日本农产品自给率为40%左右,是世界上最大的农产品净进口国。

2. 合作组织是农产品流通载体建设的基础

发达的农业合作组织,在农产品流通体系中发挥着至关重要的作用。实践表明,十分普遍的农业合作组织,尽管其名称、功能、结构及管理方式等不尽相同,但都在不同程度上为广大农户(农场)提供与产前、产中、产后相联系的配套服务。这样不仅可以把分散的小规模生产与多变的农产品大市场对接起来,减少经营风险,形成规模经济效益,增强市场竞争能力;而且合作组织大都以加工和销售为主,起到了延长产业链条,提高农业生产增值能力的作用;还有许多大型零售企业直接与合作组织发展产供销一体化,有效地降低交易与管理成本,创造了共同、共享、共赢利益,尤其是完善的合作组织,能够提高交易地位,使保障农民利益获得一个内在的稳定机制。

3. 批发市场是农产品流通载体建设的功能平台

批发市场作为农产品流通与市场开拓的重要渠道,其自身处于不断发展和完善过程中。美国在早期经历了以批发市场为主导的农产品流通阶段,进入 20 世纪 20 年代的批发市场发展达到顶峰。日本的批发市场从产生至今,在农产品流通中一直占据主导地位。与国情变化相适应,两国的批发市场经过资源整合、并购重组、升级改造,往现代化、大型化、功能齐全化方向发展。即使后来批发市场的农产品交由率下降了,但批发市场的价格中心、集散中心、信息中心功能始终未被撼动。

4. 现代物流支撑了农产品流通载体发展

现代物流产业的发展和网络完善,大大加速了构建和提升农产品流通体系的进程。例如,按照常规,在大城市周围总要配置城市居民生活必需的蔬菜、肉蛋奶等副食品基地,即使是气候寒冷的地方,也都不惜工本建设暖房来种植满足城市需要的蔬菜。但在美国,由于发达的交通运输条件,北方城市的郊区无须建设暖房等设施,而把全国所需要的蔬菜生产主要集中在气候温和的佛罗里达州和加利福尼亚州。根据美国农业部资料,1988 年这两个州种植蔬菜的面积占全国商业性蔬菜播种面积的 37.5%,产值占全国的 61.1%。一年四季在那里生产的蔬菜,用冷藏车通过高速公路日夜兼程地迅速运往全国各地。也就是说,具备高度发达的交通条件,新鲜蔬菜从佛罗里达和加利福尼亚到全国各地的运费,要远低于在北方城市建造暖房的费用。现代物流基础设施和技术装备全面配套发展,既能使农业利用有利的自然和气候条件,推行区域化和专业化生产,又能支撑和推动农产品跨区域大流通。

三、大陆现代农产品流通体系构建 I——基于供销社载体的农产品流通体系构建

(一)供销合作社在农产品流通体系中的优势

供销社是伴随着新中国的成长而发展起来的,是农村历史最悠久、服务网络最健全、同农民联系最密切的合作经济组织。在 20 世纪 80 年代以前,农村供销社承担着农村商品流通的使命。但是到了 90 年代中期,由于社会生产力的快速发展,短缺经济基本结束,经营渠道逐步放开,供销社在农村市场“一统天下”的格局被彻底打破,从此开始了经营萎缩、负担沉重、亏损连年、步履维艰的历程。近年来,供销社坚持推进“四项改造”,通过深化产权制度改革,以资本为纽带,组建了一批盈利能力强、具有产业优势的龙头企业,并通过包、转、租、卖、破等多种形式,放开搞活企业和基层门店;同时,各级供销合作社不断开拓新的经营服务领域,扩大市场份额,增强市场竞争能力,积极参与农业产业化经营,为农业生产提

供产前、产中、产后系列化服务,把连锁配送等新的经营业态引入农村,有效地开拓了城乡市场,扭转了供销社多年来的亏损局面,使之重新焕发出生机。

当前,供销社在农村市场中的形象不断提升,在农村商品流通中的地位不断提高,正在成为我国新农村建设和农村商品流通体系建设的关键主体。供销社在农村商品流通网络体系建设中具有以下优势:

1. 供销社熟悉农村市场,与农民形成了良好的合作关系

供销社是农民的合作经济组织,为农服务、促进农业和农村经济发展、增加农民收入是供销社的神圣历史使命。长期以来,供销合作社立足"三农"、扎根农村,在长期的为农服务中,担负着引导农民分散的家庭生产与社会化大市场对接的重任,熟悉农业,接近农村,了解农民的需求特点,了解当地市场与环境,对农村商品市场需求的把握,敏感于其他各类大中型连锁企业。在助农增收,繁荣农村市场中做出了积极贡献,在农村经济和社会发展中起到了应有作用,受到党和政府的肯定,得到农民群众的拥护。

2. 供销社具有丰富的流通网络资源

在农村,供销社曾经有完善的服务网络。经过改组改造,目前供销社在部分地区的网络不很健全,但仍有 48 万个各类经营服务网点遍布城乡,是其他任何组织无法相比的。近几年来,供销社正在从深化自身改革入手,不断推进体制和机制的改革与创新,淘汰了一批没有市场竞争力的经营网点,同时,建立在新的产权体制基础上的供销社经营网点正在形成,通过改革创新,发展村级服务站、农民专业合作社等新的网点。同时,供销社新建立的"两社一会"为农服务组织也发挥着重要的引导作用,应该说,这种形式体系更具生命力。据统计,截至 2011 年,供销合作社系统连锁配送企业达到 5 万多家,经营网点,30 万个;农资连锁配送企业达 2000 多家,经营网点 9 万多个。[①]

3. 有一批熟悉农村流通的合作社人才

供销社长期从事农村商品流通,培养了一大批懂经营、善管理,熟悉了解农村市场和农民需求的农村商品流通经营人才,但旧的体制束缚了这支队伍创造力的发挥。供销社通过深化改革和机制转换,培育出合适的土壤,这批人完全能够有所作为,成为农村流通体系建设的中坚力量。

4. 国家重视和支持供销社参与农村流通体系建设

中央从 2004 年到 2010 年连续 7 年下发的 1 号文件,都对供销社工作给予了充分肯定并赋予重任。同时,在国家、省、市"十一五"规划和国家中部崛起战略

① 中国供销合作社网站.

中,围绕新农村建设也明确提出了支持供销社发展、支持农村合作经济组织发展和提高农民组织化程度的措施。如"新网工程"、"万村千乡市场工程"、"双百工程"、"百镇千村示范工程"等,这些都为供销社创造了良好的外部环境、提供了广阔的发展空间和用武之地。

（二）供销合作社在农产品流通体系中的作用机制

1. 通过合作社而实现群体的规模效益,提高农民的市场地位

合作社把农民联合起来,把成员生产的产品集中起来,实现批量销售,能够获得群体规模效益。也就是把无数个"指头经济"变成"拳头经济",使一家一户的小生产与千变万化的大市场相连接,从而使中国的农户成为真正意义上的市场主体。而且与单个农户相比,合作社市场信息收集能力强,在交易中市场谈判能力增强,应对市场变化能力也相应增强,有利于农民的增收增效。

2. 减少中间流通环节,增加农产品销售收入

供销合作社作为独立的市场主体,可以把产品直接送到消费市场上,比如在消费地建立直销店,通过农超对接方式与大型零售商对接等,不但可以减少流通环节,缩短流通渠道,还可获得产品流通环节的增值效益,增加农产品销售收入。

3. 合作社能够发挥农产品营销主体作用

供销合作社利用组织优势结合当地优惠政策,通过创地方品牌和宣传活动,提高合作社的知名度,从而推动农产品的销售,为农产品、农业的长期发展奠定基础。

4. 通过合作社实行标准化生产,提高农产品质量安全水平

随着人民生活水平的提高,人们越来越关注食品安全性,农产品消费需求呈现出高级化、多样化、周期化及多元化的倾向,人们从追求数量向质量方向转化,消费需求的结构性变化为农产品市场提供了新的发展空间。合作社生产可以实现生产资料统一和管理模式、服务模式的统一,有组织地带领农民开展生产经营,推广农业科学技术,大力发展无公害农产品、绿色农产品和有机产品,从而为实现农业标准化,建立农产品安全管理体系和质量追溯体系提供坚实的基础。

5. 合作社通过利用政府惠农政策,发展现代农产品流通

分选、储藏、加工、包装等设施设备是保证农产品质量和提高附加值的重要手段。多数农民因缺少必要的集货场地和运输手段,影响了销售产品的质量。有些产品因为数量少,不能满足销售的大量需求,或者因为规格不统一而无法供应超市;有些产品因为包装差无法获得附加值等等。而供销合作社可以利用国家惠农政策,向政府申请相关补贴,建设必要的仓储设施和购买必要的设备以弥补和改善以上的不足和缺陷。

（三）以供销社为主体的农产品流通体系构建

农民是农副产品的生产者,但由于农民知识、文化以及对市场信息的判断上的偏差,容易产生生产的盲目性,导致产品销售不畅,产品质量不稳定、产品品质不能满足城乡消费者需求,"卖难"一度成为农民的最大忧患。针对这些现实问题,供销社想农民之所想,急农民之所急,通过构建农副产品经营服务体系,将农副产品及时以农民满意的价格销售出去,为农副产品生产加工提供产前、产中、产后系列服务。

在供销社的引导、推动下,部分地区通过发展地方特色农业,广泛吸纳生产大户或专业带头人,集中资金、技术、加工、销售等相关生产要素,形成了一批管理规范、助推农业发展的新型专业合作组织,并以其为依托建设标准化生产基地,开辟产品销售渠道和市场空间,通过示范引导和市场网络的建设,组织农民进行标准化规范化的大规模生产,带动地方特色农业的产业化发展。通过农业产业化运作,可以为农民提供相应的技术帮助,农业生产实现标准化和规范化,农副产品质量得到保障。同时可以使农副产品的供销渠道更加顺畅,农民进行专业生产的风险相对降低,农民收入进一步提高。

如图 6.10 所示,目前农副产品主要通过三种路径进入最终消费环节:一是进入再加工环节进行精细加工,加工的产品一部分直接进入终端销售网络,另外一部分通过农产品批发市场这一中间环节后再进入终端销售网络,最终到达消费环节;二是直接进入终端销售网络到达最终消费环节;三是首先进入农产品批发市场,通过批发这一中间环节后再进入终端销售网络,最终到达消费环节。在这种农副产品产业化生产的方式中,供销合作社的作用渗透在农副产品生产流通的每一个环节中。供销合作社以专业合作社为依托,与专业龙头企业合作,建立农副产品加工工厂和专业农副产品批发市场,同时利用龙头企业已有的连锁经营网络,提高农产品在连锁超市、便利店等新型零售业中的直接配送比重,进一步扩展农副产品辐射范围。

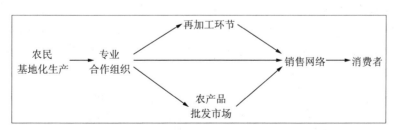

图 6.10　农副产品经营服务体系中农产品流通方向示意图

在这种农副产品的产业化生产流通方式中,供销合作社的作用体现在农副产品生产流通的每一个环节中。供销合作社以专业合作社为依托,与专业龙头企业合作,建立农副产品加工工厂和专业农副产品批发市场,同时利用龙头企业已有的连锁经营网络,进一步扩展农副产品辐射范围。经验已经表明,传统的农产品分散经营容易导致生产的盲目性,目前供销合作社系统实践中形成的"龙头企业+专业合作社+基地+农户"的农业产业化运作模式已经使生产具有了规划性和前瞻性。该种产业化运作方式可以为农民提供相应的技术帮助,农业生产实现标准化和规范化,农副产品质量得到保障。同时可以使农副产品的供销渠道更加顺畅,农民进行专业生产的风险相对降低,农民收入进一步提高。农村市场有自己的独特性,地域分散、消费水平较低,供销社在发展农村流通网络中,不能照搬照抄一般流通企业在城市发展流通网络的方式和模式,必须从农村实际出发,探索适合农村需要、满足农民需求,有合作社特色的农村现代流通网络发展之路。

1. 加强基层社的改造和新建

基层社是供销社的基础,是直接联系农民的基本环节,是为"三农"服务的主要载体。虽然由于市场经济大潮的冲击,少数基层社已被淘汰出局,但大部分依然保留下来,可以继续在农村商品流通建设中发挥作用。一是实施"一社两店入村服务工程",即经过几年的努力,实现大部分行政村村村有综合服务社,社社有日用品便民连锁店和农资供应连锁店。二是用新的机制大力发展专业合作社,充分发挥自身人才、组织和网络资源优势,与农民共同兴办专业合作社,也可以引导农民组建专业合作社。三是县级社要充分发挥在基层社建设中的核心作用,担负起对县域供销社系统的改革统一指导、发展统一规划、资产统一调配、网络建设统一设施的重要职责。

2. 创新农村商品流通机制

首先,创新管理机制。各地区(地级市)成立农村流通工作协调领导小组,下设流通助理工作办公室,依托在经贸委;各县(县级市、区)政府也成立领导小组,下设办公室,依托在经贸局;各乡镇成立流通与信息工作站,设立流通信息服务中心,形成具有农村特色的农村流通组织体系和构架。其次,创新工作机制。将流通干部下派到县、乡去,采取一体运作,在业务主管部门的指导下,在县、乡党委、政府的领导下,与其他下派干部队伍(村支部书记、科技特派员、金融助理、企业助理)一体运作,互相携手推进农村流通工作。二是建立利益共同体。鼓励下派干部以资金、技术、管理等入股创办经济利益共同体或单独创办经济实体,并大力开展招商引资活动,对其合法收入予以保护。三是典型示范。扶持、引导、培育农村能人、经纪人、流通大户、流通企业做大做强;大力发展农村合作经济组织,带动农民共同致富;招商引资发展新型流通方式,将现代流通导入农村,实现产销良性对接,提高农产品商品率,促进农民增收。四是创新考核机制。流通干部下派后,市、县建立起以流通项目为主要内容的工作绩效考核体系,量化考核目标,落实考核项目,全年组织考评,形成一套科学有效的考评激励制度。

3. 培育龙头企业,推进"农超对接"

培养龙头企业,推进农副产品直接进入零售企业,是农副产品流通的一个重要路径。要提高农产品在连锁超市、便利店等新型零售业中的经营比重。积极引导和鼓励流通企业与农产品生产基地建立长期的产销联盟,促进农产品加工增值,更快、更好地进入零售终端。可通过重点支持培育几个大型农产品流通企业集团,建立农产品直销网络。同时,推进重点农产品批发市场的标准化改造,培育区域和地方性标准化批发市场,使其成为农产品流通的主渠道。进一步优化农产品批发市场布局。鼓励农产品批发市场和加工企业直接向超市、社区菜市场、便利店配送产品。另外,要发展农产品物流,支持和培育专业化的农产品运销企业和物流配送企业。重点支持几家大型农产品物流配送中心,建立以冷藏和低温仓储、运输为主的农产品冷链系统,形成统一高效的鲜活农产品运输绿色通道。进一步建立并健全主要农产品生产、供求、价格检测与预警体系,完善农产品供求和价格信息服务体系。

4. 构建网上交易服务平台

利用电子商务技术优化和改造供销社传统的农产品流通过程和渠道,围绕农产品生产、销售等环节,构建集信息流、资金流、物流、商流一体的农产品生产流通电子商务服务平台,重塑供销社系统的农产品流通主渠道地位,避免农业生产和流通的盲目性,实现订单生产,提高农产品流通率,增加农民收入;通过电子商务平台监督农产品的生产和流通过程,保障农产品质量。具体来说,服务平台的建设分三步:

首先,基于供销社农产品电子商务平台的供求信息模块、订单模块的建设,这是做好农业生产服务的关键。供销社根据市场行情直接发布购买行情和订单,对农产品进行收购,实现农产品生产的订单化、契约化,解决农业生产与市场信息不对称的问题,协助农民产前科学决策。通过订单收购,解决产后的"买难"问题,保证农民合理收入。基于信息交流模块,实现农产品生产过程中的专家指导,提高农产品品质;基于 B2B 市场,实现农产品的大宗贸易问题,有利于实行市场的公平配置资源优势,确保合理价格和利润。

其次,基于供销社农产品电子商务平台的网上购物模块和物流平台,建设农产品电子商务流通渠道。随着网上交易规模的扩张,基于供销社建设的现代农产品电子商务流通组织,物流成为企业内部事务,农产品电子商务流通渠道建设成为可能。随着网上信息披露和监管制度的出台,由供销社信誉保证电子商务平台出售的农产品和生产资料的品质,居民在网上购买蔬菜、水果和大米等农产品,农户在网上购买种子、农药、化肥等生产资料将逐步实现。供销社将根据实际条件建设现代化的农产品物流企业或者物流基地,设置物流配送中心,解决农产品物流配送的问题。

再者,基于供销社农产品电子商务平台的信息披露模块,对农产品的生产、销售过程的质量安全监控情况进行通报,保障居民餐桌食品安全。对种子、农药、化肥等生产地源头投入品的使用,产地环境和生产过程的管理的标准化等信息,由政府涉农管理部门或者工商管理机关在网上进行信息披露;对销售过程的包装、运输、仓储等信息进行记录通报;实现农产品质量和等级的在线查询;对农产品交易进行监督和信息披露等,保障消费者利益。

四、大陆现代农产品流通体系构建Ⅱ——基于非供销社载体的农产品流通体系构建

(一)非供销合作社载体在农产品流通体系中的作用机制

供销社的历史决定了它不仅仅为取得经济利润而存在,它是政府和农民间的一座桥梁,对于农民有利而其他企业和经济合作组织不愿意做的事,就是供销社的责任和义务。但从全国情况看,供销社系统农村经营服务体系发展不平衡,由于受到市场经济的冲击,一些地区原有的经营阵地逐步丢失,经营人才流失,供销社系统原来的经营场所要么被出租、要么被出卖,经营网络基本萎缩;一些基层供销社经营困难,债台高筑,职工生活艰难,人心涣散。同时由于农村市场的特殊性,一些地区虽然经营服务网络体系基本健全,特别是农业生产资料和日用消费品经营服务体系虽然已经有着较大的覆盖面,但这仅仅是对超市和农家店的统计,而供销社真正有控制力的经营服务网点在农村所占比例并不高,而且商品配送率低,主要依赖传统的批发、零售方式进行,物流成本高昂,运营效率低;有的超市和农家店仅仅停留在开架经营上,经营服务的内在质量没有得到根本性改善。一些基层供销合作社运行机制陈旧、经营理念相对落后;构建经营服务网络的资金不足,融资渠道不畅,融资成本高;经营服务网点分散,以村镇为服务半径,经营规模偏小,难以积累进一步发展所需要的资本,抵御市场风险的能力弱;从事农村经营服务网络的人员素质普遍不高,通晓市场经济基本知识以及懂经营、善管理的专业人才匮乏等。

供销社效率的低下使得农产品流通体系不可能仅仅依靠这一综合体系的运

转来维持,其他各类非供销社载体在农产品流通体系中也发挥重要的作用。我国的农产品批发市场是流通主渠道,承担着 90% 以上的鲜活农产品、95% 以上的蔬菜流通。[①] 由于中国大陆农村小规模经营的特征,使得农户在与批发市场、电子商务平台连接的过程中存在着种种困难,如专业知识欠缺、对市场把握不准、产品质量参差不齐等,因此农户与消费者之间必须通过一定的中间载体进行连接,通常这一任务就由供销社体系中的农民专业合作社或批发商等来完成,这意味着其他非供销社载体常常需要通过与供销社系统的结合来完成整体的农产品流通过程。但近来,专业化农业企业的兴起在一定程度上使得农产品流通过程可能在一定程度上脱离供销社系统,从而直接实现由专业化农业企业到超市的"农超对接"或到餐饮企业的"农餐对接"模式等,使得农产品流通形式更为灵活高效,农民的利益能够得到更好的保障。

（二）以非供销社为载体的农产品流通体系构建

1. 农产品批发市场

农产品批发市场作为农产品现货集中交易的场所,集商流、物流、信息流于一体。它不仅可以推动农业产业化的进程,而且对国计民生以及国民经济发展具有不可低估的拉动作用。发达国家和地区的发展经验表明,尽管超级市场、统一配送、订单农业的快速发展会对农产品批发市场的经销规模产生一定的影响,但农产品批发市场仍具有强大的生命力。20 世纪 80 年代以后,我国农产品市场有了很大的发展,形成了农贸市场、农产品批发市场、农产品期货市场的完整体系。其中,农产品批发市场最为重要。目前,我国 4300 多家农产品批发市场,有产地的、销地的,在农产品品种增多的情况下,产品供给的作用巨大。总的来看,我国农产品批发市场的发育水平还比较低,存在着布局不合理、交易规模偏小、交易方式传统、服务功能单一等问题。因此对农产品批发市场的改造和升级建设应着重于以下几个方面:

第一,重点加强产地批发市场的建设。产地批发市场是农业产区为了及时、快速、大批量集散当地农产品而兴建的收购型批发市场,是农民进入市场、获取信息和出售产品的最便捷的场所。但是长期以来,我国的农产品流通体系建设中一直存在重销地市场、轻产地市场的倾向,导致了产地批发市场的建设远远滞后于销地批发市场。突出体现在产地批发市场数量严重不足、地区发展不平衡、市场设施简陋、交易方式落后、服务功能单一、管理水平落后等多个方面,成为当前我国农产品流通体系中最薄弱的环节。传统产地农产品批发市场的滞后具有一定

---

① 赵尔烈. 提升农产品批发市场的公益性[J]. 农村·农业·农民,2012,(3A):28-31.

的必然性,地处农产品原产地乡镇导致发展资本受限,农产品销售导向型政策使得批发市场的社会效益远大于经济效益,带有显著的公益性特征,导致产地农产品批发市场的市场化运作几乎成为不可能。因此产地批发市场应当被纳入农业基础设施建设规划范围,由地方政府参与投入公共资金作为公共产品进行提供。

第二,完善农产品冷链物流体系。农产品的产品特性决定了冷链物流系统在现代农产品流通中的重要作用。日本果蔬的流通有98%都要经过冷链物流。加拿大蔬菜冷链物流的损耗仅为5%,是我国的1/6;物流成本不足30%,是我国的1/2。完整的冷链物流体系能够有效减少农产品在流通过程中的产品损耗,增加农民收入,更能在一定程度上调整产品市场供求,为消费者提供新鲜农产品。与西方发达国家相比,我国冷链物流本身的投入成本高、运输效率低下等问题导致农产品冷链物流的发展还相对滞后。纵观发达国家冷链物流的建设历程,初期的政府政策和资金投入至关重要。具体包括:(1)制定农产品冷链物流发展规划,为冷链物流发展提供方向。(2)积极扶持和培育第三方冷链物流企业,形成冷链物流系统运行主体。(3)逐步建立冷链物流公共信息平台,优化冷链物流配送效率,配合农产品追溯系统建设。(4)制定冷链物流相应标准,出台和完善相关法律法规,使冷链物流系统运行有法可循。

第三,优化批发市场生存环境。批发市场投入不足、经济利润低的现实使得农产品批发市场运营面临困境。因此优化农产品批发市场生存环境应当形成以政府为主导的资本投入模式,使得农产品批发市场建设过程中拥有充足的资金投入。创新农产品批发市场运营模式,积极探索拍卖、期货期权交易等现代化农产品交易方式,增加市场收入。建立健全批发市场法律法规,规范批发市场运行。引导建立组织化程度较高的行业协会,以维护农户的权利。

2. 专业化农业企业

从农产品流通模式来看,农产品流通过程中主要的障碍存在于"小农户"与"大市场"之间的矛盾,其关键在于平衡农产品流通渠道中的权力结构。专业化农业企业因其具有先进的农业技术、管理技术和高效的营销能力,在连接"小农户"与"大市场"的过程中起到重要的中介作用。专业化农业企业主要包括以农产品生产为主导的生产企业、以产品加工为主导的加工企业、以产品销售为主导的销售企业等龙头企业,它们与农户之间通过契约关系加以连接,农户提供农产品,龙头企业负责进入市场。一方面,专业化农业企业往往拥有集"生鲜物流冷链加工、生产和配送"于一体的生鲜物流配送基地和农产品生产标准,能够为餐饮企业提供定制服务;另一方面,农业企业往往规模较大,可以吸纳更多的农民参与到生产中来。高效、追逐利润的现代企业特征使得专业化农业企业在农产品流通中具有相对的优势：(1) 农业企业与农户通过契约来规定双方的权利和义务，流通模式相对稳定，有效降低物流活动交易成本，减少农户的市场风险。(2) 由于经过农业企业不同程度加工，产品质量的控制力和农产品的增值力得到提升。(3) 农业企业能够为餐饮企业提供定制服务，提供按照餐饮企业标准生产的原材。从农产品生产流通供应链角度看，供应链链主的多元化竞争格局，如农业公司、农民专业合作社等市场主体能够有效提升农产品生产流通效率。根据彭磊、孙开钊(2010)的研究推算，在"农餐对接"新模式下，农民可以增加 10％的收益，消费者可以获得 10％的让利，其余 10％～ 20％则由餐饮企业获得。从产业关联协调发展的角度看，与农业生产流通密切相关的产业介入，也能强化农产品生产和流通市场主体构成集中度。因此，专业化农业企业的发展壮大将在很大程度上促进农产品流通的畅通：

首先，鼓励社会资本进入农业部门，对专业化农业企业进行专项扶持和引导。综合运用财政和金融手段，对专业化农业企业规模扩张、省级改造提供政府支持，切实降低农业企业负担，改善企业经营环境。鼓励企业创新农产品流通模式，缩短流通环节，自建或与第三方物流合作完善农产品冷链系统，拓展农产品保鲜期限和加工产品种类。

其次，规范农业企业与农户的契约内容，切实保护农民利益。针对农民商业和法律知识匮乏的现状，建立健全农业企业与农户契约相关的法律法规，明确农业企业和农民双方的权利和义务。加快健全农业契约规则制定，加强契约管理监督，切实规范契约制定。

再次，推进农业企业规模化生产，树立和培育自主品牌。推进农产品生产过程中育种、灌溉、培育、采摘等环节的标准化推广工作，保障农产品质量，加快专业化农业企业产品标准化建设，并由地方商务部门或行业协会组织加以完善。牢固树立农业企业与农户的利益关系，共同培育农产品品牌，提升农产品增加值，提高农民生产销售的组织化程度，满足大型超市、批发市场、餐饮企业等的大批量产品需求。

最后，善用 WTO《农业协定》，完善农业补贴政策。善用农业"绿色政策"，顺应农产品流通及农业企业发展改革趋势，将农业补贴政策想直接从事农业生产的农民及进行农产品流通推广的农业企业倾斜，压缩优化补贴行政流程，提高补贴幅度。

3. 其他新型农产品流通载体

除了上文提到的供销社系统、农产品批发市场和专业化农业企业外，在农产品流通体系中还存在着一些所占份额较小但具有相当发展潜力的新型农产品流通载体,如农产品期货期权市场、农民经纪人等,这些新型农产品流通载体的存在一定程度上促进了农产品流通过程,使得农产品流通方式呈现多元化发展。但另一方面,或由于农业本身发展程度不足,或由于受自身发展状况和环境的限制,这部分新型农产品流通载体的比重还相对较小。但随着农业发展的进步,金融市场发展的不断完善,农民素质的提高等,这部分载体在未来的农产品流通体系中将会不断发展壮大,成为农产品流通体系的重要组成部分。

(1) 农产品期权期货市场

期权交易的标的是一种权利,期权买方通过支付期权费从而享有在未来选择是否以既定价格买入或卖出一项资产的权利。期货交易是现在进行买卖,但是在将来进行交收货交割的标的物,这种标的物可以是农产品。对于农产品流通来说,期权交易和期货交易所处的角色是不同的,期权交易更多的是一种金融市场的风险管理工具,期权到期后不一定会产生实物交易,更多的是期权合同的交易。而期货合同到期后必然进行实物交易,其主要作用是弱化实物产品的价格波动。因此从这一意义上来说,期货市场相比于期权市场对农产品流通具有更为重要的意义。从发达国家的发展经验来看,截至 2005 年 10 月,美国、英国、澳大利亚、日本、加拿大、法国和德国共上市农产品期权合约 43 个。而同期上市的农产品期货合约有 97 个,可见,44% 的期货合约有相应的期权交易,形成了对期货市场的有力的支撑,期货、期权联袂完善了风险转移机制。以美国芝加哥期货交易所(CBOT)为例,1987 年至 2004 年的 18 年间,其农产品期货合约交易量增长了 2.8 倍,而相应的农产品期权成交量却增长了 7.8 倍,农产品期权交易量占期货成交量的比例从 8.7% 上升至 25.1%。从我国的农产品期权期货交易市场发展状况来看,目前只有大豆、小麦等大宗农产品期货市场逐步发展成熟,市场规模及运行质量不断提升,但从国际经验来看农产品期权期货市场是相互交织共同发展的交易方式,能够对农产品流通起到巨大的促进作用。因此,首先必须发展和完善农产品期货期权市场,为农产品流通组织和农户提供交易方便、风险可控的保值避险工具,为农产品订单化生产提供风险规避。其次,在现有大豆、玉米、棉花、白糖等农产品基础上进一步扩大期货市场农产品覆盖范围,鉴于现有期货市场农产品种类有限,对潜在资金冲击存在较大的风险,期权市场的发展将显著提高期货市场的流通性,便于规避资金风险。最后,可以借鉴美国的经验将农产品补贴政策与期权交易相互结合,将农业市场承担的巨大风险一部分转移到期货市场之中,一方面能够减少农业市场风险带来的国家财政支出增加,另一方面能够稳定农产品价格,有效保护农民利益。

(2) 农民经纪人

经纪是市场上为交易双方沟通信息、撮合成交、提供与交易相关的服务行为，是促成交易达成的重要中介。在经纪活动中，经纪人不占有商品，也不拥有资本，只提供中介服务，不直接从事商品经营。农民经纪人一头连接农户，一头连接市场，发挥着组织产品流通、信息反馈以及引导农产品生产等功能，是实现和促进农产品流通的一股重要的民间营销力量。但是由于经纪人本身具有组织松散、经营方式落后等缺陷，加之农民经纪人存在的农产品领域受限，使得农民经纪人在整体农产品流通领域发挥的作用有限。因此，首先必须承认农民经纪人在农产品流通领域的重要作用，尊重其社会地位，整合和壮大农民经济人队伍；其次，必须提升农民经纪人自身素质，规范其行为，避免由于经纪人一切"向钱看齐"而损害农民利益；最后，明确农民经纪人发挥作用的农产品领域，由于农产品具体特征的差异，农民经纪人只适宜于一些农产品质量稳定易区分，且产品价值较高的领域，在发展农民经纪人作为流通载体的过程中避免以偏概全。

　　从目前农产品流通体系来看，要充分利用现有流通载体，发挥新型流通载体作用，建构现代农产品流通体系还存在一定的困难。在当前乃至今后很长的一段时间内，供销社体系和各种类型的批发市场仍然是农产品流通最主要的组织形式，是我国农产品流通体系的枢纽。因此，必须在提升供销社系统运转效率、对传统批发市场进行升级、改造、培育新型批发市场的同时，积极发展新型农产品流通载体建设，吸收新型流通载体参与农产品流通，实现以供销社系统为主要载体，以批发市场为枢纽，多种流通主体共同参与的多渠道、多层次的流通格局，使得农产品能够高效、通畅、有序的完成其流通过程。

第四节　大陆现代农产品流通体系建构的制度保障

　　完善的农产品流通体系必须建立在一定的制度保障之下，目前保障农产品正常流通的制度主要有法律制度、安全制度以及金融制度。这些制度从不同的方面保障着农产品的正常流通，促进了我国农业的迅速发展。但是在农业快速发展的背后也存在着许多问题，如部分农村交易市场秩序混乱影响了农产品的正常流通；农产品质量安全问题虽然不断得到重视，但是近些年层出不穷的农产品重大质量安全问题仍然令人深思；农产品流通中信贷支持力度不足等。这些问题很大程度上归咎于中国目前农产品流通中的法律、安全以及金融制度尚不健全，仍然需要进一步的改善以满足农业不断发展的需要，保证中国大陆现代农产品流通体系建构的实现。

一、农产品流通法律制度

社会主义市场经济是法制经济,农产品市场想要健康发展就必须坚持法制发展路线。成熟完善的农产品法律制度对于农产品流通的稳定发展具有重要意义。所谓农产品流通法律制度是指通过国家法律、法规和法令形式对涉及农产品流通和农村经济发展的制度安排或制度规定。法律制度是具有强制性的正式制度,代表并充分体现国家意志,其功能就是提高资源配置效率、降低市场交易成本和维护社会公正①。因此,建立良好的农产品流通法律制度可以促进农产品市场经济的稳定发展,规范农产品市场的运营,使得农产品正常流通得到保证,是中国大陆现代农产品流通体系得以建构的重要保障。

(一)我国农产品流通法律制度建设现状

目前,我国主要通过以下几个方面保障农产品的正常流通:

第一,《宪法》作为我国的根本大法,是其他一切法律制定的基础,它规定了其他制度的选择空间,影响着其他制度的安排。《宪法》包括确立生产、交换和分配基础的一整套政治、社会和法律的基本规则,具有普遍的约束力。所以《宪法》的制定从根本上维护了我国农村市场的稳定,保障了我国农产品流通的正常运营。我国农产品流通领域内相关法律的制定都必须以《宪法》作为根本准则,

第二,20世纪80年代开始,国家先后在农业领域立法,保证了农产品市场的正常运营,为农产品流通提供了制度保障。《农业法》于1993年7月2日颁布并于2002年修订,确立了农业在经济中的主要地位,特别就农产品的流通和加工做了规定,规范了农产品的运输、农产品批发市场、零售市场、产品质量,该法是农业发展的基本法。《农业技术推广法》于1993年7月通过,在农业技术推广的相关方面做了规定。《动物防疫法》于1997年颁布,对动物防疫工作做了法律上的规定,将动物防疫的管理上升到了法律的高度。《种子法》于2000年公布,规定了种子的生产、经营、使用和质量。《科学技术普及法》于2002年颁布,完善了农业技术的保障体系。《农产品质量安全法》于2006年4月通过,规定了农产品质量安全标准,从农产品的生产、监督以及法律责任等几方面规范了农产品质量安全。《中华人民共和国农民专业合作社法》于2006年出台,确立了农业合作社的合法地位,保证了农民的合法权益,促进了农产品的流通。

第三,由国务院颁布、发布执行的有关涉及农业和农村经济与流通领域的行政性法规、法令和政策以及各部委颁布的相关条例,确保了农产品的安全,保障了

海峡两岸农产品流通体系与合作经济比较研究

---

① 翟林瑜. 经济发展与法律制度——兼论效率、公平与契约[J]. 经济研究,1999,(1):73-79.

农产品流通的畅通。如《农药管理条例》、《中华人民共和国进出口商品检验法实施条例》和《兽药管理条例》等。这些条例弥补了农产品流通领域内的一些缺陷，具有相对的法律替代效应。既体现了国家农产品流通中法律制度的导向，又形成了政府对于农产品流通运行的宏观调控，对于引导农产品流通，提高农产品流通效率具有重要意义。

（二）我国农产品流通法律建设中存在的问题

随着国民对农产品需求的不断增加，国家对农产品流通的日益重视，农产品流通的法律法规有了很大的发展，但是具体来看我国农产品市场的法制化程度还是较低的，在某些领域还存在一定的空白，市场规范化程度不高。

首先，农产品流通的法律体系不健全。以物流领域为例，到目前为止，中国农产品物流市场还缺乏一部系统的、专门的法律。农产品流通的法律体系还不够健全，在调整农产品物流关系、农产品物流市场准入机制、农产品物流企业资质以及如何与国际农产品物流市场接轨方面的法律均为空白。我国物流市场还存在一定程度的混乱和管理不善，直接影响了农产品流通的畅通性，损害了农户和消费者的合法权益

其次，农产品流通的主体法律制度不健全。农户作为农产品流通的交易主体，缺乏完善的主体法律制度保障。我国农户较为分散，分布区域较为广泛，导致农产品流通过程中交易主体组织化程度不高，而单个农户过于弱小，在市场交易中处于不平等的地位，易受到不公平的对待，严重打击了农户生产的积极性。由于缺乏较为完善的主体法律制度，农户的基本权益得不到保障，从而阻碍了农产品流通。

第三，农业宏观调控的法律不健全，农业宏观调控的法律制度是农产品流通法制的重要组成部分，对于合理规范农产品流通有着非常重要的意义。但是我国目前对于农业的宏观调控主要还是通过政府出台相关的政策性文件来执行的，相比于发达国家把对其做了全面的法律规定还存在一定程度的差距。因为政策一般都欠缺稳定性，往往不能在长期内实现国家对农产品宏观调控的目的，所以有关宏观调控方面的立法应尽快完善。

（三）加强农产品流通法律建设，保障农产品流通

1. 完善农产品流通法律体系

针对目前中国农产品物流领域的法律空白，结合中国具体国情，充分考虑农产品物流国际化发展的需要，对已有的有关农产品物流的法律进行修改、整合，制定专门的农产品物流领域的法律法规。从法律上明确从事农产品物流的市场主体的基本条件，建立农产品物流市场的市场准入机制，保障农产品物流业的有序

发展。同时规范农产品物流的各个环节,制定约束农产品物流综合经营行为的法律法规。另外不仅仅在农产品物流领域要设立相关法律弥补其空白,在农产品流通法律制度的其他薄弱环节也应加强立法,比如可以制定农业保险法,帮助农户和经营者抵御风险;制定农业投入法,加大对于农业科研等的投入,补贴农业发展较为落后的地区;制定农业环境保护法,以促进可持续发展。

2. 完善农产品市场主体法律制度

通过法律手段建立健全农产品市场主体制度,保障农户的基本权益。首先应通过健全的法律法规为农产品交易市场的主体提供保障,提高农户在市场交易中地位,规范交易对手方的行为,禁止因为信息不对称而出现的欺诈等行为。其次应大力发展农民合作经济组织,出台相关法律,明确农民合作经济组织的法律地位,规范其组织和行为,保护合作社成员的基本权益。最后对农产品行业协会进行规范管理,健全相关法律,加强行业自律以及维权,提供相关法律支持,使农产品行业协会可以有效履行其职能。

3. 完善农产品宏观调控法律制度

农产品宏观调控方面的法律制度完善主要是指,健全农产品价格保护、税收等相关领域的法律法规,使农业和农产品流通稳步发展。虽然我国在《农业法》中对价格保护制度作了规定,但是目前尚未出台专业的农产品价格保护方面的法律制度,我们应加强对粮油储备、粮油消费补贴、灾害补贴、安全计划和农业保险等几方面的法律规范,促进农产品流通稳步发展。其次要对农产品的税收制度进行规范,制定专门的农业税收法律,并健全相应的监督机制,减轻农户的负担,保证农民的基本利益。

二、农产品流通安全制度

农业是国民经济稳定发展的基础,而农产品质量安全更是关系到国际民生的大问题。农产品质量安全问是涉及农产品产地环境、农业投入品、生产、加工、流通、消费的多环节、多领域、多层次、多学科的复杂的课题,其中流通作为承接农产品生产和消费领域的重要环节,其安全制度是农产品质量安全的重要保障。与国外相比,我国农产品质量安全制度建设起步较晚,但发展较为迅速。2006 年 11月《农产品质量安全法》颁布实行,使得我国拥有了独立的农产品质量安全的专门立法,使得我过农产品质量安全有法可依。同时全国人大常委、国务院及各部委、各地方制定了一系列有关的法律法规与管理规章制度,保证了农产品的质量安全。

（一）我国现有的农产品质量安全监察制度

目前,我国农产品质量安全监察制度一般包括强制性标准制度、检验检疫制度、认证制度、预警制度、可追溯制度以及召回制度等。

强制性标准制度:我国农产品质量安全标准,由国家标准、行业标准、地方标准和企业标准组成。按法律约束性可分为强制性标准与推荐性标准。我国现在有强制性标准项,非强制性标准 1670 项。强制性标准是指我国法律上规定强制执行的标准,它保证了农产品从生产环节开始就符合质量安全,从源头上保证了农产品流通的正常运行。

检验检疫制度:农产品检验检疫制度是按照国家法律、法规和有关标准对农产品的质量安全实施监测的重要制度,它是由国家成立专门的检验机构,监控农产品的产地环境、投入品、生产过程、加工储运、市场准入等环节。这项制度是对农产品的质量安全进行监控,所以需要农产品质量安全技术体系的支撑。这项制度的实施,离不开科学技术的支持。

认证制度:认证是指由具有资质的第三方机构证明产品、服务、管理体系符合相关技术规范的强制性要求或者标准的合格性评定活动。[①] 认证工作在国外一直受到高度的重视,这也是产品面向广大消费者的质量等相关保证的体现,认证体制可以为市场提供一种可以信任的证明,证明带有认证标志的产品符合相关标准。[②]

预警制度:相当多的农产品安全风险实质上就是科学应用的风险,这种风险也只有通过科学的手段才能加以识别和控制。预警制度是指,成立专门的科学机构向政府提供农产品安全和农产品消费方面的信息与建议,其内容包括:营养风险问题、动物健康问题以及其他与农产品有关的环境及化学方面的风险评估。通过这种方式,可以使政府及社会对于农产品质量安全问题的出现及早进行预防。

可追溯制度:农产品质量安全可追溯制度,指农产品质量安全出现问题时的责任可追究,即可以追溯到问题产生根源的某个责任承担者承担责任的制度。可追溯制度是保证农产品质量安全的核心和灵魂,没有这项制度的保障,出了问题也不能查出农产品的来源,农产品质量安全法就等同于一纸空文。

召回制度:农产品召回制度是追溯制度的延伸和补充,是在追溯到问题的源头后采取的补救措施。它是指农产品的生产经营者在获悉其生产经营的农产品存在或者可能存在危害消费者健康或者其他缺陷时,依法向政府部门报告,并从

① 赵春明. 关于农产品质量安全认证的思考[J]. 农业质量标准, 2005, (1): 30-35.
② 钱永忠. 国外农产品质量安全管理体系现状[J]. 农业质量标准, 2003, (1): 45-51.

市场或者消费者手中收回问题产品,且采取其他有效补救措施,以消除或减少农产品产品危害风险的一种制度。

这几大制度是相互联系相互补充的,保证了农产品的正常流通。首先只有在生产环节按照质量安全强制标准生产,才能进入流通环节。由认证机构认证合格后才可以进入市场,进行农产品流通,而整个过程都有检验检测机构进行监督和检查。正是由于有了这几大制度的保障,农产品才能够顺利的从生产领域转移到消费领域,实现流通的正常运行。

(二)我国农产品流通安全制度的缺陷

虽然我国农产品质量安全制度建设发展比较快,国家对此也比较重视。但是由于发展时间较短,仍然存在一些不足之处有待改善。首先是农产品质量安全的法律法规还不够健全,法律是农产品安全制度的基础,虽然我国于 2006 年出台了《农产品质量安全法》,但是相关配套法律尚未跟上,缺乏具体的实施细则或者司法解释,使得该法律的执行力大大下降。其次是流通中农产品安全监管主体较为混乱,由于我国是农业部、工商部、质检部共同负责监管,容易产生职责不明、互相推诿的现象,导致监管效率低下。第三,相关农产品质量安全标准数量较少,农产品质量安全标准在我国也是最近几年引进的,所以相比发达国家而言,我国的农产品质量标准注发展滞后,多分散于相关法律法规中,缺乏专门的质量安全标准体系,标准执行力度不高。

(三)加强我国农产品流通安全制度建设的对策

1. 建立多层次管理体系,各部门各司其职

建立一个从国家级到省级再到县级的多层次的农产品质量安全管理体系,根据每一部门的性质与配置现状,明确各部门的职责,以法律的形式进行规定。避免出现多部门对同一环节进行重复管理,各部门应明确本部门的权力与义务,防止出现互相推诿的现象。同时,各部门间应加强沟通,对农产品从生产到消费领域的各个环节进行协同监管,建立信息共享机制,当一个部门需要另一个部门协助时,另一部门应快速及时地履行协助义务。

2. 完善农产品质量安全标准,保障农产品质量安全

建立一个统一的农产品质量安全标准规划,确定农产品质量安全标准制定的原则,加快农产品质量安全标准的制定。与发达国家相比,我国目前的农产品质量安全标准无论是从范围还是从数量上都太少。政府应扩大标准所涉及的范围,在农产品流通的各个环节都制定强制性标准,及时修改落后的标准,与国际接轨,形成一套全面的、系统的、协调的的农产品质量安全标准。在制定安全标准的过程中,应努力加大标准制定的透明度,广泛听取社会对于标准制定的意见,提高协

会、企业的参与度,确保标准制定的民主与高效。

3. 加强农产品质量安全的监督,完善市场准入制度

我们应该努力完善农产品质量安全的监管制度,增加检验检测机构及工作人员的数量,对相关的工作人员进行技术培训,提高农产品的检测水平。同时还应加强农产品质量安全的社会监督力度,充分发挥人民群众的监督力量,人民群众积极与政府互动,参与到更多的农产品质量安全监管活动中。政府应对人民群众反映的农产品质量安全问题进行严肃对待,及时反馈,激发人民参与农产品质量安全监督工作的积极性。此外,要注意完善农产品批发市场的市场准入制度。农产品批发市场是农产品流通的主要环节,对进入农产品批发市场的任何农产品都进行审核、分析、检验。对于检验不合格的农产品要严肃处理,不得进入农产品批发市场。对已进入农产品批发市场的但抽检不合格的,应立即责令其停止销售,对其进行整改,直到符合有关规定。

三、农产品流通金融制度

建构中国大陆现代农产品流通体系,少不了国家对于农业和农村的金融支持。目前我国农产品流通中的金融制度主要是指信贷制度、融资制度以及金融组织制度。信贷制度和融资制度的目的在于保障农业和农村经济发展所需的资金供给,满足农业发展不断增长的资金需求,解决农产品流通过程中的资金问题,以防出现资金链断裂而导致的农产品流通受阻等现象,从而保证我国农业和农产品流通的可持续发展。完善的信贷制度有利于提高经济运行的效率,保证农产品流通的畅通程度,实现金融支持农业的发展效应。

金融组织制度主要是指农产品流通过程中的金融机构运行机制,目的在于规范金融机构的运行,提高机构的运营效率。这些制度基本上保证了我国农产品流通的正常运行,保障了农产品流通过程中的资金供给。但是由于我国农产品流通中的金融制度的建设刚刚开始,很多地方还不完善,对于农产品流通中的资金链保障还不够健全,金融机构组织效率不高、农产品流通中仍然出现许多的问题,所以我们需要加强我国目前的农产品流通中的金融制度建设,更好地保障我国农产品的流通。

(一)我国农产品流通中金融制度发展中存在的问题

农村金融制度对于农产品流通的支持力度不高,一是对整个农业的金融支持不够多,二是农业的金融支持大多也是对生产过程及原材料的支持,对于农产品流通领域的重视程度还不够。这在一定程度上影响了农产品的正常流通,阻碍了农产品从生产领域到消费领域的转换。

农户作为农产品流通的主体,之所以目前可得到的信贷制度保障有限,一方面是因为银行对于农业的信贷供给不足,导致了资金不到位等诸多问题。银行作为农产品流通中的金融制度实行的主体,存在信贷供给的功能性缺陷,导致了流通中的信贷制度仍不完善。对于农业发展银行,贷款者与分散的贷款对象之间的信息严重不对称,存在严重的占用和挪用问题,信贷资金并不能很好的到达农民手中,一些地区还存在财政补贴资金拨付不到位的问题。同时由于商业银行过度追求规模效益,所以对于农村的农业贷款比重下降。另一方面因为农户自身,信贷资金在到达农户的过程中会出现一系列问题。部分农户素质不高,对于农村信贷制度不能很好的领会,导致了信息不对称。农村信贷资金管理过于冗杂,经过层层传递,信贷资金到达农户手中耗时较长,会使得一部分农户资金不能及时得到补充。还有一部分农户对于已有信贷资金不归还,导致了信誉丧失,给以后的持续信贷造成了困难,同时银行也会提高农户信贷的门槛,一部分农户想要获取信贷就更为困难。

除了信贷制度,融资制度也可以保障农产品的流通。融资制度主要针对参与农产品流通的一些企业,它们除了通过向银行等金融机构借贷之外,还可以通过向社会融资来获取金融支持。参与农产品流通的典型企业是物流企业,它的健康发展对于农产品的整个流通十分重要,是承载农产品流通的主要物质渠道。而完善的融资制度可以保证物流企业的资金充足,有一定的发展基础,有利于物流企业扩大规模,从而更好地促进农产品的流通。但是我国目前的农村融资渠道过于单一,融资来源稀少,社会大众对于融资企业的回报率预期较低,都导致了物流企业可以融资的资金过少,这对于物流企业的健康成长是十分不利的。对于加工企业来说,由于农产品收购资金需求时限跨度较大,收购时间集中,这就要求加工企业的流动性资金需求较大,如果在收购旺季,加工企业缺乏足够的资金,会影响其原料的质量及生产,增加了经营风险。这就更需要完善的融资制度来保证这些企业融资的实现,防止出现融资受阻或者融资资金不足等现象,阻碍了企业的发展,影响了农产品的流通。

金融组织制度主要是指农产品流通中的组织制度建设,可以有效保障农产品流通中的组织效率,促进农产品流通。但是我国目前农村金融组织制度改革滞后,金融机构运营效率较低,产权制度改革尚未完成;而农村流通组织种类相对单一,垄断现象严重,不能产生有效地竞争。这导致了我国农产品流通中金融体系的创新不足,运行效率低,影响了农产品的流通组织的正常发展,阻碍了流通。

(二)完善我国农产品流通金融制度的对策

1. 实现多样化的金融组织供给,保证资金来源国家应出台相关政策,加大支农、扶农的力度,引导商业银行把一定比例的资金用于资助农产品的流通,扭转银行近年对于农业支持力度不够的局面,使得有相当比例的资金用于农村信贷,从源头上保证农产品流通的信贷。同时应对现有的农业银行进行改革,把农业银行转变为全面支持"三农"的综合性银行,为农产品的流通提供综合性服务。另外还应鼓励除了商业银行之外的金融机构对农业和农产品流通的支持,对支持"三农"的金融机构给予鼓励,加大信贷资金的供给力度。最后要鼓励社会大众为物流、加工等参与农产品流通的企业提供融资的资金,保证其健康发展,形成规模化经营,促进农产品的流通。

2. 健全信贷机制,规范农村信贷市场

健全信贷机制,建立有效的惩罚机制,对于"只借不还"的部分农户首先进行教育,如经教育还是不改正的农户,要加大执行力度,必要时采取民事手段甚至刑事手段。对农户进行宣传教育,提高农户的整体素质,树立农户的诚信观念;同时宣传相关法律制度,杜绝个别农户的侥幸心理。有效规范农村信贷市场,加强惩罚机制,对于部分由于管理不善或者违规操作导致的坏账、呆账等事件要严肃处理,必要时采取行政手段或者法律手段进行干预,防止这类事件的一再发生,保证农产品信贷制度的正常运行,保障农产品的流通。

3. 改进农产品流通的结算体系,完善支付体系

引入国外先进的技术,推动电子交易及电子结算在中国农产品流通中的发展进程,对现有的计算体系进行改进,结合电子计算机技术创新出新的支付体系,提高交易效率。同时推动银行卡、信用卡在农村的发展,以促进新的支付手段的应用,在农村成立专门的发卡公司,方便农户进行交易。另外要提高电子信息技术在农产品交易中的应用,全面提升农产品流通中的电子信息水平,改进现有的支付工具,促进其从手工操作向信息化处理转化,建立电子汇兑系统,保证农产品电子结算、电子交易的正常运营。

第七章

海峡两岸农产品流通与合作经济典型案例分析

第一节　句容市丁庄老方葡萄专业合作社

一、基本情况

句容市老方葡萄科技示范园,位于茅山革命老区句容市茅山镇。它是在各级政府及有关部门大力支持下,在全国劳模方继生的带领下,以丁庄村为核心,采取"合作社(协会)＋示范园＋农户"的运作机制,带动周边村共同发展,历经 20 年时间,建成的江苏省第一个万亩葡萄种植示范基地。

句容市丁庄老方葡萄专业合作社,成立于 1999 年 8 月,合作社现有社员 1100 多人,葡萄种植面积已由初始的 2 亩发展到 12000 余亩,带动周边村镇 2000 多户农民,发展葡萄种植 30000 多亩,葡萄种植户人均纯收入 20600 元。据统计,2012 年,葡萄销售总额 10960 万元,可分配盈余 1360 万元。另据官方了解,葡萄示范园的经营模式辐射全国建立嫁接式示范区 300 多个和成立不同形式农民专业合作组织 6000 多家,取得了较为明显的经济效益和社会效益。①

"老方葡萄"源于 1990 年,是从农民方继生试种两亩巨峰葡萄开始的,方继生成功后又带领周围农民种植,所产葡萄外形美观、风味独特,品质明显优于其他葡萄,老方葡萄由此得名。葡萄园早在 1998 年就被句容市政府列为全市农业产业化重点实施工程,并成为句容首家进入镇江市级的农业科技示范园。园区葡萄以巨峰品种为主,并配以早、中、晚熟及风味各不相同的优良葡萄新品种,采用日本早川式栽培,应用国家无公害技术标准生产,所产葡萄糖度和着色度等主要品质指标位居国际领先水平。葡萄园从生产管理到市场销售实行五个统一,即:"统一品种育苗、统一技术指导、统一供药供肥、统一质量标准、统一品牌销售",2005 年

---

　① 老方葡萄网.http://www.laofang.com/wisecolumn.cgi? topicid＝20060227025847.

创建成"全国农业标准化示范区"。"老方葡萄"以其色艳果美、品味高雅、营养丰富等特点赢得众多消费者的青睐,在市场上有独特的魅力,远销北京、青岛、上海、苏州、南京等各大城市,处于供不应求的热销态势,市场零售价每公斤 12～30 元,亩收入稳定在 10000 元左右。曾多次荣获江苏优质水果金奖、江苏名牌产品、江苏水果十大品牌荣誉称号。

句容市老方葡萄科技示范园的建立,对开发利用荒坡旱地、缓解丘陵山区水资源匮乏的矛盾、发展高效特色农业、致富群众有着重要作用,同时对美化环境、改善生态环境,也起到了积极的促进作用,为全省丘陵山区开发提供了典型示范。

二、组织管理与机制创新

葡萄园建立初期,以方继生为核心和代表的农户们自发成立了葡萄协会,制定了章程,规定了组织领导机构、会员入会的办法及他们的权利与义务,从生产管理到市场销售实行五个统一,形成了一条龙服务体系,以实现优势互补,共同发展。1998 年 6 月,镇江市人民政府同意建设"句容市早川葡萄科技示范园",1999年 8 月,示范园顺应发展的需要,在葡萄协会基础之上又成立了葡萄合作社,将生产技术上的合作进一步拓展到生产、管理、技术、标准、营销等各个方面。示范园通过合作社的企业化管理,实现品牌和技术资源优势共享,走规模化、标准化、专业化、优质化、品牌化和信息化发展之路。

(一)组织领导

句容市丁庄老方葡萄合作社,自建立以来就受到了各级政府部门的高度重视,省市农委领导多次前来调研、指导并充分肯定合作社的工作业绩。

合作社对葡萄种植户实行会员制,要求每位农户每年缴纳 100 元费用作为合作社的上网费、电费、设备维护费和信息员工资等经费。对于缴纳会费的农户,合作社不仅为该农户提供一年的技术信息服务,还专门为该农户在网站上设立他的经营信息和独到的技术服务。

为能够保证合作社稳定、持续和长期开展工作,合作社加强与市农委、科技局、市科协、中国农科院、镇江市农科所等部门的紧密合作,及时掌握当前最新的市场信息和技术信息等一切与葡萄园建设相关的重要信息。

(二)管理制度

句容市丁庄老方葡萄合作社,自建社以来,不断完善合作社的服务机制和管理方案,设立了管理办法、服务登记、服务项目公示、设备管理、信息员职责等管理制度。

（三）建设规范

句容市丁庄老方葡萄合作社在各级政府的大力支持下，经过多年来的扶持发展和自身积累，具备了为葡萄种植户开展多方面服务的硬件设施和软件设施。合作社于 2000 年创建老方葡萄信息服务网站（www.laofang.com），合作社的设备和网站维护工作均由专人负责管理。

（四）服务内容

合作社积极开展综合信息服务，承担各级党委、政府开展的全国农村党员干部现代远程教育工程；文化信息资源共享工程；农村商务信息服务；农民创业培训；科技下乡；科技入户等工作。

合作社聘请了镇江农科所果树研究员赵亚夫、芮东明二人为技术顾问，并与市农委、科技局、市科协、中国农科院、镇江市农科所等部门加强合作，适时掌握当前最新的技术信息和市场信息，以便更好为农户提供服务。合作社建社以来，已经预设了葡萄栽培管理相关的技术信息和市场信息，并实时更新内容，供葡萄种植户们查阅。合作社还在网站上设立了社区互动专栏，葡萄种植户可以将自己不懂的技术难题提交上去，供大家参与讨论或由专家作答。如果农户不会描述的，可以通过网页上传功能将图片传到页面上来，便于专家做详细的解说，直到问题解决为止。

三、合作社运行

（一）始终坚持"五统一"，增强合作社发展的生命力

一是统一技术指导。合作社长期与中国农科院、镇江农科所等科研部门开展合作，经常邀请专家教授来合作社给村民们传授技术。同时在全国劳模方继生的带领下，还将专家传授的技术和自己摸索出的实际经验相结合，培养了一批技术骨干，经常深入种植户田头，及时解决生产中的技术难题。

二是统一标准生产。目前，园区葡萄以巨峰品种为主，欧亚品种为辅，采用日本早川栽培模式：实行稀植、平网棚架、控产提质栽培，每亩产量控制在 1000 公斤以内，平均穗重 450 克，单果粒重达 15 克，平均糖度 17 度，葡萄着色度为 100％。已达到或超过国际市场标准，市场零售价每公斤 10～16 元。亩收入稳定在 1 万元左右。

三是统一供药供肥。葡萄合作社严格按照国家无公害葡萄生产技术标准组织生产，通过集中采购生物有机肥和低毒低残留的生物农药，不仅确保了葡萄的食用安全性，保护了生态环境，而且还通过集中采购农资，每亩节约 100～120 元生产成本。

四是统一品牌包装。葡萄合作社注册了"继生"牌商标,建立了巨峰葡萄早川栽培生产技术标准,获得国家无公害农产品认证。对符合国家无公害葡萄生产技术标准,经检验质量达到"继生"牌葡萄质量标准的,允许使用合作社包装,做到现场检验、现场包装、现场发货。

五是统一价格上市。考虑到葡萄大量集中上市、但不耐贮藏的特点,销售机制上实行有组织的农户自销和集中共同销售两种形式。实现品牌和技术资源优势共享,走规模化、标准化、专业化、优质化、品牌化、信息化发展之路。

(二)不断强化自身建设,增强合作社发展的竞争力

葡萄合作社在各级政府的大力支持下,经过多年来的扶持发展和自身积累,具备了为社员开展多方面服务的硬件设施和软件设施。在办公场所方面已经拥有三层 360 平方米综合楼 1 栋,其中包括 50 平方米办公室、300 平方米交易大厅、30 平方米质检室、5 座小型冷库、100 平方米理事会议室、200 平方米的培训教室;在办公设施方面,服务站陆续配备了 6 台办公用电脑、4 台教学投影仪、4 套大屏幕、3 套影像设备、2 台摄像机、3 部数码相机、1 台扫描仪、1 台传真机、1 台复印机、3 台打印机;在软件设施方面,服务站于 2000 年创建老方葡萄信息服务网站(www.laofang.com),开辟了新闻频道、信息平台、企业概况、关注群体、企业台账、产品介绍、关于我们、社区互动等 8 个专栏,每年点击人数 680 多万人次。合作社通过网上宣传吸引大批沪宁线城市消费者,各类俱乐部客人、水果经销商等纷至沓来,到产地田头批发葡萄,销售了总产量 60% 以上的葡萄。2008 年 8 月,合作社配合镇江农林局在园区开展了"城乡直通车"启动仪式,为葡萄园增添了新的销售渠道。几年来,合作社把保持品牌,维护农民持续增收作为第一要务,先后申报创建成功了"无公害川葡萄标准化示范区"、"全国农业标准化示范区"。合作社产品曾多次荣获江苏优质水果金奖、江苏名牌产品、江苏水果十大品牌荣誉称号。园区的示范效应辐射到了邻近的南京、扬州、无锡、苏州乃至四川、上海、安徽、河南等外省市地区。

(三)依托科学技术,规范种植管理

示范园在发展过程中,曾受到镇江市农科所研究员赵亚夫先生、日本著名葡萄专家早川进三先生的大力支持,并多次亲临技术指导。示范园创始人方继生也刻苦钻研葡萄种植技术,将日本早川先生的葡萄培植技术和我国南方丘陵山区水资源匮乏、荒坡旱地、易旱易涝等自然环境因素以及自身多年来总结出的葡萄栽培方法相融通,整理出属于自己的一整套独特的葡萄生产管理模式。因产出的葡萄穗形整齐、果粒硕大、色泽艳丽、品味高雅、营养丰富,人们希望每年都能品尝到这样的葡萄,所以称其为"老方葡萄"。"继生"是老方葡萄的注册商标。

合作社与质监机构及相关部门密切配合,组织科研攻关,协同合作。1999—2002年间,合作社收集了大量资料和相关的葡萄国家标准、行业标准以及国外葡萄栽培技术要求,并以示范园为试点,以生产实践归纳的规范栽培体系为基础,参照有关标准,结合国内外生产技术发展动态与市场需求,制定了适合本地区推广应用的"鲜食葡萄平网棚架式生产技术规程"及"老方鲜食葡萄"企业标准,做到有文可依,逐步建立起葡萄生产的技术标准体系。同时,示范园企业标准的制定和葡萄合作社的标准示范,为省地方标准的制定提供了主要依据。

每到葡萄生长的关键时刻,葡萄合作社就会组织农户学习应时管理技术,解决种植户们在葡萄生产过程中所遇到的疑难问题。在葡萄病虫害防治上,葡萄合作社通过中国农科院葡萄协作网,统一购买符合国家无公害标准的杀菌剂,为葡萄无公害的生产提供有效保障。同时,葡萄合作社还与电信部门共同协作,开通了语音短信平台(语音短信是指:电脑将已设置好的信息内容转换成语音传递给固定电话,同时支持将信息内容直接以短信方式发送给手机用户。据了解,这在全国仍是首家。此举帮助农户们实现了不识字照样可以掌握致富信息的愿望),方便了合作社和农户之间的信息传递,每到葡萄防病治虫之际,所有农户均在同一时刻作出响应,最大限度地降低了因不能及时防病治虫而带来的损失,成为葡萄种植户们生产优质、高产、绿色葡萄的一道安全屏障。

(四)产学研相合作,增强合作社的辐射能力和范围

随着社会科学的迅速发展,葡萄栽培管理技术也需不断更新,从而将葡萄病虫害控制在最低程度,同时利用先进的管理手段,在符合国家绿色食品技术标准的条件下,使葡萄品质得到最大限度的提升。为此,句容市农业局经常性的邀请中国农科院、省农科院、省农林学院、镇江农科所等科研部门,给村民们传授先进的葡萄栽培管理技术。

葡萄合作社还积极组织青年农民参加市农业局举办的葡萄种植新技术、农民创业培训等各类培训班,并获得学历和师资认证,同时聘请中国农科院、省农科院果树专家充实现有师资队伍,大力培育技术骨干,培植科技示范户,使先进的种植技术通过技术骨干、示范户传授给千家万户。市人事局、市科协、科技局还定期为葡萄协会请进全国有名的果树专家,为葡萄种植户们推介葡萄新品种、传授葡萄新技术和提供技术咨询平台。市发改委、农开局、茅山镇政府在葡萄园水利工程、行车道路、销售市场等方面做了大量工作。

句容市丁庄老方葡萄专业合作社,在组织本社技术骨干钻研技术的同时,邀请中国农科院、镇江农科所等科研部门及国外的葡萄专家来合作社开展技术讲座。葡萄合作社在搞好本地区葡萄种植培训、指导外,合作社社长、副社长及技术

骨干每年都应邀远赴四川、上海、安徽、河南等地为当地农户举办讲座、培训,传授葡萄种植技术。合作社成立以来,累计举办各类培训讲座 160 次,累计受训人数达 60000 人次,本地区培育科技示范户 300 户,技术骨干 120 人,农民经纪人 50 人,取得了较为明显的经济效益和社会效益,极大程度地增强合作社的辐射能力和辐射范围。

四、合作社示范效应

句容市丁庄老方葡萄专业合作社作为江苏省首家农民专业合作经济组织,受到了多方关注。国家、省、市领导多次亲临示范园检查指导工作并给予充分的肯定。原省委书记陈焕友批示:这是很有意义的探索,条件成熟时可逐步推广。原省委书记李源潮视察后归纳总结了"四个好":"有一个市场需求的好品种;有一个好的技术和栽培模式;有合作社这样好的生产组织形式;有一个发展高效农业的好带头人"。中央、省市各新闻媒体也多次进行了报道,来参观考察的人员络绎不绝,示范园的知名度越来越高。2000 年 4 月份,合作社社长方继生同志光荣当选"全国劳动模范"荣誉称号,受到党和国家领导人的接见。同年 10 月,方继生同志作为全省唯一的农民代表,赴京参加全国农业产业化会议,并作了典型发言。国家农业部原副部长相重杨、中国人民银行总行副行长史纪良、国务院研究室宏观司副司长沈晓晖、国务院政策研究室副主任、原江苏省委书记李源潮、省农业副省长黄莉新、省常务副省长赵克志、省政协主席许仲林、省委副书记张连珍等领导相继前来考察、指导,并充分肯定了"葡萄合作社"创始人——方继生的带头作用。

句容市丁庄老方葡萄专业合作社在多年的发展中获得了众多的荣誉,也起到了很好的示范作用和辐射效应。2005 年和 2011 年分别被江苏省农林厅授予"江苏省四有示范农民专业合作组织"和首批"省级五好农民专业合作社"荣誉称号。2008 年 7 月,合作社被江苏省农林厅授予"全省 20 佳农民专业合作社"。2003 年 2 月,示范园被国家农业部确立为"无公害农产品生产基地",2011 年 12 月,老方葡萄被中国绿色食品发展中心认定为"绿色食品"。2008 年 5 月,示范园被中共句容市委宣传部确立为"句容市农村青年创业示范基地"。2006 年 12 月,示范园被镇江市科学技术协会确立为"镇江市农业科普示范基地"。2009 年 4 月,示范园被国家葡萄产业技术体系学会授予"国家葡萄产业技术试验示范基地"。

第二节 "农超对接"的典型——家乐福超市

一、"农超对接"概述

(一)"农超对接"的基本内涵

"农超对接",即超市从生产者手中直接采购农产品。[①]"农超对接"是以缩减供应链低效流通环节为目的,以生产者的联合为基础,以销售者的强大为保障,令农产品产地生产者,越过经纪人、批发商和批发市场等一系列中间环节,直接向超市供货,完成产品销售。"农超对接"是现代超市运营模式与传统农户生产模式的结合,其本质为在超市主导下的生鲜农产品供应链管理体系的变革。

对于"农超对接"的理解,需要从"农"与"超"的具体认知展开。"超"为处于销售末端,直接为消费者提供产品和服务的大型连锁超市。"农"在研究与实践的不同层面,有不同的内涵,故"农"的阐释与理解,是准确把握"农超对接"内涵的关键。

从文字理解看,"农"与"超"相对,分居农产品供应链的两端,为行为主体概念,即指代"农业生产主体"。农业生产者既包含实际从事农产品种养活动的劳作者,也包括经营业务涉及农产品生产的组织,可以是一个组织和个人构成的能够从源头提供产品的供货联盟。因此,"农超对接"是生产者和销售者的直接对接。该内涵也为"农超对接"最基本的内涵。其中,农业劳作者主要指具有独立经营自主权的农户,涉及农产品生产的组织,包括农民专业合作社、龙头企业、专业供应商、协会等多种类型,可以将其统称为中间层组织,在对接过程中更多充当联结超市和农业生产者的协调组织作用。

从具体实践看,"农"为"农业生产的田头"概念。一方面,田头涉及"农产品产地"概念,目前,超市实施"农超对接"广义上等同于农产品产地直采。此处的产地并无距离的指代,可以是远距离的优势农产品主产区,可以是超市门店周围近郊的农产品基地。另一方面,田头涉及"农业生产"概念。超市将管理延伸至田间地头、直接或间接地参与种养环节的管理与监督,超市介入农业生产,这体现为超市"农产品标准"的贯彻执行。因此,"农超对接"体现于农产品标准化的生产与采购

① 胡定寰."农超对接"怎样做? [M].北京:中国农业科学技术出版社,2010.

的对接。①

从政策导向看，"农"为代表农户利益的"农民专业合作社"。"引导大型连锁超市与农产品专业合作社对接，建立农产品直接采购基地"，是商务部、农业部对"农超对接"的解释。②

从发展趋势看，"农"为能够代表先进生产力的"现代农业"。我国农业还处于小农户分散经营，生产技术水平不高，设施农业比例较小，生产标准缺乏，安全问题不断涌现的传统农业阶段，在一定程度上与超市的现代化经营不相匹配，通过"农超对接"促进我国传统农业改造，从而实现既能满足消费者需求，又能可持续发展的高产、优质、低耗、高效的现代化农业。"农超对接"发展趋势为"现代农业"与"现代零售业"的对接。

"农超对接"的本质，体现于"对接"二字。为了保证供应链产品供给的质量，获取链条整体最大增值，农产品的生产端点与销售端点摒弃冗余环节，直接进行对接。即超市通过与生产源头直接合作，拓展了超市传统的管理范畴，从自身的销售环节扩大到种养环节、流通环节等供应链的全过程，是对整个农产品供应链进行综合优化与治理，实现对农业生产流程、产品质量、流通渠道、运行成本等各个重要项目的有效控制。农业生产也更贴近产品的需用端，农超双方参与产品流通、缩减流通环节、共建流通体系。

需要指出的是，在某些研究中，将"超"的概念扩大到宾馆、饭店、学校、厂矿等能够对生鲜农产品进行大宗采购与消费的组织团体。这些类型的主体，同样从产地获取"物美价廉"的农产品的需求，但其相对规模较小，首先难以实现远距离采购，"农超对接"的空间范畴受到限制，其次，难以实现农产品标准化和生产监管，"农超对接"的管理职能难以体现，在本研究中，"超"仅指具有现代经营特征的大型超市。

这里，让我们以国家商务部姜增伟副部长的讲话作为对"农超对接"定义的总结："农超对接是我国农产品流通方式的一次创新，优化了农产品供应链。在这个新的模式中，超市利用自身在市场信息、管理等方面的优势参与农业生产、加工、流通的全过程，为农业生产提供技术、物流配送、信息咨询、产品销售等一整套服务，从而成为农户与市场的纽带，将农户的小生产与大市场有效连接起来，发挥流通带动生产的作用。农超对接是农副产品流通体系的一种创新，有助于构建适合我国基本国情的农产品现代流通体系。"③

① 李莹. 我国"农超对接"理论与实证研究[D]. 沈阳农业大学，2011.
② 2008 年 12 月商务部、农业部联合下发《关于开展农超对接试点工作的通知》.
③ 姜增伟. 农超对接：反哺农业的一种好形式[J]. 求是，2009,(23)：38-40.

（二）"农超对接"三个发展阶段

"农超对接"整体的发展进程大致上可以分为三个阶段：第一阶段是"搜寻阶段"，即事物发展的幼年阶段；第二阶段为"基地确定阶段"；第三阶段是"可持续发展阶段"。

1. 合作对象搜寻阶段

搜寻阶段是指"农超对接"刚刚起步的阶段。"搜寻"顾名思义就是寻找。超市要做"农超对接"，需要同很多农民专业合作社合作，合作社把农产品卖给他们。但是超市对农民合作社一无所知，怎么办？只好通过政府部门介绍，超市逐个考察农民专业合作社，选出合适的合作对象。在这个阶段，我国农民专业合作社法刚颁布，合作社不仅数量不多，而且在生产规模、管理技能上符合"农超对接"要求的更少，因此只能通过"海选"的方式来寻找合适的农民专业合作社。在搜寻阶段，超市本身也在摸索。作为农产品采购的战略方向，一些超市做"农超对接"的大方向已经明确，至于如何建立强有力的采购团队、制定什么样的采购标准，如何更新传统的付款方式来适合于农民专业合作社等，是需要逐渐建立起更完备的流程和规范的。

2. 基地确定阶段

经历两三年的搜寻阶段以后，"农超对接"项目逐渐显示出旺盛的生命力和美好的前景，它在提高农产品品质和安全性等方面都有良好的表现，充分显示了其为合作社提供稳定的市场销售渠道的能力。"农超对接"不仅得到各级政府支持和媒体的关注，也受到超市和农户的欢迎。在这个阶段，超市已经不需要通过海选方式去寻找合作社，而是合作社主动联系超市，希望建立"农超对接"关系。在同成百上千家农民专业合作社的合作过程中，超市逐渐与一些规模大、供货稳定和产品质量有保证的农民专业合作社建立更加紧密的关系。对于每一种类的农产品，超市一般可以选择三到四家农民专业合作社作为重点合作伙伴。被选为合作伙伴的合作社可以获得比其他合作社更多的发展机会。超市需求庞大而稳定，配合较好的采购价格，不仅让合作社获得持续经营的基础，而且提升了农民专业合作社的知名度和凝聚力。这势必会带动越来越多的周边农民加入合作社，进一步扩大合作社的规模。更为重要的是，农超对接也引起政府的重视，农民专业合作社有更多的机会争取到国家和地方的项目资助，对农产品加工设施设备增加投入，从而达到超市要求的标准。譬如，砀山县良梨镇的砀山梨农民专业合作社在2007年到2009年之间，社员人数就从100多户增加到6000多户，合作社果园的面积增加到8000多亩。在采购基地相对稳定以后，超市对合作社农产品的安全性提出新的要求。超市逐渐开始在这些合作社中间建立农产品可追溯体系。

3. 可持续发展阶段

可持续发展阶段可以说是"农超对接"和谐发展阶段。超市与农民专业合作社之间已经确定相对稳定的供货关系。对于农民专业合作社,由于有了稳定巨大的供货市场,可以放心地扩大生产规模。这时面临的问题是如何满足超市常年供应的需求。因此,在市场需求的推动下,不同地区生产同一类农产品的农民专业合作社开始需要联合,组建更大规模的农民专业联社,地域合作联社打破了农产品供应时间上的局限性,使得农产品常年供应成为可能。以胡萝卜为例,如果建立从海南到河北的胡萝卜合作联社,每年的 12 月到翌年 2 月海南合作社为超市供应胡萝卜,3~4 月由福建省合作社负责供应,5~6 月浙江合作社负责供应,7~8 月山东合作社接续供货,9~10 月再由河北张家口坝上的合作社提供产品,11 月后供应方又转到山东。胡萝卜合作联社的建立,不仅解决了合作社产品的销售,也方便超市的周年供应。农民专业合作社联社的建立,除了从时间上解决超市的周年供给需求外,在供货量上也有极大的突破,合作社大量供给能力已经不再是一家大超市能够消化的了的,因此,合作联社需要采用多角化市场战略,把合作对象从原来的一家大型超市扩展到多家大型超市。农民专业合作联社也因此需要提升自己的加工、储藏和物流配送能力,从而开始建立自己的物流配送中心,并以配送中心为平台,把他们的产品辐射到全国各大中城市的超市终端。在这个阶段,超市的"农超对接"开始从原来的数量型对接,价格型对接逐渐地发展到信息对接和食品安全管理对接。"信息对接"指的是,超市开发出适应农超对接的购销软件,通过网络与所有的"农超对接"合作对象下订单,确定价格。在食品安全对接方面,超市因为与合作社的联系进一步紧密,不仅控制产销量,而且开始关注质量,按照不同情况分批在合作社中建立农产品可追溯体系。在可持续发展阶段,农超对接的采购范围将有可能突破国界,发展成为全球范围内的农超对接。例如,东盟自由贸易区的建立,消除了 14 个国家之间农产品贸易障碍,从而使得东南亚国家和地区的热带水果、反季节蔬菜通过"农超对接"直接进入国内超市,丰富了我国超市供应品种和数量。

二、家乐福"农超对接"模式

家乐福超市从 2007 年初引进了农超对接采购模式,家乐福称之为"农民直采(Farmer Direct Purchase)"。意思是家乐福超市不通过任何的中间环节向农产品生产者采购农产品。家乐福在农超对接过程中主要采取两种方式:一是全国直采,一是本地直采。所谓全国直采,就是长距离的采购。比如把新疆的特色农产品采购过来,然后分送到北京、广州等地的家乐福超市中进行售卖;而本地直采,只是针对某一区域来说。比如武汉有家乐福超市,就会采取在武汉周边的城市采购蔬菜水果,采购的这些农产品只供应给武汉的家乐福。本地直采的这种方式简单易行,只要接触过农超对接的超市都愿意采取这种采购方式。

家乐福从 2007 年开始做农超对接项目,当时与超市合作的只有两个合作伙伴——安徽砀山良梨镇鑫泰果业农民专业合作社和湖北省宜昌区晓溪红蜜橘农民专业合作社。经过 3 年的运行,到 2009 年年底,家乐福已经同 227 家农民专业合作社建立了稳定的供货关系。家乐福的"农超对接"的核心是通过农民专业合作社来组织农民的产品。2008 年,家乐福在中国用于农产品直接采购的金额近 5 亿元,华东区直采蔬果达 690 吨,采购金额 230 万元;2009 年家乐福通过"农超对接"模式采购的农产品品种达到近 50 种,采购区域扩大到 17 个省市自治区,包括黑龙江的大米、山东苹果、安徽梨、湖北蜜橘、江西脐橙、新疆的葡萄以及山西和山东的大枣,仅华东区直采蔬果达到 2200 吨,金额突破 900 万元。① 通过农超对接,家乐福农产品的质量、消费者满意度、商品新鲜度、竞争优势以及销售、利润均得到大幅改善。

家乐福的农超对接分两个阶段,第一阶段是从 2008—2009 年,这个时期是家乐福进行农超对接的试验阶段,在大城市他们主要采购蔬菜,在其他地区采购水果;第二阶段是 2010 年以来,家乐福的农超对接项目在原来的基础上实现了一个飞跃,北京家乐福 25% 的蔬菜全部是在北京郊区的几个县实行采购,在 2010 年,北京和上海的家乐福蔬果直采达到所销售果蔬的 50%。在这两个阶段,采购方面要求也不一样,在第一阶段,家乐福的本地采购要达到 10%～20%,主要是对 25 种单品进行采购。而在 2010 年,除了水果蔬菜的采购仍然继续外,还会扩大到干货和其他农产品的采购。另外,在北京和上海会加速发展全国直采的规模,采购数量从 20% 提高到 30%。

在农超对接的两个阶段中,家乐福对于农产品的质量控制采取了不同的方式。在第一个阶段,家乐福主要为农民引进了产品身份卡的概念,并且对合作伙伴进行培训,每一批农产品送进超市前,都要进行农药残留检验,做到安全放心;在第二个阶段,家乐福会把质量控制 100% 地交给合作社,并且逐步在合作社推广农产品可追溯体系。另外,家乐福还会派员工到原产地和农民一起工作,而不仅仅是坐在电脑前进行采购。在农超对接的试验阶段,家乐福每个星期都要求合作社给出报价,然后才能进行采购。但是从 2010 年开始,家乐福将采取一种新的合作方式。家乐福会和其中一些优秀的合作社订立长期的合作合同,合作社可以

① 赛伯. 家乐福——农超对接中的担当[J]. 中国合作经济,2010,(6):36-37.

从家乐福得到长期持续的订货量承诺,让农民生产更有规划。

家乐福在进行农超对接过程中,对于合作社的筛选有着严格的规定。在农超对接过程中,家乐福发现中国的农民专业合作社有真正意义上的合作社,另外也有贴牌的合作社,因此,家乐福在进行农超对接过程中会进行一些鉴别,家乐福只选择和真正的农民专业合作社合作,以确保只有真正的农民可以从直采项目中获利。家乐福拒绝在农民和家乐福当中设立一个中间商(这些中间商自己不从事农产品生产,只是把农民生产的农产品卖给超市)。家乐福认为超市在"农超对接"中要有担当。家乐福的农超对接把进入超市的所有手续都简化了,没有进场费,没有货架费,没有滞销费。另外,家乐福承诺把从供应链中减少的成本的 10%～15%返还给农民。"超市+农民专业合作社+农户"的农超对接模式,为农民专业合作社提供了相当稳定的需求和优惠价格,为合作社可持续发展创造了有利的条件。然而,我国大部分的合作社和农民还刚刚开始同现代化零售业做买卖,缺乏标准化生产意识和农产品达标率手段。因此,家乐福在直采部门专门配备了"农超对接协调员",这些协调员活跃在广袤的田间地头,帮助合作社进行农产品质量管理。此外,家乐福还派遣员工深入合作社开展培训,提高农民的技术、管理水平、经营思路等,从而适应连锁超市的需要,尽可能地通过提高管理细节来进一步提高农民的收入。

为了提高合作社的生产技术与管理水平,从 2008 年开始,家乐福食品安全基金会每月在一个省举办一次"农超对接"培训班。培训对象包括农民专业合作社负责人、社员代表、负责农民专业合作社的基层干部。家乐福"农超对接"经理讲解农超对接的具体步骤和注意要点。还聘请农业技术专家讲授农产品的种植技术和食品安全技术。会后还有农民专业合作社与超市的互动活动,有利于农超对接合作社与超市采购员洽谈合作意向。到 2010 年 5 月为止,家乐福共举办这类培训班 19 次。

家乐福作为探索"农超对接"的超市,对我国该项目的实施起到了重要的作用:第一,在我国引进了一种全新的农产品流通模式:"超市+农民专业合作社+农户"模式;第二,通过遍布全国的超市终端以及强大的采购能力,把全国各地,特别是西部欠发达地区的农产品带到了发达的东部地区市场,比如新疆、海南、甘肃和云南的特色农产品;第三,利用自己对消费者市场的了解和渗透能力,为我国农民专业合作社的产品建立自己的农产品品牌;第四,为提高产品的标准化和无害化,以及推广"家乐福品质体系",家乐福把超市的农产品标准带给合作社和农民,为我国加快实现农产品标准化作出贡献。

第三节　台北市第二果菜批发市场案例研究

　　农产品批发市场在农产品流通体系中处于枢纽地位,其经营状况的优劣直接影响到农产品生产者与消费者的利益。其中,由于生鲜蔬果具有不宜储藏,消费地与产地零星分散,流通渠道极度复杂等特点,使得果菜批发市场在外界环境变迁的竞争与冲击下,面临着更多的经营问题与困境。作为全台湾最具规模的果菜集散中心之一,台北市第二果菜批发市场整合现代化资源,本着诚信,服务,创新与效率的理念,通过公开、公平、公正的拍卖交易平台,集散与承销各类蔬菜水果,满足消费者多样化的需求,为改进农产品流通制度和批发市场管理提供了有益的借鉴与参考。

一、台北市第二果菜批发市场现状

(一)台北市第二果菜批发市场发展概述

　　台北市第二果菜批发市场成立于 1985 年 9 月,隶属于台北农产运销股份有限公司。1974 年,在政策鼓励和农产品运销的迫切需要下,台北农产运销股份有限公司成立,依托行政管理部门、农民团体和承销业主,经营台北市第一果菜批发市场。该公司在 1985 年扩大规模,建立了台北市第二果菜批发市场,并在 2003 年将总公司行政中心迁入改建后的第二果菜批发市场,2008 年将果菜供应中心迁入第二果菜批发市场。台北农产运销股份有限公司资本总额为台币 2 亿元,其中民股占 54.48%,公股占 45.52%(图 7.1),属于民营公司组织形态兼具公用事业的性质,即利用企业管理的经营方式,达到服务社会大众的目的。

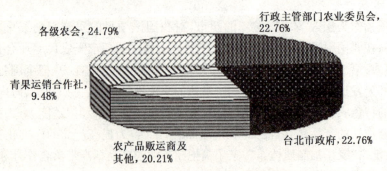

图 7.1　台北农产运销股份有限公司股权结构

台北市内的果菜市场以中小型为主,市场占地1公顷以下的有59处,占市场总数的87.63%,占地5公顷以上的只有台北市果菜批发市场,它是全台湾最大的果菜集散中心。据统计,每天约有150个品种,超过2000公吨的果菜从产地集货,运至该批发市场,在2至3小时内进行拍卖批发,再量贩销售给大台北地区约350万的消费大众。第二果菜批发市场在农产品流通中充分体现了自身"迅速集散,齐备货色,行情报道,形成价格,清算货款"五大功能,并在此基础上提供了充足的交易场所和各项优质的服务,从而为生产者,运销业者及消费者三方搭建起了互惠的桥梁,营造三方共赢的局面(图7.2)。

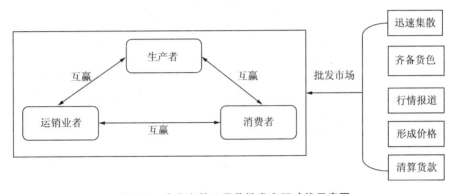

图7.2 台北市第二果菜批发市场功能示意图

(二) 台北市第二果菜批发市场的农产品主要来源

台湾果菜批发市场的农产品来源有三方面,分别是个体农民、农民团体以及贩运商[①]。其中,农民个体供应商在蔬菜供应方面所占比重最大,贩运商在水果供应方面占的比重最大,农民团体在批发市场蔬菜和水果供应中占的比重分别为20.85%和14.38%(见表7.1)。

表7.1 台湾果菜批发市场货源份额(%)

供货来源	蔬菜	青(水)果
农民供应	44.24	22.29
农民团体	20.85	14.38
贩运商	34.57	52.16

资料来源:台湾《农产运销季刊》第86.

---

① 祁胜梅.台湾地区农产品运销体系的建设经验与启示[J].世界经济与政治论坛,2011,(3):146
-159.

台北市第二果菜批发市场的农产品货源也是多渠道的,有个体农民、农民团体(如农会)、贩运商等。与此相对应,承销人也由个人或集体组织组成。批发市场内采取会员准入制,潜在供应人或承销人需递交相应材料,通过审核,并支付一定的保证金,方能成为市场一员。为实现掌握货源、调节供需,稳定价格的目的,台北市第二果菜批发市场积极倡导共同运销,随着批发市场交易金额的逐年成长,台北市第二果菜批发市场的共同运销率逐年上升,远远高于同期台湾果菜批发市场的平均水平(见表 7.2)。

表 7.2　台北市第一、二果菜批发市场货源份额(%)

年	共同运销成交占有率		一般供应人成交占有率	
	蔬菜	水果	蔬菜	水果
2000	57.67	58.91	42.33	41.09
2001	59.72	60.71	40.28	39.29
2002	61.10	61.57	38.90	38.43
2003	61.07	64.28	38.93	35.72
2004	61.49	64.03	38.51	35.97
2005	62.19	63.25	37.81	36.48
2006	63.10	64.19	36.90	35.81
2007	64.73	65.10	35.27	34.90
2008	67.48	66.23	32.52	33.77
2009	69.20	66.96	30.80	33.04
2010	68.09	66.09	31.91	33.91
2011	68.63	68.25	31.37	31.75
2012	73.51	68.14	26.49	31.86

资料来源:http://www.tapmc.com.tw/tapmc_new16/tapmc10/CRviewer.aspx
注:2012 年数据截止至 9 月.

(三)台北市第二果菜批发市场的主要业务

作为农产品集散地,第二果菜批发市场的每日具体业务包括进货、过磅、理货、抽样检验农药残留、评价、裁价、电脑拍卖、成交、送货、缴款、货款拨汇共 12 项,全部作业流程都由批发市场严格把关。为畅通果菜销售渠道,批发市场也提供产品加工后的直销业务,并适时推出水果蔬菜礼盒,拓展对外出口业务,增强国际竞争力。

（四）台北市第二果菜批发市场的主要规章制度

台北市第二果菜批发市场按法规规定运营。该市场历经多年,建立了完善的内部规章制度:包括针对农产品供应人和承销人的供应人、承销人管理制度;针对农产品货物本身的进出货品管理制度;针对商品交易方式的以拍卖为主、议价为辅的评价作业、公开公正交易制度;针对食品安全的农产品卫生检查制度;针对市场信息的农产品市场行情播报制度以及受理拍卖纠纷的仲裁制度。正是由于第二果菜批发市场二十多年来一丝不苟的专注于提供高质高效的服务,严格遵守内部规章程序,才使其一直领跑于全台湾果菜批发市场,对市场行情起到了风向标的作用。

二、台北市第二果菜批发市场农产品拍卖的具体实践

台北第二果菜批发市场拥有健全的果菜拍卖交易制度,分别对农户、产品、承销人实行标准化管理,同时辅之以完善的配套设施,从而保证拍卖交易的顺利进行。整个拍卖的具体实践,始终围绕拍卖价格展开,可以细分为交易前的准备,拍卖交易过程,交易结束的后续工作三个方面,包括拍卖前的评价、裁价,交易过程中的开价、喊价、决价,以及交易结束后的存货清点、整理、残货报废等。

（一）交易前的准备

每日到货的农产品,由理货员根据进货明细表进行点收、验货、签收,在进行卫生抽样检查后,拍卖前要经过评价与裁价的过程。评价与裁价是由农产品的易腐易耗,需求弹性低,市场信息不对称,产品新鲜度要求高等因素决定的。为了保证农民的基本收入,以及防止故意哄抬价格等恶意拍卖行为,需要设定农产品的价格下限——保留价格;同时,由于市场内采取的是荷式拍卖方式,批发市场还需要确定一个最高价作为开拍价格,据此,评价与裁价应运而生。

1. 评价

评价是由果菜批发市场内的评价小组根据当日到货量,天气状况,节庆假日等各方面情况综合考虑,编制出一份果菜评价表,送交拍卖员,作为拍卖员进行裁价的参考。通常情况下,评价小组人数控制在 3 至 4 人,由批发市场内经验丰富的专家组成。

2. 裁价

裁价是指由经验丰富的拍卖员,配合果菜评价表,鉴定当日到货品质,产品分级包装及承销人看货情形等客观因素,拟定产品价格,并输入到裁价机中,价格以求符合当日市场行情。

3. 承销人看货

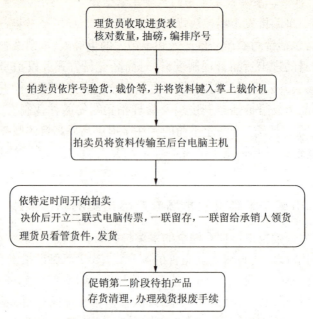

理货员收取进货表
核对数量，抽磅，编排序号

↓

拍卖员依序号验货，裁价等，并将资料键入掌上裁价机

↓

拍卖员将资料传输至后台电脑主机

↓

依特定时间开始拍卖
决价后开立二联式电脑传票，一联留存，一联留给承销人领货
理货员看管货件，发货

↓

促销第二阶段待拍产品
存货清理，办理残货报废手续

图7.3　台北市第二果菜批发市场农产品拍卖流程图

　　承销人根据自己的需要，有权利在拍卖开始前，对待拍产品的品质、等级、数量等进行观察、了解和记录，以便在拍卖时快速竞标购得自己所需要的产品。

　　（二）交易过程

　　在拍卖员将预计要拍卖的产品价格输入电脑后，整个的拍卖前准备工作完成。第二果菜批发市场内每天早晨三点二十分陆续开始拍卖，承销人可根据自己的需求，选取座席式、固定式、移动式拍卖机以及无线竞价的方式参与竞购。整个拍卖过程分为开价、喊价、决价三个阶段。由于采用的是荷式拍卖法，拍卖人对产品给出的价格由高到低，一旦拍卖人喊出的某一价格被承销人响应，即应价，此价格即视为决价，喊价终止后，该产品以决价价格卖给最后应价的承销人。在第一应价人购买后若仍有剩余，则拍卖继续，直至无产品剩余或无人应价时为止。在拍卖员核对承销人身份及有无欠款后，列印二联式电脑传票，一联留存，另一联留给承销人领货，交易信息统一汇总到电脑，此时算作交易成功，承销人凭传票向理货员领取拍得的货物，由送货员统一搬送。从整体来看，由于荷式拍卖是限时性的交易，即在价格下降到保底价之前完成，因此该方法十分适用于交易时间短，效率要求高的果菜批发市场。

(三) 交易结束的后续工作

1. 促销第二阶段待拍产品

某一产品的拍卖结束后,拍卖人员在下一产品开拍前,需要对其进行促销,对产品基本情况向承销人进行简短介绍,介绍完毕后,第二阶段拍卖立即开始。

2. 存货清理

在所有产品都拍卖完毕后,拍卖人会同理货员对剩余的存货进行清点,对部分残货需要履行报废手续,进行报废处理。

3. 交易信息发布

每日交易结束后,各产品的拍卖价格等信息数据由批发市场资讯部统一收集,并制作成交易明细表,供各承销人查询,查询方式多样化,包括 e-mail,网站公布(见图 7.4),电话查询,全方位保障了各利益相关者的利益。

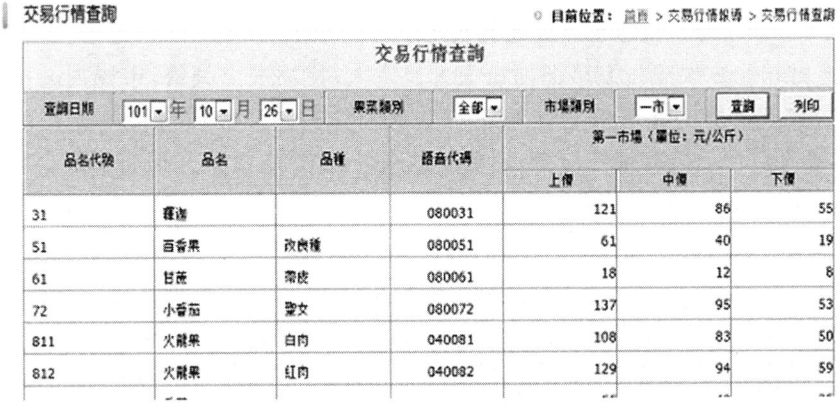

品名代號	品名	品種	語音代碼	第一市場（單位：元/公斤）		
				上價	中價	下價
31	釋迦		080031	121	86	55
51	百香果	改良種	080051	61	40	19
61	甘蔗	紫皮	080061	18	12	8
72	小番茄	聖女	080072	137	95	53
811	火龍果	白肉	040081	108	83	50
812	火龍果	紅肉	040082	129	94	59

图 7.4　台北市第二果菜批发市场交易行情查询网站

资料来源:交易行情查询网址 http://www.tapmc.com.tw/tapmc_new16/price1.asp.

三、台北市第二果菜批发市场的经验

多年来,台北市果菜批发市场在激烈的市场竞争中稳步发展,不断探索,这其中有一些宝贵的经验值得分享。

(一) 采取拍卖方式实现农产品价格发现和信息传递

由于农产品的特殊性,社会风险与自然风险并存,第二果菜批发市场内采取拍卖方式衔接起农产品产销环节,并通过电脑技术展开评价、拍卖等,整个过程透明高效,只要短短两三个小时就能完成全天交易,在降低生产和流通风险,缩小批发与零售的差价及季节性价格变动,及时有效传递农产品经济信息方面发挥着积极的作用。果菜批发以拍卖方式取代传统的对手交易,其优越性主要体现在:一是价格发现,拍卖杜绝了现行对手交易方式中存在的一对一议价的问题,有利于平抑市场价格,稳定市场供给。二是信息传递,由于农产品拍卖信息直接来源于产品供应地和市场销售市场,中间环节对产品价格的影响不大,因此产生准确信息是拍卖市场特有的主要功能。

（二）高度重视食品安全,保证消费者利益

鉴于农产品保质期短,卫生要求高的特点,台北市第二果菜批发市场专门设有农药残留检验室,采用生化快速检验办法,进行抽样检验,如果抑制率在35%以上送至卫生主管机关以化学实验方法复检,达到45%则立即停止交易,并扣留商品。果菜批发市场配合行政主管部门农业委员会推广农产CAS吉圆圃安全用药标准,有效为消费者健康状况把关。同时,市场内还提供可租用冷藏库,保证农产品质量安全。

（三）市场内运销体系建设功能完善

台北市第二果菜批发市场内每天人流量大,货物进出频繁,市场内的操作人员对各自所负责的业务流程熟记于心并严格执行。产品质量检测员严格按照GAP标准对产品进行抽样检查,拍卖前迅速得出结果;每日开拍前干部会对所有拍卖人员进行勤前教育以告知工作重点,并于拍卖结束后进行勤后检讨,市场内所有拍卖人员均需要经过数年理货、试拍历练及专业训练,经严格测试通过后,领得证照,才可执行拍卖任务;在货款拨付方面,当日所有交易完成后,批发市场资讯部列印交易明细表,发布交易资讯和市场行情,并于当日提供安全迅速的货款拨汇。可见,正是市场内功能完善的运销体系建设保证了市场各项业务的高效运行,从供与销两个方向保证了产品的高质高效顺畅流通,并体现了服务农民的意识。

（四）积极拓展附加业务,增强市场竞争力

作为产销的中间人,第二果菜批发市场在做好自己批发业务的同时,积极拓展附加业务,增强自身竞争力,服务广大消费者。包括:定期指派拍卖员至果菜产地,辅导农民团体办理共同运销业务;宣传产品分级包装观念,改进供应水平,蔬菜包装多以20公斤为主,纸箱使用率达90%,水果包装以20、15公斤为主,并朝子母箱,单层包装发展,纸箱使用率达95%;配合政府政策和公益发展,积极投身公益,参与到社区建设活动,营造良好口碑。

四、对大陆农产品批发市场建设的启示

农产品批发市场自上世纪80年代在大陆出现以来,经历了一个数量由少到

多,规模由小到大,从产地批发市场到产地与销地市场并行,从民间自发组建到政府推动再到由市场整合的发展过程。[①] 目前,大陆农产品批发市场已由 20 世纪 80 年代初的几十家发展为现在的近 5000 家,交易规模近 4000 亿元,平均成交额约 8000 万元,它们覆盖了所有的大、中、小城市和农产品集中区,构筑了贯通城乡的农产品流通大动脉。然而,大陆的农产品批发市场呈现出点多面广,交易规模小,交易制度不完善等诸多缺陷。通过对台北市果菜批发市场的深入分析,可以获得一些启示。

（一）拍卖交易方式创新化

1998 年 6 月深圳布吉农产品批发市场借鉴国际经验,敲下了大陆农产品拍卖的第一槌,发挥了很好的示范作用,然而目前大陆地区绝大多数市场尚未实施。[②] 因此,应借鉴台湾经验,逐步引入拍卖式创新,选取辐射面广的地区进行试点运行。目前,我国沿海某些地区专业化生产已有相当规模,市场体系亦有一定基础,就可率先开办一些产地拍卖市场,如胶东水果、寿光蔬菜、海南瓜果菜等。[③] 具体实施时,需注意以下几点:第一,完善拍卖交易的软硬件设施,逐步实现拍卖交易的信息化、电子化;第二,规范交易流程,可考虑给产品贴二维码的方式,整合拍卖前产品分级、定价、抽样检查以及拍卖后的领货、配送的信息;第三,选择合适的拍卖方式,台北果菜批发市场采用荷式拍卖法,大陆地区可通过试点运行,决定合适拍卖方式。

（二）投资主体多元化

从投资主体来看,批发市场可分为私人合伙型、政府参与型等多种类型。台北市第二果菜批发市场采用的是政府参与型,实行股份制经营,这种方式可以有效减少政府的财政负担,明晰产权关系,使政企分离。大陆地区农产品批发市场可以借鉴这一方法,对于已建立的批发市场,政府可以逐步将经营权交给民间,从而有效杜绝权力资本化现象,而在未来批发市场建立的过程中,应考虑实行股份制,培育农产品批发市场的多元化投资主体。

（三）供销双方组织化

在台湾,通过建立农会、农业产销班、农村合作社等农民运销组织,批发市场的产品供应得以保证;承销方面,也有固定的规模化承销商出现在市场内进行拍卖交易。鉴于此,大陆地区可以针对产品生产的不同地区,将个体农民以组织化

---

① 卢凌霄. 农产品批发市场现状及发展趋势[J]. 商业研究, 2010, (2)：10 - 14.

② 黎元生. 我国农产品批发市场组织机制：缺陷与创新[J]. 青海社会科学, 2006, (1)：28 - 31.

③ 李泽华. 我国农产品批发市场的现状与发展趋势[J]. 中国农村经济, 2002, (6)：36 - 42.

方式集中起来,以组织为单位进行管理,同时由批发市场派专人辅以定期产品安全,分级包装等教育,保证产品质量的同时,实现规模化运销。在承销方面,亦可以通过批发市场将承销人组织化。除此以外,市场可对供销人实行会员制,所以潜在供销人需上交申请表及支付一定保证金,方可入场,从而严格限定交易参与人数,把关交易质量。

(四) 市场管理体制规范化

台湾在 1973 建立批发市场体制初期,就制定了"台湾农产品批发市场交易法"、《农产品批发市场管理办法》等,为批发市场的发展提供了一个适宜的外部环境,例如,"农产品交易法"第十二条规定:农产品批发市场为公用事业,其设立及业务项目,由各级主管机关规划,并编列预算予以补助。台北市第二果菜批发市场在按法规规定运营的同时,建立了市场自身完善的内部规章制度,保证了批发市场功能的有效实现。与此相反,大陆地区相应的法律却一直没有出台,相关体制欠缺,市场呈无序经营状态,为此,政府应该通过出台《农产品交易法》等相关法律的方式,对批发市场的设立条件,审批程序,市场交易方式,场地费用等作出详细规定,为农产品批发市场的发展保驾护航。

第四节　台南市玉井区农会案例分析

发展农业合作经济组织,是中国大陆走出"三农"困境的一个有效途径。如何在农村基层充分发挥综合农协的功能,台南市玉井区农会为我们提供了一个成功的范例。自 20 世纪 60 年代以来,台南市玉井区改写了整个农村经济发展史,并打造出芒果的故乡这一耀眼的光环,这其中玉井区农会扮演着开创性与辅导性的多功能角色,发挥了至关重要的作用。玉井区农会以辅导农民追求经济作物高收益为主旨,以农民最大福祉为原则,用心经营精致农业,秉持发展三品(品种、品牌、质量)农业的策略,让农产品更具竞争力,推动了产业的持续发展。

一、台南市玉井区农会概述

玉井区原是邹族与平埔族的故乡,昔称吧哖,1920 年,由日本人改名为玉井。其总面积 76.37 平方公里,耕地面积 40.74 平方公里。早期玉井区因为道路崎岖狭隘,耕地有限,农产相当贫乏,稻米、甘薯和甘蔗等短期作物是当时玉井的重要农产品,乡民生活水平普遍不高。1964 年,爱文芒果在玉井区种植成功,奠定了玉井"芒果的故乡"的美誉,也改写了玉井农村的经济形态,农民生活水平大为改善,农作物推展也与时渐进,朝多样化、精致化的目标发展,玉井成为水果、花卉等高经济收益作物的重要产地。[①]

玉井自古以来就是一个典型的农业乡镇,玉井农会创始于 1919 年 3 月 26 日,当时称为吧哖信用组合,营业区域涵括现今玉井、南化、楠西三个区,但是营业项目仅有存款业务,工作人员也只有一人。1920 年,吧哖信用组合更名为玉井信用组合。1927 年,由于南化地区人口增加,成立了南化信用组合。1931 年 10 月又成立了楠西信用组合,从此,南化、楠西与玉井信用组合分开独立。玉井信用组合到 1936 年增加购销业务,改名为玉井信用贩卖购买利用组合。1944 年,中日战争期间,日本政府为了加强搜集粮食物资,又改称玉井庄农业会。1946 年,农业会又改组并划分为玉井乡合作社与玉井乡农会,1949 年 10 月 20 日又重新合并成为玉井乡农会。2011 年因为台南县市合并升格为"直辖市",玉井乡农会改名为台南市玉井区农会。

二、台南市玉井区农会现状

台南市玉井区农会是以保障农民权益、提高农民知识技能、促进农业现代化、增加生产收益、改善农民生活、发展农村经济为宗旨的多目标、多功能的农民团体。经过多年的建设和发展,玉井农会已经形成较为合理的组织框架和治理结构。

（一）农会治理结构

2012 年,玉井区人口共 15274 人,其中农业人口约 12000 多人,占全区人口的 3/4。玉井农会共吸收会员 3415 人,分为 10 个单位的农事小组。玉井农会的治理结构主要包括会员代表大会、理事会和监事会。除赞助会员外,当会员人数超过 200 人时,由所属农事小组选任会员代表,组成 45 人的会员代表大会。会员代表大会选举产生 9 人的理事会和 3 人的监事会。理事会履行会员审定、总干事聘任、审查会务、业务实施计划等职能,监事会则履行对理事会及农会财务财产的监督职能。

（二）农会内部职能管理部门

玉井农会设立 1 名总干事,并在总干事之下设定具体的执行部门,农会的内部职能工作主要包括四大业务部门与四大管理部门。

四大业务部门分别为:

保险部——办理农民健康保险、全民健康保险、及受托办理人身保险、产物保

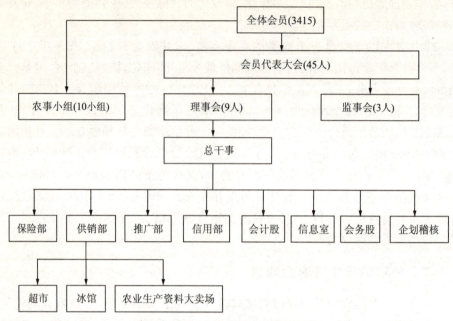

图 7.5 台南市玉井区农会治理结构

险等业务。

推广部——倡导、办理各种农业技术研习与相关农业知识讯息。

供销部——提供生产器具及农业用品并整合产销活动,为农民开创最大利润为依归。

信用部——提供农业资金需求与存放。

四大管理部门分别为:

会务股——管理人事、事务及财产、会籍管理等。

企划稽核股——有关法令、财务的收集及分析。

会计股——编审各事物部门预决算。

信息室——负责农会信息控管制度的建置及执行。

三、台南市玉井区农会促进农产品流通的经验总结

(一)积极打造芒果特色,构建芒果产销渠道

玉井区凭借其特殊的地理环境与优越的气候因素,有芒果之乡的美誉,它的芒果种植生产、仓储保鲜以及配套加工技术较为先进,生产出来的芒果风味独特,深受台湾人民的喜爱。玉井区是台南市境内芒果产量最高的乡镇,栽培面积多达

2343公顷,占台湾种植面积的十分之一,玉井种植的芒果以爱文品种为主,约占生产量的 45％,其次金煌占 36％,凯特占 10.8％,在来种占 3％,圣心占 2％,海登占 1.5％,其他品种占少数。

玉井芒果市场之所以能够取得巨大的成功,玉井农会的特色经营在芒果生产和销售过程中发挥了极其重要的作用。由于最大宗芒果特产销售价格的高低牵动着整个地区经济的脉动,因此,农会通过积极构建多种产销渠道,争取实现芒果的最大价值。

1. 设立芒果冰馆,探索农产品销售新形态

针对芒果是季节性热带水果以及盛夏前后冰品热销的特点,台南市玉井区农会在 2011 年 7 月投资设立了芒果冰馆,主打芒果冰、芒果糕点及芒果啤酒等。芒果冰馆成立后,夏天店里总是涌入上百位观光客,大家争相排队抢购新鲜好吃的芒果冰。从 2011 年到 2012 年,靠着自产芒果制作各式各样芒果刨冰及相关产品,芒果冰馆平均月营业额超过 60 万台币,[①]并且曾创下单日营收台币近 16 万元的佳绩,极大地提高了农民的收入。

2. 办理芒果共同运销,强化分级包装

长年以来,农民栽培芒果的生产技术已经达到炉火纯青的地步,但对市场营销则缺乏经验。因此,玉井农会与农民分工合作,由农民负责生产,农会负责向农民收购果品销售。这种芒果共同运销机制能保障芒果的基本盘价,有效抑制中盘商垄断市场、刻意压低交易价格等不法手段的使用。同时,通过农会严控分级包装,提升果品质量,确保消费者买到货真价实的等级商品,创造生产者与消费者的双赢局面。

3. 积极拓展芒果外销,稳定市场交易

台湾农业极其发达,但受限于浅盘式交易形态的制约,一旦供销失衡,市场价格就会崩盘,使生产者血本无归。尤其是芒果采收期短,不耐久藏,局限于岛内市场会影响其商品价值的实现。玉井农会致力积极发展国外市场,芒果外销市场拓展到日本、韩国、中国香港、新加坡、中国大陆等地,大大缓解了量产问题,提升了经济收益。

4. 研发深加工优质产品,提升产业价值链

在玉井区农会积极努力下,农会已研发出爱文芒果干、情人果干等优质产品,并由芒果鲜果衍生出芒果加工品、芒果冰品、芒果蛋糕、芒果啤酒、芒果冻、芒果大

---

① 中国台湾网. http://www. chinataiwan. org/twzlk/baodaofengcai/201207/t20120731 _ 2867754. htm.

福、芒果创意料理等系列产品,让芒果不再只是单一鲜食的水果,活化成一连串产业价值链,使得农产品经济效益大幅提升。

(二)用心经营信用部,培育农村金融体系

农会的发展演变与农村金融体系的建立有着密切的联系,玉井农会信用部是玉井区农会的重要组成部分,根据"农会法"规定,信用部视同银行业务,纳入金融管理,经过多年的改革,按照以农会构筑体系基础,以金库搭建发展平台,以政府发挥主导作用的要求,玉井区农会已经形成一个相对独立完善、具有行政和市场双重约束力的农村金融组织(见图7.6)。农会信用部通过吸收游资,转而贷放给农友会员,融通农业生产资金,真正的成为了农村金融中心。同时,农会信用部是农会经费的主要来源,为农会的持续发展也做出了很大的贡献。

玉井信用部依赖其优质的服务态度认真积极处理授信、放款等业务,给广大群众留下良好的形象,具体可以概括为四个方面:真心,秉持真心,完美呈现;诚心,诚信服务,以客为尊;细心,细心态度、品质第一;用心,追求完美,用心证明。玉井农会作为台湾农会的基层组织,承担着存放款的重要责任,放款的对象主要是农民,满足农民从事农业活动的资金需求,台湾"农委会"在放款利率上存在优惠(见表7.3),是低利农贷,对基层农会给予补贴,农民从农会能够得到很好的服务,这种做法有效地解决了玉井区农民自有资金不足的问题,为农业生产的持续发展提供了资金支持。

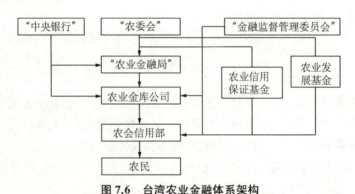

图7.6 台湾农业金融体系架构

表7.3 2012年10月农业发展基金利率牌告

贷 款 种 类	利率(年息)
辅导农村青年创业贷款	
农业天然灾害紧急纾困贷款	1.25%

贷　款　种　类	利率(年息)
畜牧污染防治设备贷款	1.5%
山坡地保育利用贷款	1.5%
辅导养殖渔户生产贷款	
购地贷款	1.5%
农机贷款	1.5%
农民经营改善贷款	1.5%
辅导农粮业经营改善贷款	1.5%
农业产销班贷款	1.5%
农家综合贷款	1.5%
小地主大佃农贷款	1.25%

附注:表列利率依农委会核定调整而调整。

资料来源:台南市玉井区农会信用部内利率牌告.

（三）辅导农民产销班,创造多元化需求

玉井农会为培育农业竞争力,通过建立完善的产销网络,辅导农民建立产销班,完善产销履历。2012 年,玉井农会共辅导成立 19 个产销班,产销班员人数293 人(见表7.4)。产销班班员在生产环节实行统一品种、控制肥料和农药等手段,达到产品质量一致的目标,同时建立公平合理的工作及成本分摊制度,对班内的人、事、物进行统一调配,根据成员提供资源的数量、质量及个人贡献大小进行利益分配,以此调动参与成员的积极性,并且加强农民注意供需的均衡监管和控制,以此来保障农产品价格。

农会通过创造面向消费者的多元化需求,使得水果市场消费需求呈现多元化,让农业以不一样的风貌浴火重生,此举既增加农民收入,同时也能更好地满足农民的物质需求。

表7.4　玉井农会辅导成立的果树及花卉产销班一览表

产销班班名	班员人数	经营规模	经营类别
果树产销班第二班	11	25.3	芒果
果树产销班第六班	28	38.2	芒果、菠萝、蜜枣、杨桃
果树产销班第十六班	25	42.3	芒果、木瓜、蜜枣、菠萝

产销班班名	班员人数	经营规模	经营类别
果树产销班第三十班	10	15.2	芒果、蜜枣
果树产销班第三十三班	20	31.9	芒果、蜜枣、菠萝、农产加工
果树产销班第三十五班	14	30.6	木瓜、芒果、番石榴、蜜枣
果树产销班第三十九班	19	10.2	杨桃
果树产销班第四十二班	11	35.4	菠萝、芒果、木瓜、番石榴
果树产销班第四十三班	14	38.3	芒果、菠萝、番石榴、木瓜
果树产销班第四十四班	17	27.3	芒果、木瓜、蜜枣、番石榴
果树产销班第四十五班	10	25.55	芒果、杨桃、蜜枣、荔枝
果树产销班第四十六班	12	21.9	芒果、木瓜、蜜枣、菠萝
果树产销班第四十七班	22	23	芒果、蜜枣
果树产销班第五十班	11	24.3	芒果、蜜枣、木瓜、番石榴
果树产销班第五十一班	16	40.3	芒果、番石榴、蜜枣、木瓜
果树产销班第五十三班	12	11.26	芒果
果树产销班第五十四班	16	16.82	芒果、番石榴
养蜂产销班第一班	11	2850 箱	蜂蜜、蜂王乳
花卉产销班第五班	14	10.4	文心兰、火鹤花、蝴蝶兰

资料来源：台南市玉井区农会. http://www.ycfa.org.tw/.

四、台南市玉井区农会对大陆合作经济组织的启示

从以上的分析可以看出，玉井区农民能够积极应对市场压力、充分利用市场机遇，为消费者提供优质的产品和服务，关键在于良好的经济组织——玉井区农会发挥的积极作用。因而，对于大陆来说，有必要借鉴玉井区农会的成功经验，提升农业合作经济组织的效率和水平。

（一）完善大陆农民合作经济的组织化程度

按照合作制原则构建的农民合作经济组织是农民自由联合的最佳形式，是广大农民走向市场的有效组织形式。① 从台南市玉井区农会的经验来看，完善且多功能的服务体系是农民经济合作组织发展的关键。相比而言，大陆的农民合作经

① 王蒲华. 农民合作经济组织的实践与发展——福建实证分析[M]. 北京：中国农业出版社，2006.

济组织普遍存在规模小、功能不完善等问题,作为农产品流通源头的蓄水池和流动加速器,大陆农民合作经济组织应积极借鉴玉井农会的经验,建立完整的农产品服务体系:为农户提供产品销售和物流运输服务,把产品收集起来进行分类整理、分别包装,运交采购公司,降低销售成本和物流运输费用;为农户提供统一的采购种子、化肥、农药等农用生产资料的服务,以集中统一采购的优势抵制假冒伪劣产品侵害,降低采购成本;为农户提供新技术、新品种服务,开办新技术培训班,进行指导,使农民切实掌握培育新品种、使用新技术的技术要领,科学施用化肥农药,降低污染,提高生产效率。

（二）推动农民合作经济组织建立健全农产品流通网络体系

农民合作经济组织肩负着畅通产品流通销售渠道的责任,合作组织应积极开展市场经营,在更广阔的市场范围内参与市场竞争,为社员提供更有效的服务,追求组织利益的最大化,降低经营成本,畅通销售渠道,增加社员收入。第一,改善农产品流通渠道,积极探索特色专卖店、超市、网络直销等新型通路,争取更大的产品销售空间;第二,推动农业标准化和规范化生产,努力实现共同运销;第三,改善包装,塑造企业商标识别体系,提高附加价值,刺激消费者需求,增加消费者的满足感;第四,密切关注市场行情变化,了解消费者需求心理,及时、优质保障农产品供给。

（三）发挥农民合作经济组织在资金融通中的积极作用

政府相关部门应积极配合银行等农村金融机构为农村合作经济组织提供农产品生产销售等金融服务,改进和规范使用政府资金来推动农民合作经济组织发展的做法,[①]帮助农户克服资金短缺困难,加大对农产品流通信贷政策的支持力度。一方面,农业发展银行、农村信用合作社等农村金融机构每年都应安排一定额度的贷款,并放宽贷款条件,提供贷款优惠利率,专门扶持农村合作经济组织的发展。对农民合作组织的生产项目和科技推广项目,政府应当鼓励支持研究和推广应用,纳入政府农业开发和科技开发项目并设立专项资金予以支持。另一方面,农村信用互助社以一定区域内农户为主体并为社员提供资金融通服务的农民合作经济组织,是改善小规模农户信贷可得性的潜在渠道之一,应鼓励和支持农村信用互助社等各种新型合作金融组织的发展,构建农民与金融机构间的有效信用载体。

① 王文壮. 海南与台湾:农业发展比较与合作竞争[M]. 北京:中国农业出版社,2008.

后　记

　　2012 年初,中国供销合作总社、中国供销经济学会立项《海峡两岸农产品流通体系建设及合作经济比较研究》学术研究与交流项目,并委托南京财经大学负责实施。我校课题组成员以本项目为依托,在对海峡两岸农产品流通体系和合作经济组织深入调研的基础上,完成了现在的研究成果。

　　本书是课题组成员集体结果,由张为付负责整体框架设计和统筹,具体分工如下:第一章:张为付、李逢春、张岳然;第二章:原小能、吕陶庚;第三章:陆华良、盛海潇;第四章:杨向阳、张为付;第五章:胡雅蓓、盛海潇;第六章:宣烨、原小能、杨晨;第七章:陆华良、胡雅蓓、盛海潇、周波、夏元清。

　　本书在写作过程中得到南京财经大学徐从才教授和中国供销合作经济学会穆励会长、程庆新秘书长的指导,实地调研工作得到江苏省供销合作社和台湾省农会的大力支持。本书汲取了"海峡两岸农产品流通与合作经济研讨会"上的部分观点,引用了国内外专家学者的相关研究成果,并尽可能在脚注和参考文献中予以说明,在此一并表示感谢! 当然,由于研究水平所限,书中难免存在不足之处,敬请广大读者提出宝贵意见。

本课题组

2013 - 3 - 31

海峡两岸农产品流通体系与合作经济比较研究

参 考 文 献

［1］Chahal S S. Singh S and Sandhu J. S. Price Spreads and Marketing Efficiency of Inland Fish in Punjab：a Temporal Analysis［J］. *India Journal of Agricultural Economics*，2004：487 – 498.

［2］Fred E C. Criteria of Marketing Efficiency［C］. The Thirty-third Annual Meeting of the American Economic Association. Atlantic City，1990.

［3］Kumar R R，Husain N. Marketing Efficiency and Price Spread in Marketing of Grain：a Study of Hamirpur District，U. P.［J］. *India Journal of Agricultural Economics*，2002，390.

［4］Raymon V A. Vertical Cooperation and Marketing Efficiency in the Aquaculture Products Marketing Chain：a National Perspective from Vietnam［R/OL］. FAO working paper，2003.

［5］Shepherd G S. *Agricultural price Analysis*［M］. Ames：University of Iowa Press，1963.

［6］安玉发，张娣杰. 告别"卖难"——农产品流通与营销实务［M］.北京：中国农业出版社，2011.

［7］白云涛，崔巍崴. 农产品供应链合作伙伴的动态评价方法［J］. 安徽农业科学，2007，（35）：8397 – 8398.

［8］毕天云. 台湾农会发展中的政府作用［A］. //杨团，高鉴国. 当代社会政策研究 V："第五届社会政策国际论坛暨系列讲座"文集［C］. 北京：中国劳动社会保障出版社，2010.

［9］曹炫珠. 我国农产品流通组织研究［D］. 山西财经大学，2006.

［10］柴凤伟. 农产品供应链融资的创新之举［N］. 现代物流报，2010 – 03 – 25.

［11］陈春园."农超对接"采购模式改变农产品流通方式［J］. 北京农业，2010，（22）：48.

［12］陈吉元等. 中国农村社会经济变迁［M］. 太原：山西经济出版社，1993.

［13］程同顺，黄晓燕. 中国农民组织化问题研究：共识与分歧［J］. 教学与研究，2003，（3）：42 – 47.

[14] 戴桂林，杨玉真. 我国蔬菜物流模式的思考[J]. 当代经济，2007，(5)：72-73.

[15] 邓惠. 农产品专业流通市场电子商务发展研究——以长沙红星农副产品大市场为例[D]. 湖南农业大学，2011.

[16] 杜润平. 浅析市场交易费用[J]. 南方经济，1994，(2)：14-15.

[17] 杜吟棠. 合作社：农业中的现代企业制度[M]. 南昌：江西人民出版社，2002.

[18] 方炜，张有择. 从斗南镇农会转型谈企业化经营管理[EB/OL]. http://www.doc88.com/p-174809734312.html.

[19] 方昕. 需求分析与超市业态、生鲜经营[J]. 超市连锁，2002，(6)：13-14.

[20] 冯开文. 合作制度变迁与创新研究[M]. 北京：中国农业出版社，2003.

[21] 冯开文. 微观经济组织的新思路——关于合作社与乡镇企业比较研究的思考[J]. 农业经济问题，2000，(8)：7-12.

[22] 福井清一. 菲律宾蔬菜水果流通和顾客关系[J]. 农林业问题研究，1995，第118号.

[23] 供销合作社50年历史变迁[N]. 南方农村报，2008-12-25(5).

[24] 广东省供销社赴台考察团. 台湾农民合作经济组织考察报告[J]. 广东合作经济，2010，(4)：17-19.

[25] 郭红东，钱崔红. 关于合作社理论的文献综述[J]. 中国农村观察，2005，(1)：72-78.

[26] 郭绍伟，唐成伟，张昊. 农产品流通市场化与农业收入增长——理论与实证[J]. 中国流通经济，2011，(11)：107-112.

[27] 郭翔宇. 论合作社的定义、价值与原则[J]. 东北农业大学学报(社会科学版)，2003，(1)：29-32.

[28] 郭晓鸣，宋相涛. 以制度创新促进农民合作组织可持续发展——"《农民专业合作社法》颁布后中国农民合作组织发展新动向"国际研讨会综述[J]. 中国农村经济，2008，(11)：74.

[29] 郭钰姗，徐世勋. 台湾地区农业合作社发展的现状及趋势[EB/OL]. http://www.card.zju.edu.cn/UserFiles/File/555.pdf.

[30] 国家统计局. 中国统计年鉴[M]. 北京：中国统计出版社，2006-2011.

[31] 国鲁来. 合作制度及专业协会实践的制度经济学分析[J]. 中国农村观察，2001，(4)：36-48.

[32] 郝鹏. 我国农产品市场信息体系的建设与制度创新[D]. 中国农业大

海峡两岸农产品流通体系与合作经济比较研究

学，2005.

[33] 何安华. 台湾地区的农业合作组织[J]. 中国合作经济评论，2011，(2)：156－180.

[34] 侯保疆. 我国农民专业合作组织的发展轨迹及其特点[J]. 农村经济，2007，(3)：123－126.

[35] 胡定寰. "农超对接"怎样做？[M]. 北京：中国农业科学技术出版社，2010.

[36] 胡振华. 中国农村合作组织分析[M]. 北京：知识产权出版社，2010.

[37] 黄璋全，陈志强. 台湾农产品市场体系建设的特点[J]. 海峡科技与产业，2007，(2)：46－48.

[38] 黄祖辉，邵科，徐旭初. 台湾农会的发展经验与启示[J]. 台湾研究，2010，(5)：43－48.

[39] 黄祖辉，徐旭初，冯冠胜. 农民专业合作组织发展的影响因素分析[J]. 中国农村经济，2002，(3)：13－21.

[40] 纪文，陈宇. 农村专业合作社可持续发展问题研究[J]. 武汉金融，2009，(9)：50－51.

[41] 贾金凤，侯智惠. 发展我国现代化农产品物流体系的制约因素及其对策[J]. 内蒙古农业科技，2005，(7)：355－359.

[42] 姜增伟. 农超对接：反哺农业的一种好形式[J]. 求是，2009，(23)：38－40.

[43] 江西抚州市依托"一社一会"创建人才示范点凝聚农村实用人才[EB/OL]. http://dangjian.people.com.cn/GB/15439559.html.

[44] 蒋玉珉，刘振宏. 世界合作社形态影响下的台湾合作社考核制度[J]. 中国合作经济，2009，(8)：49－53.

[45] 金赛美. 现代农产品市场体系构建研究[D]. 华中农业大学，2006.

[46] 寇荣. 大城市蔬菜流通效率研究[D]. 中国农业大学，2008.

[47] 雷蕾. 我国农产品物流成本研究[D]. 北京交通大学，2008.

[48] 黎国华. 风正好扬帆，合力去远航——抚州工商促进农民专业合作社发展纪实[N]. 中国工商报，2012－06－21.

[49] 黎元生. 农产品流通组织创新研究[D]. 福建师范大学，2002.

[50] 黎元生. 我国农产品批发市场组织机制：缺陷与创新[J]. 青海社会科学，2006，(1)：28－31.

[51] 李碧珍. 农产品物流模式创新研究[D]. 福建师范大学，2009.

[52] 李辉华,何曙.我国当前买方市场下的商品流通效率分析[J].山西财经大学学报,2005:58-62.

[53] 李平.生鲜超市连锁经营的物流与供应链优化研究[D].天津大学,2005.

[54] 李晓锦.农产品物流体系的规制及其专业化发展[J].农业经济问题,2006,(8):43-46.

[55] 李形宗.台湾农产品产销履历制度研究[J].台湾标准化研究,2008,(11):8-12.

[56] 李一道.推动农业策略联盟提升台湾农业竞争力[EB/OL].http://www.doc88.com/p-283362424892.html.

[57] 李莹.我国"农超对接"理论与实证研究[D].沈阳农业大学,2011:29-30.

[58] 李泽华.我国农产品批发市场的现状与发展趋势[J].中国农村经济,2002,(6):36-42.

[59] 李志萌.现代农产品流通体系的构建与完善[J].江西农业大学学报,2005,(3):69-71.

[60] 李资资.中国农民专业合作组织研究——基于国家与社会关系的视角[M].北京:中央编译出版社,2011.

[61] 林宝安.战后台湾农会变迁与政府之关系[A].//郝志东,廖坤荣.两岸乡村治理比较[C].北京:社会科学文献出版社,2008.280-294.

[62] 刘崇高,王劲,王蕾.农民合作组织在推进农业现代化中不可或缺[J].中国合作经济,2012,(1):36-38.

[63] 刘惠,苑鹏.合作制与股份合作制——制度的分析与比较[M].沈阳:辽宁大学出版社,2003.

[64] 刘绍国.蔬菜产销履历推动成果与展望[J].农政与农情,2008,(190).

[65] 刘艳,王晓光,田东升.借鉴台湾农民合作组织建设推动合作组织健康有序发展[J].吉林农业,2007,(1):6-7.

[66] 龙瑞红.我国农产品物流模式分析及发展研究[J].安徽农业科学,2009,(21):57-61.

[67] 卢凌霄.农产品批发市场现状及发展趋势[J].商业研究,2010,(2):10-14.

[68] 卢凌霄.台湾农产品运销的发展及启示[J].中国蔬菜,2007,(10):44-45.

[69] 卢现祥. 流通领域中的交易费用初探[J]. 商业经济研究, 1997, (4): 47-48.

[70] 陆原. 供销社在农业社会化服务体系中居于主体地位[J]. 商业研究, 1996, (12): 21-23.

[71] 罗必良, 王玉蓉, 王京安. 农产品流通组织制度的效率决定: 一个分析框架[J]. 农业经济问题, 2000, (8): 26-31.

[72] 马振铭, 高兴华. 合作经济运行学[M]. 青岛: 中国海洋大学出版社, 1991.

[73] 孟京生. 关于借鉴台湾农产品流通先进经验完善大陆流通体系的思考[J]. 商业经济, 2011, (6): 23-25, 34.

[74] 缪建平. 京台两地农民合作组织发展比较研究的启示[J]. 海峡科技与产业, 2006, (5): 45-48.

[75] 缪建平. 两岸农民合作经济组织发展比较研究的启示[R]. 首届"两岸乡村座谈"活动, 2009.

[76] 缪建平. 台湾的蔬菜、水果市场体系建设考察[J]. 中国农村观察, 1998, (2): 61-65.

[77] 缪建平. 台湾农民合作组织的经验及启示[EB/OL]. http://www.chinataiwan.org/zt/jmkj/laxczt/yt/ncpyx/200907/t20090716_952913.htm

[78] 奈特. 风险不确定性与利润[M]. 安佳译. 北京: 商务印书馆, 2006.

[79] 倪秋萍. 我国农产品流通体系发展现状及对策[J]. 技术与市场, 2011, (18): 457-458.

[80] 欧阳小迅, 黄福华. 我国农产品流通效率的度量及其决定因素: 2000—2009[J]. 农业技术经济, 2011, (2): 76-84.

[81] 潘劲. 合作社理论与中国农村合作社实践[A]. //中国社会科学院农村发展研究所 2001 年资料[C]. 2001.

[82] 祁胜梅. 台湾地区农产品运销体系的建设经验与启示[J]. 世界经济与政治论坛, 2011, (3): 146-159.

[83] 赛伯. 家乐福——农超对接中的担当[J]. 中国合作经济, 2010, (6): 36-37.

[84] 商务部流通产业促进中心. 中国农产品流通发展报告(上)[J]. 中国流通经济, 2009, (1): 13-17.

[85] 上海蔬菜经济研究会赴台考察团. 台湾蔬菜产销考察报告[J]. 上海蔬菜, 2001, (6): 5-6.

[86] 沈泰基. 浅论商品流通渠道[J]. 财贸研究, 1982, (2): 56-60.

[87] 宋实, 卓汉文. 台湾农田水利会介绍[J]. 中国农村水利水电, 2005, (11): 107-109.

[88] 宋则, 张弘. 中国流通现代化评价指标体系研究[J]. 商业时代, 2003, (6): 2-3.

[89] 宋则. 流通现代化及流通业竞争力研究上[J]. 商业时代·学术评论, 2006, (4): 11-13.

[90] 孙凤芹. 农业合作经济组织理论初探[J]. 中小企业管理与科技, 2011, (11): 100.

[91] 孙建. 首届全国"农校对接"洽谈会将举办[N]. 农民日报, 2010-05-18.

[92] 孙剑. 我国农产品流通效率测评与演进趋势——基于1998~2009年面板数据的实证分析[J]. 中国流通经济, 2011, (5): 21-25.

[93] 孙敬平. 安徽农产品流通体系发展现状及完善策略[J]. 商业时代, 2010, (7): 121-123.

[94] 孙亚范. 合作社组织文化探析[J]. 农业经济, 2003, (1): 11-13.

[95] 台湾农民团体干部联合训练协会. 农产运销及供运销实务[M]. 台北: 农训协会, 2007.

[96] 汪前元. 广东特色农业区域内农民专业合作组织的转型发展策略分析[J]. 广东行政学院学报, 2011, (12): 79-94.

[97] 汪旭晖. 农产品流通体系现状与优化路径选择[J]. 改革, 2008, (2): 83-87.

[98] 王彬, 傅贤治, 张士康. 基于综合"DEA—偏好锥"模型的鲜活农产品流通模式效率评价的研究[J]. 安徽农业科学, 2008, (12): 5176-5181.

[99] 王庚, 孙同强. "新网工程"视角下的农村流通体系建设[J]. 湖北经济学院学报(人文社会科学版), 2012, 9(2): 42-44.

[100] 王贵宸. 中国农村合作经济史[M]. 北京: 中国经济出版社, 2006.

[101] 王金河. 农产品流通供应链管理新模式探讨[J]. 农业经济, 2008, (1): 23-24.

[102] 王金河. 农产品流通体系与农民增收长效机制探讨[J]. 商业时代, 2008, (4): 85-86.

[103] 王蕾. 农产品流通新模式: 农宅对接[J]. 中国合作经济, 2011, (7): 37-38.

[104] 王蒲华. 农民合作经济组织的实践与发展——福建实证分析[M]. 北京：中国农业出版社，2006.

[105] 王秋苹. 温铁军说"三农"[J]. 福建日报，2003 - 09 - 08.

[106] 王文壮. 海南与台湾：农业发展比较与合作竞争[M]. 北京：中国农业出版社，2008.

[107] 王文壮，范武波. 借助台湾的经验发展海南精致农业[J]. 发展视野，2008，(7)：28 - 29.

[108] 王旭等. 绿色通道与农业信息化——构建农产品全国大市场的基础[J]. 现代农业，2008，(3)：83 - 85.

[109] 魏国辰，肖为群. 基于供应链管理的农产品流通模式研究[M].北京：中国物资出版社，2009.

[110] 吴小淋. 海峡两岸农民组织比较研究[J]. 台湾农业探索，2010，(2)：20 - 22.

[111] 小林康平，菅沼圭辅. 体制转换中的农产品流通体系——批发市场机制的国际对比研究[M]. 北京：中国农业出版社，1998.

[112] 台湾行政主管部门农业委员会农粮署. 台湾行政主管部门农业委员会农粮署 2008 年年报[M]. 台北：台湾行政主管部门农业委员会，2008.

[113] 徐从才，唐成伟. 现代农产品流通体系的构建研究[J]. 商业经济与管理，2012，(4)：5 - 11.

[114] 徐从才. 流通创新与现代生产者服务体系构建[M]. 北京：中国人民大学出版社，2011.

[115] 徐海晶. 超市发展对我国农产品流通的影响研究[D]. 上海交通大学，2007.

[116] 徐赊军，周莹. 农民收入水平与地区经济增长关系比较研究[J]. 吉首大学学报(社会科学版)，2009，(1)：113 - 118.

[117] 徐旭初，黄圣忠. 走向新合作——浙江省农民专业合作社发展研究[M]. 北京：科学出版社. 2009.

[118] 徐振宇，谢志华. 提升流通效率是推进新农村建设的重要途径[J]. 商业时代，2007，(16)：14 - 15.

[119] 许文富. 农产运销学[M]. 台北：正中书局，1997.

[120] 杨俊亮. 台湾的农产品运销[J]. 北京市农业管理干部学院学报，1999，(2)：45 - 47.

[121] 杨青松. 农产品流通模式研究——以蔬菜为例[D]. 中国社会科学

院，2011.

[122] 杨小萍，曾玉荣，杨军，吴越. 台湾农民合作组织的发展经验与启示
[J]. 台湾农业探索，2009，(1)：8-11.

[123] 杨晓宇. 农民专业合作社在农产品流通中的作用——以黑龙江省为例
[J]. 科技创新与应用，2012，(2)：207.

[124] 姚力鸣. 现代日本流通结构和流通效率及其与欧美的比较[J]. 日本学
刊，1992，(2)：46-56.

[125] 殷延海. 基于"农超对接"模式的农产品流通渠道创新策略[J]. 改革与
战略，2012，(2)：95-97.

[126] 尹树生. 合作经济概论[M]. 三民书局股份有限公司，1988.

[127] 袁永康. 中国农产品流通组织的现状、问题及改造思路[J]. 经济学动
态，1995，(6)：17-22.

[128] 曾煜东. 对建设新农村的现实思考——从台湾农会组织作用的视角看
[J]. 探求，2007，(1)：40-43.

[129] 翟林瑜. 经济发展与法律制度——兼论效率、公平与契约[J]. 经济研
究，1999，(1)：73-79.

[130] 张开华. 农民合作经济组织发展的国际比较及其启示[J]. 中南财经政
法大学学报，2005，(2)：21-26.

[131] 张凯. 农民专业合作社发展现状、问题及解决的对策[J]. 学术交流，
2011，(11)：101-106.

[132] 张磊，王娜，谭向勇. 农产品流通效率的概念界定及评价指标设计
[J]. 华东经济管理，2011，(4)：18-21.

[133] 张满林，王超. 农产品流通组织创新：动因与方向[J]. 商业研究，2011，
(4)：35-37.

[134] 张明玉等. 中国农产品现代物流发展研究——战略、模式、机制[M].北
京：科学出版社，2010.

[135] 张巧云. 蔬菜流通效率研究——以北京市为例[D]. 中国农业大
学，2002.

[136] 张伟年等. 我国农产品流通环节的质量安全控制问题研究[J]. 物流工
程与管理，2012，(3)：127-148.

[137] 张文松，王树祥. 我国农产品现代物流模式分析及选择[J]. 物流科技，
2006，(3)：37-40.

[138] 张晓山. 中国农村改革与发展概论[M]. 北京：中国社会科学出版社，

2010. 338 - 339.

[139] 张晓阳,刘富丽.农产品流通体系与农民增收长效机制的探讨[J]. 现代农业科技,2007,(6): 188 - 189.

[140] 张旭辉. 我国农产品物流模式的比较[J]. 经济导刊,2008,(6): 61 - 62.

[141] 张学鹏. 我国农村合作经济组织研究综述[J].经济学动态,2005,(10): 67 - 69.

[142] 张玉枚. 农民合作经济组织可持续发展及市场竞争能力研究[J]. 农村经济,2009,(10): 77 - 79.

[143] 张占耕. 考察台湾农业[J]. 上海经济,2001,(10):.

[144] 张忠根,林坚. 加入 WTO 的两岸农业:投资、贸易与合作[M]. 北京: 中国农业出版社,2003.

[145] 章力建. 中国农产品质量安全现状及展望[EB/OL]. http://news. xinhuanet.com.

[146] 赵春明. 关于农产品质量安全认证的思考[J]. 农业质量标准,2005,(1): 30 - 35.

[147] 赵尔烈. 提升农产品批发市场的公益性[J]. 农村·农业·农民,2012,(3A): 28 - 31.

[148] 赵君. 我国农产品批发市场存在的问题及发展思路[J]. 安徽农业科学,2009,(31): 15455 - 15456,15459.

[149] 赵一夫. 我国生鲜蔬果物流体系的发展模式与重点——以台湾发展模式为参照[A]. //我国农产品物流产业发展模式与质量控制体系研究[C].中国农科院农业经济与发展研究所,2006 - 2007.

[150] 郑丹,王伟. 我国农民专业合作社发展现状、问题及政策建议[J]. 中国科技论坛,2011,(2): 138 - 142.

[151] 郑鸿潦. 台湾农业合作社的发展[J]. 新疆农业科学,2010,(47): 258 -266.

[152] 郑素利. 安徽省农产品流通体系建设研究[D]. 安徽农业大学,2007.

[153] 志英,安玉发. 安徽省农产品流通情况调查[J]. 调研世界,2011,(6): 37 - 40.

[154] 中国物流与采购联合会.中国物流年鉴[M].北京:中国财富出版社,2010.

[155] 周发明. 构建新型农产品营销体系的研究[M]. 北京:社会科学文献

出版社，2009.

[156] 周立群、曹利群.农村经济组织形态的演变与创新[J]. 经济研究，2001，(1)：69-75.

[157] 周应恒，卢凌霄. 生鲜蔬菜供应链效率研究——以南京为例[J]. 江苏农业科学，2008，(2)：69-72.

[158] 朱世凯. 台湾农民合作组织发展经验及启示[J]. 社团管理研究，2012，(1)：53-54.

海峡两岸农产品流通体系与合作经济比较研究